리더십
계발

리더십 계발

지은이 조훈 · 태은경
펴낸이 안용백
펴낸곳 (주)넥서스

초판 1쇄 인쇄 2011년 3월 20일
초판 1쇄 발행 2011년 3월 25일

출판신고 1992년 4월 3일 제311-2002-2호
121-840 서울시 마포구 서교동 394-2
Tel (02)330-5500 Fax (02)330-5555

ISBN 978-89-5797-582-4 03370

www.nexusbook.com
넥서스BOOKS는 (주)넥서스의 실용 전문 브랜드입니다.

입학사정관제 대비를 위한 로드맵 시리즈

리더십

Leadership Development

계발

조훈·태은경 지음

넥서스BOOKS

서른 중반 나이에 시카고 대학 경영 대학원에 처음 입학했을 때 LEAD라는 리더십 개발 프로그램을 접했다. LOE(Leadership Outdoor Experience), Golden Gagoyles, 그리고 Leadership Challenge로 구성된 리더십 프로그램은 입학하자마자 모든 학생들이 반드시 한 학기 동안 들어야 하는 과목들이다. 리더십 체험 프로그램을 위해 캠프에 갔을 때 전 세계에서 몰려든 많은 학생들과 팀 빌딩과 의사소통을 위한 활동을 진행하면서 리더십의 의미를 이해했다. 즉, 리더십은 이론이 아니라 매우 구체적인 실천을 통해 얻어진다는 사실을 깨달았다.

우리나라 학생들이 리더십을 현장에서 경험할 수 있는 곳은 두 군데이다. 학생 임원 선거와 입시가 그것이다. 학생들이 리더십을 가장 잘못 인식하고 있는 것도 바로 반장 선거와 입시에 있다. 리더십을 자신의 위치나 지위에서 나오는 1차원적인 리더십으로 오해하고 있는 것에서부터 리더십 교육은 잘못되어 있다. 입시에서도 마찬가지이다. 자기주도학습 전형과 입학사정관 전형에서 나오는 수많은 리더십 관련 문제에 대해 학생들은 제대로 답변을 하지 못한다. 이유는 리더십에 대한 오해와 교육의 부재 때문이다.

이 책은 학생들의 입장에서 리더십에 대한 기본기를 이해하는 데서부터 출발한다. 리더십을 제대로 이해하는 것이 리더십을 계발하는 데 있어서 출발점이되기 때문이다. 그리고 리더십을 이해한 학생들에게 필요한 것이 있다면 리더십에 대한 사례 분석이다. 학생들의 입장에서 자신들의 리더십을 바로 실행하는 데는 제약 요건이 많기 때문이다. 리더십 사례 분석은 위인이나 롤모델의 스타일 분석을 통해 얻을 수 있다.

그러나 가장 중요한 것은 실천하는 것이다. 실천하는 리더십을 만들기 위해서는 스스로 자신의 리더로서의 장단점을 이해하고, 다른 사람들과 차별화된 리더십을 만들어 가야 한다. 그런 의미에서 학생들이 스스로 자신의 리더십을 만들어 나가기 위해서는 직접 실천해 보고 이를 글로 정리하는 것이 가장 효과적인 방법이다.

최근 활성화되고 있는 창의 체험 활동 기록에 이를 반영하는 것은 아주 중요한 의미를 갖는다. 단지 자신의 활동을 기록하는 창의 체험 활동이 아니라 그들만의 차별화된 활동을 기록하기 위해서는 반드시 스스로 리더십에 관해 알아야 한다. 이 책에서는 이러한 구체적인 방법론을 담기 위해 노력했다. 단순히 이론적인 의미에서 학생들에게 제시하는 안내서가 아니라, 가장 중요한 실천의 방법론을 제시하고 이를 구체적으로 실천하는 로드맵을 만드는 것을 목적으로 한다.

이 책의 핵심 독자들은 청소년들과 이들을 지도하고 교육하는 교사 그리고 학부모들이다. 그들에게 줄 수 있는 가치를 생각하면서 집필을 시작했다. 가장 기본에 충실하면서도 학생들이 그들 자신의 리더십을 이해하는 데 도움을 줄 수 있는 글과 사례들을 담았다.

책이 나오기까지 많은 사람들이 힘을 보탰다. 이 책에는 메디치 연구소 G-SAP 프로그램을 들었던 많은 학생들의 생생한 이야기도 담겨 있다. 지면을 통해 학생들에게 고마움을 전한다. 그리고 메디치 연구소의 태은경 이사를 비롯해 많은 연구원 그리고 G-SAP 선생님들에게도 고마움을 전한다.

조 훈

차례

인성 함양 훈련 (Character Building)

· 리더십 경험: 리더 역할, 봉사 · 체험 활동, 기업가 정신

· 장단점 분석: 성격적 강점과 약점, 사례별 강점 부각과 약점 보완

· 고난 극복 경험: 터닝포인트, 영향받은 사건, 인물, 도서 등

진로 동기 발견 (Career Motivation)

· 학습 동기: 과목에 관심 가진 이유, 관심 분야 도서

· 진학 동기: 학교 선택 이유, 관심 갖게 된 동기, 진로와의 연관성

· 진로 동기: 직업 동기 발견 계기, 미래 직업(20~30년 후)

자주 학업 능력 배양 (Academic Excellence)

· 자기주도학습: 학습 태도, 성향, 역량, 과목별 공부법, 어려운 과목과 재미 있는 과목

· 논리적 사고력 & 표현력: 전략적 사고법, 의사 결정력, 글쓰기 & 면접 표현법

〈리더십 계발〉학습 목표

사회에 꼭 필요한 리더가 되기 위한
자기 발견 및 인성 함양 훈련
- 나의 장단점과 스타일을 정확히 알고, 성장 전략을 수립한다.
- 사례 분석을 통해 분석력을 배양한다.
- 인물 탐구를 통해 목표 설정을 확립한다.

▶ 진단 해석(인성 검사, 사고력 검사, 리더십 역량 검사, 학습 동기 검사)

진단 검사 해석을 통한 자기 이해, 다른 사람과의 관계 이해, 학습 및 역량 파악

▶ 읽기와 분석(롤모델 + 성향별 인물 분석)

롤모델 사례를 통한 분석력 배양과 성향 분석에 대한 실제 이해

리더십 역량의 실체와 사회 트렌드 변화 이해

▶ 에세이 쓰기와 토론(프로젝트 Wrap-up, Self Planning)

가치관 확립과 목표 설정

다른 관점에 대한 이해를 위한 토론 및 표현력 증대

〈리더십 계발〉학습 기대 효과

메디치 리더십 4대 역량 배양

문제 해결력	공감 능력	변화 관리력	도덕성
비판적 사고 아이디어 분석 및 평가력	환경 적응 상황과 맥락 이해력	새로운 대안 제시 풀어야 할 문제 결정력	가치의 정립

V. 리더십 발휘하기
프로젝트, 토론 등 실전 훈련

IV. 변화하는 세계와 리더십
사회 트렌드 이해를 통한 목표 수립

III. 리더십 역량 키우기
역량 진단 인식을 통한 동기 부여

II. 리더십 일깨우기
인물 분석을 통한 관계 이해

I. 리더십 이해하기
진단 해석을 통한 자기 이해

〈리더십 계발〉 학습 과정

Week	Theme	Main Topic	Class Topic
1	Leadership Principle	리더십 이해하기	리더십에 대한 다양한 정의와 트렌드 분석
2	Character Building	리더십 일깨우기	진단 검사를 통한 자기 인식 훈련
3		스타일 분석	인물 분석을 통한 관계 이해
4	Ability Development	리더의 조건	리더십 요소와 역량 이해
5		나만의 핵심 역량 키우기	핵심 역량을 키우기 위한 주도적 전략 수립 훈련
6	Leadership Motivation	변화하는 세계와 리더십	세계관 확립 및 정보력, 분석력 키우기 훈련
7	Best Performance	리더십 발휘하기	사례 분석, 실전 훈련 및 그룹 프로젝트
8	평가&피드백	발표	Wrap up

Chapter **1**

리더십 이해하기

리더십의 정의

리더십에 대해 명쾌하게 정의하기란 쉽지 않다. 리더십은 개인의 인성에서부터 사회적 트렌드까지 그 모두를 아우르는 복합적 의미를 내포하기 때문에 단순히 한 사람의 리더가 갖추어야 할 역량이나 조건 정도로 표현하기에는 부족하다. 세상의 학자들이 많은 논문을 통해 리더십을 정의내리고 있지만 어떤 내용이든 모든 의미를 담고 있다고 하기에는 부족함이 있다.

한편 매년 리더십에 관한 책들이 셀 수 없이 쏟아진다. 어떤 책은 사회적 이슈가 되는 인물을 다루면서 리더십을 말한다. 예를 들어 김연아, 박지성, 히딩크와 같은 스포츠 스타들이 있고, 오바마, 이명박과 같은 정치인은 단골 메뉴로 등장하는 리더십 재료들이다. 위인들의 전기를 보면서 리더십의 유형을 정의하기도 한다. 칭기즈칸의 창조적 리더십이 그렇고, 박정희 대통령의 카리스마 리더십이나, 반기문 유엔 사무총장의 서번트 리더십도 같은 경우이다. 이렇게 실제 인물을 모델 삼아 리더십을 분석하고 정의내리는 경우가 많은 이유는 두 가지로 해석된다.

우선 시대적 또는 역사적으로 '리더'라고 불리는 실제 인물을 분석하면서 리더십의 인성적 요건을 구체적으로 이해할 수 있기 때문일 것이다. 한 인물의 습관, 성격, 행동, 대인 관계에서부터 세계관, 삶에 대한 철학 등은 리더십에 대해 다각적인 방법으로 이해할 수 있는 요소를 제공한다.

리더십을 실제 인물의 사례로 정의내리는 또 다른 이유는 시대적 환경도 중요한 요건이 되기 때문이다. 한 시대 또는 사회가 필요로 하는 리더십은 계속 달라진다. 급변하는 시대마다 제각각 다른 유형의 리더들이 각기 다른 방식으로 사회를 이끌어왔고, 이 인물들은 새로운 리더십을 끊임없이 만들어 내고 있다. 그만큼 리더십이라는 단어는 다양한 색으로 다양한 스펙트럼을 발산한다.

리더십을 이해하기에 앞서 사전적 의미에서 리더십과 리더를 구분해 보자. 사전적 의미의 '리더(Leader)'란 앞장서서 여러 사람을 이끌어 가  는 사람 즉 지도자, 지휘자, 주장을 말한다. 반면 '리더십(Leadership)'이란 집단의 목표나 내부 구조의 유지를 위해 구성원이 자발적으로 집단 활동에 참여해 이를 달성하도록 유도하는 능력을 말한다. 즉, 리더인 한 개인이 갖춰야 할 역량뿐만 아니라 그를 포함해 한 공동체를 지탱할 수 있는 유기적이면서 통합적인 힘을 포괄하는 말이 리더십인 것이다. 그런 의미에서 '리더십'은 발휘되는 방식에 있어서 '리더'보다는 탄력적으로 쓰인다.

리더십을 정의하기 위해서는 먼저 어떤 집단에서 힘을 발휘하는 영향력에 대해 살펴볼 필요가 있다.

어떤 집단이나 사회에서 영향력을 발휘하는 사람은 주로 리더인 경우가 일반적이다. 하지만 구성원들도 리더에게 영향력을 행사하고 있다. 또한 구성원들 사이에 있어서도 서로 영향력을 주고받는다. 그러므로 영향력이란 리더와 구성원, 구성원과 구성원들 사이에도 상호 보완적으로 이루어진다. 다만 리더가 영향력을 미치는 방법에 있어서는 일관된 태도를 통해 집단을 아우를 수 있는 방향성이 필요하다. 리더십에 대한 다양한 정의를 통해 알 수 있는 내용들은 이렇듯 리더가 다른 구성원들과 소통하는 방법을 다루는 주제가 많다.

일반적으로 리더가 영향력을 미치기 위한 방법은 스스로 행동을 함으로써 보이는 모범과 구성원들에게 의견을 이야기하는 제언, 그리고 설득과 강요가 있다. '모범'이란 구성원들에게 자신의 생각을 행동으로 보여 줌으로써 구성원들로 하여금 리더의 본을 받아서 자신의 행위에 변화를 가져오게 하는 것이다. '제언'이란 커뮤니케이션을 통해 아이디어나 의견을 제시하여 구성원으로 하여금 자신의 행위에 영향을 가져오게 하는 방법이다.

'설득'이란 제언보다는 더 직접적인 방법으로서 구성원의 행위에 영향을 주려는 적극적인 방법으로 해석할 수 있다. 마지막 방법으로 '강요'가 있다. 설득은 강제성이나 위협을 수반하지 않지만, 강요는 상벌을 중심으로 구성원의 행위를 강제로 끌어내는 방법이다. 이처럼 리더가 영향을 주는 방법은 구성원들의 성향과 주위의 환경 그리고 사안에 따라 매우 역동적으로 행해질 수 있다.

리더십에 대한 사전적인 정의

1. 웹스터(Webster) 사전
어떤 과정에서 안내하고 방향을 제시함. 하나의 통로로서의 역할을 수행함.

2. 배스(Bass, 1990)

상황이나 집단 구성원들의 인식과 기대를 구조화 또는 재구조화하기 위해서 구성원들 간에 교류하는 과정임. (따라서 리더란 변화의 주도이다.)

3. 허시 & 블랜차드(Hersey & Blanchard, 1982)
주어진 상황에서 개인이나 집단의 목표 달성을 위한 활동에 영향을 미치는 과정.

4. 유클(Yukl, 1998)
집단이나 조직의 한 구성원이 사건의 해석, 목표나 전략의 선택, 작업 활동의 조직화, 목표 성취를 위한 구성원 동기 부여, 협력적 관계의 유지, 구성원들의 기술과 자신감의 계발, 외부인의 지지와 협력의 확보 등에 영향을 미치는 과정.

5. 로드 & 마허(Lord & Maher, 1993)
리더십이란 특정 개인이 다른 사람들에 의해서 리더라고 인정받는(또는 지각되는) 과정. 일정한 직위를 가지고 있기 때문에 리더가 되는 것이 아니라 다른 사람들로부터 리더라고 인정받는 것이 중요함.

6. 브리만(Bryman, 1996)
리더십은 어떤 사람이 공식적으로 리더의 직위에 임명되었을 때에 발생한다.

7. SK의 Supex 리더 개발 과정(1997)
특정 상황에서 집단이나 조직이 실현시킬 비전을 설정하고 그 비전을 실현하도록 구성원들의 행동에 영향을 미쳐 구성원들이 기꺼이 스스로 실행하도록 개인과 조직을 변화시켜 가는 과정.

리더십 탐구 변천사

리더십에 대한 탐구는 언제부터 시작됐는가?

답은 경영학에서 찾아야 할 것 같다. 정치가나 전쟁 영웅 같은 고전적 리더십들도 있지만 가장 활발하게 리더십에 대한 학문적인 탐구가 이루어지는 분야는 경영학에서 찾을 수 있기 때문이다. 경영학에서 다루는 리더십 이론의 역사는 시대 변화에 따라 다양하게 진화했다. 시대가 변화함에 따라 그 사회에서 요구하는 리더의 모델도 달라지고 있기 때문이다.

20세기 초반과 중반 시기에 이루어졌던 리더십 연구를 전통적 리더십 이론이라 한다. 전통적 리더십 이론은 주로 리더의 개인적인 자질과 특성에 초점을 맞춘 특성 이론과 각 개인의 스타일에 따라 리더들의 행위를 규정하는 행위 이론으로 나눌 수 있다.

리더십 특성 이론이란 20세기 초반에서 1950년대에 이르기까지는 리더가 갖춰야 하는 특성과 자질을 찾는 데 집중된 연구였다. 즉 한 사회를 이끄는 리더가 되기 위해서는 그 특성과 자질을 갖춘 사람만이 가능하다는 생각에서 출발했다. 초기 연구자들은 효과적인 리더의 속성을 주로 신체적, 성격적, 사회적인 특성이나 개인 능력 가운데서 찾았다. 하지만 스토그딜(stogdill)은 유능한 리더들이 지속적으로 보이는 성격적 특징, 예를 들면 평균적 지능, 독창성, 대인 관계 기술, 자신감, 책임 수행 정도, 성실성 등을 탐구함으로써 이러한 특성이 구성원들과 주변 상황에 맞게 조화를 이룰 때 비로서 효과적인 리더십이 발현된다는 연구를 지속했다.

리더십 행위 이론은 누구든지 적절한 행동을 하면 좋은 리더가 될 수 있다는 접근으로, 학습을 통해 리더십을 발휘할 수 있다는 내용이다. 이는 20세기 중반을 전후한 시기에 인간의 행동주의와 과학적 방법론에 기반했다. 어떠한 리더십 스타일이 가장 효과적인 것인가, 즉 모든 상황에서 가장 효과적일 수 있는 리더십 행위를 밝혀 보려는 시도들이 핵심을 이루고 있다.

오하이오 주립 대학의 리더십 연구팀은 리더십 스타일을 배려와 구조 중심의 두 가지 차원으로 구분하고 어떤 스타일이 더 효과적인가를 분석했다.

배려(Consideration)란 리더가 구성원들에게 보내는 우호적인 행동이나 구성원들에 대한 다양한 관심 등을 의미한다. 구조 중심(Initiating Strucuture)은 조직의 공식적 목표를 달성하기 위해서 리더 자신의 역할과 구성원들의 역할을 조직의 구조 속에서 이해하는 것이다. 배려와 구조 중심은 서로 독립적인 리더십 스타일처럼 보인다. 과연 어떠한 스타일이 조직의 목표 달성에 도움이 되는가를 검증하기 위해서 수백 편의 연구가 이루어졌지만 주목할 만한 결론에 이르지는 못했다.

미시간 대학에서는 리더십 스타일을 과업 지향, 관계 지향, 참여형 등의 세 가지 유형으로 구분했다. 성공적인 리더들은 구성원들에게 작업의 계획과 일정표의 작성이나, 구성원들의 활동을 조정하고 지원해 주는 데 시간과 노력을 기울인다. 이러한 리더십 스타일을 과업 지향이라고 하였다. 또 다른 리더들은 대인 관계를 손상시켜 가면서까지 무리하게 과업을 지향하지는 않는다. 그보다는 배려적이고 구성원 중심으로 생각하고 이끌어 간다. 또한 구성원들을 지원해 주고, 세부적인 감독보다는 구성원 개개인이 달성해야 할 목표와 일반적 지침만을 주고, 구체적인 실천은 구성원 자율에 맡긴다. 세 번째 스타일은 참여형 리더십으로 의사 결정 과정에 구성원을 참여시키거나 권력을 분권화하고 공유하는 리더십 스타일을 의미한다. 미시간 대학

교의 연구에서는 의사 결정 과정에 구성원들을 참여시킬 때 구성원들의 성
과가 더욱 높아지고 만족감도 커진다는 결과를 얻어냈다.

이러한 이론적인 접근에도 불구하고 실제로 사람들을 보면 서로 다른 스
타일들이 섞여 있는 경우가 많다. 이러한 점에 초점을 맞추어서 정리된 이
론이 블레이크(Blake)와 모우톤(Mouton)의 관리 격자 이론(Managerial
Grid Theory)이다. 이는 생산에 대한 관심과 인간에 대한 관심을 양축으로
놓고, 마치 바둑판과 같은 9등급의 격자에 각자의 리더십 스타일의 정도를
표시한다. 여기에서 가장 바람직한 스타일은 생산과 인간관계를 모두 중시
하는 형이라고 밝히고 있다.

그러나 전통적인 리더십 이론은 1970년대 들어 리더십 상황 이론이 등장
하면서 도전을 받게 된다. 피들러(Fiedler)가 주장하는 리더십 상황 이론에
서는 리더십의 특성이나 행위들이 서로 다른 상황의 리더들에 있어서는 다
르게 적용된다는 점에 주목하게 되었다.

상황 이론들은 일 중심적 스타일이나 관계 중심적 스타일 중의 어느 하나
가 더 효과적이라고 주장하는 것이 아니라, 주어진 상황 조건에 따라서 리더
십의 효과가 다르게 나타난다는 것이다.

피들러는 리더의 성격 특성을 구분하기 위해 같이 일하고 싶지 않은 동료
가 누구인지를 조사하는 설문을 만들고, 이 결과에 따라서 과업 지향적인 리
더와 관계 지향적인 리더를 구분했다. 리더와 구성원 간의 관계는 어느 정도
형성되어 있지만 구성원들에게 주어진 과업이 애매하고, 리더가 별로 권력
을 장악하지 못한 상황이라면 리더는 관계 중심적 리더십을 발휘하는 것이
가장 바람직하다. 반면에 구성원들과의 관계가 별로 좋지 않고, 과업의 구조
도 애매하며, 리더가 권력을 가지지 못한 상황이라고 한다면 분명하게 과업

중심 스타일이 효과적이다.

피들러는 개인의 리더십 유형은 고정되어 있다고 주장했다. 따라서 리더의 유효성을 증대시키기 위해서는 상황에 따라 리더를 관계 지향적 또는 과업 지향적 리더로 바꾸면 된다는 것이다. 예를 들어 야구 게임 같은 곳에서는 상대방 타자에 따라 감독이 좌완 투수 또는 우완 투수를 바꾸는 경우와 같다. 아무리 개인기가 뛰어나 잘 던지는 투수라 하더라도 타자의 상태, 즉 왼손 타자냐 오른손 타자냐에 따라 투수를 교체하는 것이 확률적으로 안타를 맞을 확률이 없기 때문이다.

학교의 경우를 예로 들어 보자. 현재 반장을 맡고 있는 학생이 일을 척척 해내는 과업 지향적인 반장이 아니라 동료들과의 인간관계를 통해 반을 운영한다고 가정하자. 이때 선생님의 입장에서 보면 학급의 분위기는 좋으나 학생들의 성적은 다른 반에 비해 뒤처질 수 있다. 그렇다면 학생들은 과업 지향적인 반장이 생기는 것에 대해서는 아주 비호의적이겠지만 전체 학생들의 성적 향상에는 과업 지향적인 리더로의 교체가 상황 개선에 도움이 될 수 있을 것이다.

피들러뿐만 아니라 허쉬와 브랜차드(Herseyt & Branchard)도 리더십 상황 이론에 대한 주장을 하였다. 그들도 역시 리더십 스타일을 과업 지향과 관계 지향의 두 축으로 구분했으며, 구성원들의 성숙도에 따라서 네 가지 리더십 상황을 상정하고 있다. 결국 성숙도에 따라서 리더가 발휘해야 할 리더십 스타일은 다르게 적용되어야 한다는 것이다. 즉, 구성원들의 능력과 의지가 낮은 경우에는 관계 지향적인 행위보다는 과업 지향적인 행위를 보여 주는 구체적인 지시와 감독이 필요하다고 보았다. 반면에 구성원들의 능력은 별로 없지만 의지가 높은 경우, 또는 능력은 있지만 의지가 약한 경우에는 관계 지향적인 행위가 더욱 효과적이라고 한다. 능력과 의지가 모두 높은 경우에는 결정과 책임을 구성원들에게 위양하는 리더십의 발휘가 효과적이라는 주장이다.

1980년대 이후 리더십 연구에는 주목할 만한 변화가 있었다.

첫째, 기존의 특성 이론, 행위 이론, 상황 이론을 총체적으로 바라보며 리더가 가지고 있는 특성의 의미를 재해석하고, 리더의 행동 및 리더십을 발휘하는 상황과 통합하려는 시도들이 나타나고 있다. 둘째, 새로운 리더십 개념이 등장하게 되었다. 카리스마 리더십, 변혁적 리더십, 슈퍼 리더십 등의 신선한 개념들이 새롭게 정의되고 정착되기 시작한 것이다. 셋째, 리더십의 발휘가 리더 중심의 시각에서 벗어나 조직 구성원 개개인까지 확대되면서 셀프 리더십, 임파워먼트 등의 개념이 등장하게 되었다.

21세기 들어 등장하는 리더십 이론에는 글로벌 리더십이 등장한다. 급속한 세계화의 진전, 글로벌 사회의 등장, 통신 기술의 발달로 인해 한 국가나 조직에 제한되는 상황적 리더십이 아니라 전 세계의 모든 사람들이 보고 배우고 따라하는 글로벌 리더십이 등장하게 되는 것이다. 미국 최초의 흑인 대통령이 된 오바마가 등장했을 때 오바마의 리더십이 전 세계에 유행이 되었다. 2010년 칠레의 광부들이 기적적으로 생환했을 때 광부들의 기적적 생환을 이끌었던, 루이스 우르수아의 '나를 믿고 따라오라'는 믿음과 솔선수범의 리더십은 글로벌 리더십의 교과서가 되었다. 이러한 글로벌 리더십은 그동안 교육학이나 경영학에서 다루었던 이론적인 면에서의 리더십 이론보다 사람들에게 훨씬 쉽게 다가설 수 있게 되었다.

역사를 알아야 리더가 될 수 있다。

2002년 한국이 월드컵 4강 신화를 이루었을 때 우리는 '거스 히딩크' 감독에 주목했다. 그에게 쏟아진 찬사는 '히딩크 리더십'으로 승화됐고, 당시 한국의 모든 사람들이 배워야 하는 리더십으로 회자됐다. 그 이후 '월드 베이스볼 클래식'에서 준우승을 차지한 한국 야구팀의 김인식 감독의 리더십, 그리고 최근 TV 프로그램에서 합창단을 지도해 많은 인기를 얻었던 박칼린도 새로운 리더십의 아이콘으로 떠올랐다.

이처럼 리더십은 시대 변화에 따라 다른 이름으로 거듭났다.

카리스마적 리더십, 제왕적 리더십, 콤비 리더십, 서번트 리더십, 그리고 이건희 리더십까지 리더십은 역사와 상황에 따라 많은 변화를 겪어왔다. 리더십을 올바로 이해하기 위해서는 우선 시대별로 형성된 특수한 상황에 대한 이해가 필요하다. 가장 좋은 방법은 역시 역사 속에서 유명한 인물들의 리더십을 탐구하는 것이다.

고대: 알렉산더의 제왕적 리더십

마케도니아의 왕(BC 356-BC 323, 재위 BC 336-BC 323)

마케도니아라는 작은 국가의 왕으로 광활한 페르시아 제국을 정복하고 그리스 문명을 인도와 아프가니스탄까지 전파했던 알렉산더는 세련된 정치가이자 능숙한 전략가이며 전쟁에서 투철한 희생 정신과 카리스마적인 리더십을 실천한 전사였다.

알렉산더의 리더십 가운데 가장 주목할 만한 것은 사람들을 활용하는 용인술이다. 그가 사용한 용인술의 바탕에는 뛰어난 기억력이 있었다. 그는 1만 명에 달하는 병사의 이름을 알고 있었다고 한다. 그가 수많은 병사들의 이름을 기억하는 데에는 단지 기억력만으로는 한계가 있었을 것이다. 전쟁을 수행하면서 그는 병사들과 함께 먹고, 마시고, 잠을 잤다. 그는 항상 최일선에서 병사를 이끌었다. 특히 의사 교육까지 받은 알렉산더는 전투가 끝난 후 부상당한 병사들을 직접 치료하는 일도 했다고 한다. 이러한 노력 덕분에 그는 모든 병사들의 일거수 일투족을 살필 수 있었고 적재적소에 병사들을 전장에 배치할 수 있는 리더십을 발휘했다.

통찰력, 인내심, 치밀함, 관대함, 낙천성과 같은 군인의 자질과 그가 누린 영광스러운 통치 기간과 광대한 영토 등은 그를 위대한 사람으로 인정하게 만든다. 세련된 정치가이자 능숙한 전략가이며 때로는 잔인한 전사였던 알렉산더는 한마디로 영웅적 리더십을 가지고 있는 인물이다.

신라 시대: 장보고의 시대적인 혜안의 리더십

장보고의 리더십은 단지 해상왕이라는 업적을 가지고 평가해서는 안 된다. 변방에 불과했던 신라를 동아시아 무역의 중심으로 만들었던 그에게는 당시 리더들에게 볼 수 없는 시대적인 혜안이 있었다. 그의 혜안은 어릴 적

당나라에서 생활했던 환경적 요인에서 나왔다고도 볼 수 있지만, 그보다는 시대 상황을 정확하게 해석할 수 있는 뛰어난 창의성에서 비롯되었다고 할 수 있다. 그의 혜안은 하루 아침에 생긴 것이 아니다. 어린 시절의 주변 환경, 꾸준한 독서 그리고 현장에서의 경험 등을 융합하여 창의적으로 재해석했다는 점에서 그의 리더로서의 탁월성이 돋보이는 것이다.

특히 장보고의 글로벌 마인드와 네트워크 활용 능력은 현대 글로벌 경영 조직을 이끌어 가고 있는 CEO들에게도 가장 필요한 덕목으로 손꼽히는 것이다. 20세기에 들어서야 비로소 지구촌이라는 개념이 생겨나고, 국가라는 테두리를 벗어나 개인이 자신의 역량을 국제 무대에서 맘껏 펼치게 된 것을 생각해 볼 때, 장보고라는 인물은 확실히 천 년의 세월을 뛰어넘은 통찰력이 엿보이는 인물이다.

삼성경제연구소가 발간한 자료 〈천년 전의 글로벌 CEO 해상왕 장보고〉에서 장보고 리더십을 분석한 자료를 살펴보자.

1. 장보고는 시대를 읽는 남다른 눈을 가지고 있었다.

당시 장보고는 국가 중심의 조공 무역이 쇠퇴하고 민간 무역이 도래할 것을 미리 예측했다. 그리하여 동북아를 각각의 나라로 따로 생각하지 않고 하나의 권역으로 인식할 수 있게 된 것이다.

2. 장보고는 국제적 감각의 리더십을 소유하고 있었다.

청해진에 거주했던 군인과 민간인에는 단지 신라인만 있는 것이 아니라 중국, 베트남, 멀리 인도 사람에 이르기까지 다양한 국민들로 구성된 다문화 사회였다. 장보고는 국가별 문화적 차이를 인정했으며, 청해진에 필요한 다양한 기능을 해외에서 얻는 등 국제적 감각을 지니고 있었다.

3. 장보고는 완벽한 실력을 갖추고 있었다.

군사력, 조선술, 항해술에서 장보고는 완벽한 준비를 갖추고 있었으며, 영해라는 개념조차 없던 시절에 잘 정비된 군사력을 바탕으로 동아시아 해상의 무역을 리드해 나갈 수 있었다.

4. 장보고는 네트워크 활용 능력이 뛰어났다.

장보고가 당나라에서 그만큼의 영향력을 키워갈 수 있었던 것은 신라, 당, 일본에 거주하고 있는 신라인들을 결속시킬 수 있었기 때문이다. 일종의 글로벌 네트워크를 구축하여 긴밀한 협조 관계를 유지했는데, 이 네트워크가 바로 장보고의 중요한 배경이 되었다.

5. 마지막으로 장보고는 글로벌 가치의 중요성에 대해 미리 알고 있었다.

그는 청해진 중심의 해상 체제에서 국제적 정당성을 확보하고, 청해진의 활동에 당과 일본을 참여시키기 위해 당시 세계에서 통용되고 있던 글로벌 스탠더드를 적극 도입했다. 당나라의 직제를 그대로 차용하고 동아시아 3국의 공통 코드로 불교를 받아들여 국경을 초월하는 등 공감대 형성을 위한 노력을 아끼지 않았다.

조선 시대: 이순신의 충성의 리더십

이순신의 리더십을 한마디로 정의한다면 신의, 성실, 솔선수범의 규범의 리더십으로 정의할 수 있다. 이순신의 리더십은 일본의 도요토미 히데요시의 리더십과 비교된다. 동아시를 정복하겠다는 도
요토미 히데요시와 같은 야망을 이순신에게서는 찾
아 볼 수가 없다. 그에게는 주어진 현실에 대한 최선
이 있을 뿐이다. '상유십이 순신불사(저에게는 아직도
12척의 배가 있고, 저 이순신은 죽지 않았습니다)'라는 말
은 이순신의 성격을 대변하는 가장 대표적인 말이 되
었다. 원균이 칠천량 해전에서 패하여 삼도수군의 기반이 완전히 무너진 후,
조정은 백의종군해 있던 이순신을 다시 삼도수군통제사에 명했다. 그러나
이미 통제사 이순신에게 남아 있는 전력은 아무것도 없었다. 칠천량 해전 당
시 도주한 경상우수사 배설의 전선 12척을 제외하고는 거의 모든 군비가 전
무한 상황이었다. 그런 상황에서 그는 최선을 다해 싸우겠노라고 다짐했다.
한 번쯤은 자신을 벌한 사람들을 원망할 수도 있었을 텐데 그는 여전히 주어
진 일에 최선을 다했다. 이순신 장군은 아들 면이 당진에서 부인과 함께 일
본군의 공격을 받아 죽을 당시에도 굳건히 임지를 지켜냈다.

그의 성실성과 충성은 이순신이 집필한 《난중일기》에도 고스란히 남아
있다. 이순신은 임진왜란이 발발한 임진년부터 노량 해전에서 전사하기까
지 7년간 진중에서의 일을 기록하여 《난중일기》를 남겼다. 《난중일기》에는
전쟁에 관련된 기록뿐만이 아니라 전란 전반에 걸친 사회·경제·정치·군
사에 이르기까지 다양한 기사가 남겨져 있다. 때문에 이순신 개인사의 연구
와 더불어 조선사 연구에 따른 사료로서도 귀중한 가치를 지닌다. 또한 그는
조정에 올린 장계에서도 전쟁 상황을 상세하게 보고했는데, 이는 현재 《임
진장초》로 남아 있다.

때문에 우리는 400여 년이 지난 지금에도 임진왜란의 과정과 해전에서의
전투 상황 등을 비교적 상세하게 알 수가 있다. 이순신의 투철한 기록 정신

에 의한 수혜이다. 만약 이순신이 《난중일기》를 남기지 않았다면 후세에 사료이자 문화유산을 물려주지 못했을 뿐더러, 자신이 전쟁을 수행해 나가는 과정에 있어서도 시행착오를 거듭했을 수도 있다. 각종 업무를 기록하는 일지와 개인의 일기는 물론 주부의 가계부까지도 그 유용성을 지니는 이유가 여기에 있다.

현대: 이건희 리더십

이건희 리더십은 경영의 리더십이며 성장의 리더십이다. 그칠 줄 모르는 그의 도전은 세계 15위의 브랜드 가치를 지닌 삼성 그룹의 오늘을 만들어 냈다. 1980년대 아무도 반도체 산업에 관심을 갖지 않을 때 그는 수천억 원의 돈을 반도체 산업에 투자한다. 만약 그가 반도체 산업에 실패했다면 오늘의 그는 없었을 것이다. 그러나 그의 도전 정신이 오늘의 삼성을 만들었고, 삼성은 우리나라를 대표하는 기업에서 세계를 대표하는 기업으로 성장했다. 영국의 프리미어 리그 첼시 축구단의 경기복에 선명하게 새겨진 'SAMSUNG'이라는 단어에서 그의 도전 정신과 성장에 대한 갈구를 읽을 수 있다.

그는 기업이 가장 잘나갈 때 가장 강한 채찍을 드는 사람이다. 1989년 삼성이 신경영 선언을 할 때 그는 '마누라와 자식만 빼고 다 바꾸어야 한다'며 경영의 채찍을 들었다. IMF를 넘긴 후 삼성이 반도체, 휴대폰, LCD 등에서 세계 최고의 기업으로 성장을 구가할 때 그는 또다시 경영의 도전을 시작한다. 그는 현재 기업의 많은 부분을 신성장 동력 산업인 나노 기술과 바이오 기술에 투자하고 있다. 이러한 이건희식 기업 경영은 한국의 성장 모델이자 한국을 벤치마킹하고 있는 많은 개발도상국들의 성장 모델이다. 지칠 줄 모르는 도전 정신, 현실에 안주하지 않는 자세, 강력한 Top down식 리더십이 그의 특징이다.

변화를 알아야 리더가 될 수 있다

21 세기의 리더는 어떤 역량을 필요로 할까? 국내 글로벌 기업들이 이에 대해 가장 중요한 요소로 꼽은 것은 네 가지이다. 문제 해결력, 공감 능력, 변화 관리력 그리고 도덕성을 들 수 있다.

먼저 문제 해결력은 자신이 속해 있는 조직이나 공동체가 가지고 있는 문제점을 정확하게 인식하고 이를 효과적으로 해결하는 방법을 아는 역량을 말한다.

특히 여기에는 문제에 대한 인식이 중요하다. 문제가 있다는 사실조차도 모르면 문제 해결을 할 수 있는 방법을 알 수 없는 것이다. 이러한 관점에서 볼 때 문제에 대한 정확한 인식의 방법을 아는 것이 중요하다. 문제 해결력은 문제의 인식과 문제와 바람직한 상태 사이의 간극(GAP) 분석, 즉 '갭 분석'을 통해서 바람직한 방향으로 나아가는 방법을 찾아내는 것이다.

두 번째는 공감 능력이다.

설득력과 관련이 깊은 능력이다. 과거, 리더라고 하는 것은 일방적인 의사

소통 방식에 익숙해 있다. 의사 결정의 효율성을 Top Down으로 보기 때문이다. 효율적인 측면에서 Top Down은 Bottom Up보다는 효율적일 수 있다. 그러나 장기적인 방향으로 조직을 이끌어 나가기 위해서는 구성원들의 의견을 수렴하여 의사 결정을 하는 것도 중요하다. 따라서 구성원들 간의 이해관계를 충분히 숙지하고 조직을 이끌어 가는 것이 중요해졌다. 특히 조직이 개방화되고 소통이 중요해질수록 이러한 리더의 공감 능력은 중요해졌다.

공감 능력은 인간관계의 기술과도 맥을 같이하고 있다. 인간관계란 의사소통에서 나오며 의사소통 능력이란 자신의 의견보다는 다른 사람의 의견을 듣는 경청 능력이 얼마나 있느냐에 무게 중심이 있다.

따라서 공감 능력을 갖춘 리더가 되기 위해서는 구성원들의 목소리를 잘 들어야 하며 이러한 이해의 바탕 위에서 리더로서의 의사 전달을 해야 하는 것이다. 특히 21세기는 모든 의사소통의 경로뿐만 아니라 미디어 역시 아래로부터의 소통이 중요해지고 있음을 감안할 때 진정한 리더가 되기 위해서는 구성원들에 대한 공감 능력과 설득력을 갖추어야 한다.

세 번째는 변화 관리력이다.

변화 관리력이란 미래 예측력과 맥락을 같이한다. 미래를 예측하기 위해서 가장 필요한 자질은 주위를 둘러싼 거대한 흐름, 즉 메가트렌드를 파악할 수 있는 능력이 있어야 한다. 메가트렌드를 파악하기 위해 필요한 것은 정보를 효과적으로 얻는 것이다. 효과적인 정보 획득은 독서나 네트워킹 등을 통해 이루어진다. 이러한 정보 획득을 통해 자신의 지식으로 만들어 가는 것이 중요하다. 요즘처럼 정보의 홍수 시대에 아무리 많은 정보가 있다고 하더라도 미래를 예측하는 능력을 갖추기는 어렵다. 따라서 모아진 정보를 얼마나 자신의 지식으로 만들고 이를 해석할 수 있는 역량을 갖추느냐 하는 것이 중요하다. 변화 관리력이란 이러한 지식 위에서 미래를 예측하고 이를 대비할 때 사용하는 역량이다. 변화 관리력은 혜안이나 통찰력도 중요한 요소가 된다. 그러나 이러한 혜안과 통찰력도 어느 날 갑자기 뚝 떨어지는 것이 아니라 끊임없는 지식 탐구와 이를 해석하는 연습을 통해 이루어진다는 점을 알아야 한다.

마지막으로 필요한 능력은 도덕성이다.

최근 하버드 대학교 마이클 샌들 교수의 《정의란 무엇인가?》라는 책의 열풍이 불면서 많은 사람들이 도덕에 대한 관심을 갖게 되었다. 도덕에 대한 문제는 교실에서 공부하는 문제라기보다는 현장에서 의사 결정을 위해 사용하는 중요한 도구이다. 개인이 가지고 있는 가치관과 도덕의 잣대는 의사 결정의 요소에서 중요한 부분을 차지하기 때문이다.

예를 들어 환경 문제나 인권 문제에 관해 의사 결정을 하는 조직의 리더가 있다고 하자. 리더의 입장에서 고려해야 하는 부분은 개인의 가치관과 조직의 가치관의 충돌 여부이다. 가끔 결정을 하다 보면 자신의 의사와 상관없이 조직의 논리에 의해 의사 결정을 해야 하는 경우가 있다. 이러한 경우도 마찬가지이다. 따라서 훌륭한 리더는 의사 결정의 딜레마를 효과적으로 해결하는 리더이다.

기업의 입장에서도 윤리 경영은 중요해졌다. 기업들의 가치 추구가 계속되면서 단기간의 실적이나 근시안적인 의사 결정보다는 보다 먼 미래를 보는 의사 결정이 중요해졌고 기업에서의 도덕성과 윤리성도 중요한 화두로 등장했다. 따라서 21세기의 리더는 기본적인 역량 이외에도 윤리적인 지도자로서의 인성과 의사 결정 능력을 가지고 있어야 한다.

21세기 리더십 필요 역량	공동체에서 발휘되는 성과	배양해야 하는 기초 역량
문제 해결력	문제점을 파악해 효과적 방법으로 목표를 달성할 수 있다.	**전략적 사고 :** 내가 가진 역량과 상대적인 입장까지 고려했을 때 생길 수 있는 결과, 그리고 이를 둘러싼 외부 환경까지 통합적으로 생각해 합리적으로 판단하는 능력.
공감 능력	합리적 방법으로 구성원을 설득하고 바람직한 의사소통 체계를 만든다.	**논리적 사고:** 논점의 핵심을 잘 파악하고, 주장하는 바를 사실에 근거해서 이치에 맞게 말하거나 서술할 수 있는 능력. (일반적 경험에 의존한 판단을 가려낼 수 있음)
변화 관리력	변화의 흐름을 통해 미래를 예측하고 올바른 발전 방향을 제시한다.	**창의적 사고:** 자유로운 상상력과 지성의 조화를 바탕으로 생산적이고 보편적 가치를 갖는 독창적 지식을 산출하는 사고 능력.
도덕성	중요한 가치를 잃지 않고 공동체가 속한 사회에서 조화롭게 자리매김할 수 있도록 이끈다.	**의사 결정력:** 주어진 정보를 가치 판단의 순서에 따라 정리하여 그 체계대로 판단하고 결정할 수 있는 능력.

21세기의 리더는 과거처럼 앞장서서 이끌어 가는 사람의 이미지보다는 뒤에서 리드하는 양치기와 같다. 양치기는 양떼 뒤에서 양들이 나아갈 방향을 잡아준다. 하지만 양들은 양치기가 뒤에서 방향을 잡아주는 대로 가고 있다는 사실을 미처 인식하지 못한 채 그저 앞선 양이 이끄는 대로 간다. 즉 다른 사람들이 기꺼이 따르게 하고, 리드할 수 있도록 하는 환경이나 문화를 만들어 내는 것이 리더의 중요한 역량이다. 양치기는 최종 목적지를 알고 있지만 그 목적지에 도달

하기 위한 방법은 무리에 속한 개개인에게 맡겨둔 것이다.

또한 21세기 리더십은 디지털 시대, 지식 정보화 시대, 세계 통합화 시대, 스토리텔링 시대로 특징지을 수 있다. 과거의 리더십과 차이를 두자면 급속히 변화 하는 현시대에 전문적인 식견과 상상력, 창의력, 문화적 다양성에 대한 이해, 감성, 포용력 등 리더십의 요건이 갈수록 다양해지고 있다. 과거 산업화 시대는 인력을 동원할 수 있는 강력한 힘이 요구됐다. 따라서 명령 체계, 획일적 규칙 등을 효율적으로 운용할 수 있는 능력이 중요했다. 전통적 패러다임은 지위적 관계가 강한 수직적 패러다임이었다. 하지만 21세기는 사람 간 관계가 중요한 수평적 패러다임으로 요약할 수 있다.

전통적 패러다임은 지시와 명령의 질서 체계를 유지해야 하기 때문에 권위적 리더십이 강조됐다. 때문에 전통적 리더십의 해석은 특정인이 소유하고 있는 능력, 선천적으로 타고나는 능력이 중요했다. 하지만 현재에는 타인의 의견을 존중하고 배려하며, 동기 부여시켜 주고 잠재력을 키워주는 리더가 인정받는 시대이다. 최근 리더십의 정의는 타인에 대한 존중과 배려를 바탕으로 비전을 성취할 수 있도록 동기 부여해 주고 잠재력을 개발시키는 힘을 강조한다.

즉, 리더십은 누구나 갖고 있고 누구에게나 요구되는 보편적 인간 능력으로 해석되며, 선천적으로 타고난 능력이라기보다 교육과 훈련으로 개발이 가능하다고 해석된다. 또한 리더십은 관계를 통해 새롭게 조명되고 있으며, 행동 과정으로서의 리더십이 새롭게 연구되고 있다.

여성을 알아야 리더가 될 수 있다

여성이 진화하고 있다. 이제 권위와 힘으로 대표되는 남성적 리더십만
으로는 빠르게 변화하며 창의성과 경험 지식이 중시되는 지식 사회
에서 살아남기 힘들다. 이것이 바로 포용, 섬김, 배려 등의 여성적 감성을 강
조하는 '여성 리더십'이 주목받는 이유이다. 여성 리더십은 우리 사회 곳곳
에서 진화하고 있다. 학교 현장에서도, 기업에서도, 정부의 각 부처에서 그
리고 글로벌 사회에서도 보여진다.

먼저, 최근 여성 리더들이 많이 등장하는 기업들을 살펴보자.

다른 나라에 비해 여성 CEO가 상대적으로 적은 우리나라의 경우, 여성들
은 기업 현장에서 리더로 성장하기 어려웠던 환경적 영향이 있었다. 그러나
최근의 기업 환경은 여성들의 적극적인 사회 진출은 물론 리더로서의 역량
을 키울 수 있는 환경이 되어가고 있다.

현재 우리나라의 기업들은 많은 도전적 요소에 직면해 있다. 글로벌화의
거센 물결과 급속한 기술의 변화 속에서 국내외적으로 경쟁이 높아지고 있

으며, 빈번한 감원과 구조 조정, 기업 통합과 함께 조직 내 인적 구성의 변화가 점점 더 커지고 있다. 창조적이며 혁신적 사고를 촉진하는 조직 문화를 형성해야만 하는 시점이다. 이에 많은 기업들이 최근 내부의 조직 구조를 진단하고 전통적인 지시와 통제 일변도의 관리에서부터 민주적이고 자생적인 팀제 위주로 바꾸어 나가려고 노력하고 있다. 이러한 과도기에서 구성원의 권한 증대를 통하여 새로운 아이디어를 나누고 실험할 수 있는, 민주적인 환경을 제공해 줄 수 있는 새로운 리더십이 요청되고 있다.

이러한 새로운 리더십 요구에 부응하는 한 가지 방법이 바로 여성들의 리더십 잠재력을 발굴ㆍ활용하고, 전통 리더십에 여성성을 가미한 대안적 리더십을 개발하는 것이다. 기존의 조직 구조와 관행, 리더십에 대한 전통적 사고의 측면에서 볼 때 여성 리더의 역할 강조와 여성 리더십의 대두는 하나의 도전이 아닐 수 없다. 그러므로 여성 리더십에 대한 논의를 어떻게 더 정교화하여 전통 리더십의 대안적인 리더십 모델로 발전시켜 나갈 수 있을지가 관건이다.

두 번째는 학교 현장이다.

과거 반장이나 학생회 임원은 남학생들의 차지였다. 그러나 현재 학교 현장의 모습은 사뭇 다른 양상이다. 반장 선거에 여학생들 복수 후보가 나오는 수가 부지기수다. 2011년 3월 강남구 대치동에 있는 한 초등학교, 이 학교에서는 학생회장 선거를 하는데 많은 후보 중에서 유일한 남학생이 눈길을 끌 정도였다. 과거 러닝메이트로 회장은 남학생이 하고, 부회장은 여학생이 한다는 공식은 사라진 지 오래다. 경기도 분당에 있는 한 특목고 선거 현장도, 그리고 서울 시내에 위치한 한 사립대학의 총학생 회장 선거도 마찬가지다. 복수의 여학생 후보들이 경합하고 있는 형국이다. 리더십의 잣대가 되는 학생 임원 선거뿐만 아니라 성적 상위권 학생들도 대학뿐만 아니라 고등학교, 중학교에서 여학생들의 학업 성취도가 훨씬 높게 나오는 것도 이와 같은 현상을 뒷받침한다. 대한민국의 여성 리더십이 학교 현장에서부터 쑥쑥 자라고 있다.

세 번째, 정치에서도 여성 리더십의 등장은 이제 새로운 게 아니다.

독일의 총리와 브라질의 대통령이 여성이고 많은 정치 지도자들이 여성이다. 얼마 전 남북 군사 실무 회담장에 나타난 정소운 서기관이 화제가 되었다. 그녀는 행정고시를 합격하고 통일부 공무원으로 근무하다 이번에 남북 군사 실무 회담의 실무 담당 과장으로 남북한의 고위급 군인들과 함께 당당하게 회담의 주요 참석자로 참여한 것이다. 군대라고 하는 패쇄적인 조직에서도 여성은 더 이상 기피의 대상이 아니다. 엘리트 군인의 출발점이라고 할 수 있는 육군사관학교, 해군사관학교, 공군사관학교 입학에서도 수석은 여학생의 차지가 되었다. 그리고 정부의 각 부처와 각 정당에서 여성들의 리더십은 빛을 발하고 있다.

이제 여성의 리더십을 알아야 한다. 과거 전통적인 가부장적 사고와 패러다임이 전체 사회의 기저에 흐르고 있을 때 여성의 리더십은 양념에 불과했다. 그러나 이제는 여성 리더십이 우리 사회 곳곳에서 주류로 등장하고 있다.

실천 과제 최근 국내외 환경 속에서 여성 리더십이 리더십의 주류로 등장하고 있다. 그 이유와 원인을 분석해 보자. 아래 사례를 통해 여성 리더십이 필요한 이유와 향후 한국 사회에서 여성 리더십의 발전 방향을 논의해 보자.

사례 1 **여성 고시 합격자 남성 추월**

올해 여성 합격자 비율이 60%에 육박했던 외무고시와 사상 최초로 여성 합격자 비율이 40%를 넘어섰던 사법고시에 이어, 행정고시에도 거센 여풍이 불었다. 10월 25일 행정안전부가 발표한 2010년도 행정고시(행정직 5급 공채시험) 최종 합격자 명단에 따르면 전체 합격자 266명 중 127명이 여성인 것으로 나타났다. 특히 여성 합격자는 전체 합격자의 47.7%(127명)로 집계돼, 2008년 51.2%를 기록한 후 지난해 46.7%까지 떨어지며 다소 잦아들었던 여풍이 다시 거세졌다. 5명을 선발하는 교육행정직의 경우 합격자 전원이 여성이었으며, 국제통상직 17명(81%), 일반행정직 64명(57.1%) 등 주요 직렬에서 여성의 강세는 더욱 두드러졌다. 또한 올해 행시 8개 선발 직렬 중 일반행정과 검찰사무직을 제외한 나머지 6개 직렬의 최고 득점자 타이틀을 모두 여성들이 차지, 합격 인원뿐만 아니라 시험 성적에서도 '우먼 파워'가 대단했다.

한편 사법고시 2차 합격자 가운데 여성 합격자 비율이 사상 처음으로 40%를 돌파해 화제가 되고 있다. 법무부는 10월 27일 제52회 사법시험 2차 합격자를 발표하고 이번에 사상 처음으로 여성 합격자 비율이 40%를 돌파했다고 밝혔다. 2차 시험 합격자 800명 중 남성은 463명(57.88%), 여성은 337명(42.12%)으로 각각 집계됐다. 여성 합격자 비율 42.12%는 지난 2008년 2차 시험 합격자의 여성 비율 38.21%를 훌쩍 넘어 역대 사법 고시 사상 최고 기록이다.

사례 2 **여성 ROTC 출범**

국방부가 지난해 처음으로 여성 학군사관(ROTC) 후보생을 선발했다. 사회 환경 변화에 따라 우수 여성 인력을 확보하기 위해서다. 그 결과 60명의 여대생이 6대1이라는 높은 경쟁률을 뚫고 국내 첫 여성 ROTC 후보생의 영예를 안았으며, 숙명여대는 국내 최초로 여성 학군단 유치에 성공했다. 그동안 여성이 장교가 되려면 육·해·공군사관학교를 졸업하거나 대학 졸업 뒤 학사장교에 지원하는 방법밖에 없었으며, 그 인원 또한 2천90여 명으로 전체 장교의 4%에 불과한 실정이었다. 그러나 첫 여성 ROTC 후보생 선발과 여성 학군단 탄생으로 앞으로 여성 장교의 활동이 더욱 활발해질 전망이다.

영국 공영방송인 BBC는 17일자 보도를 통해 창설식 현장의 분위기를 전하며 안보태세 강화와 더불어 우리 대학 ROTC 창설의 의의를 비중 있게 다뤘다. BBC는 보도에서 "(숙명의) 후보생들은 한국에서 처음으로 선발된 (여성) ROTC"라며, "한국은 남성에게만 국방의 의무가 있는 만큼 창설식에 참석한 후보생들은 전원 자발적으로 군에 지원한 학생들"이라고 설명했다. 진현진 학생(가족자원경영학과)은 이날 BBC와의 인터뷰에서 "한반도 긴장이 고조되는 가운데 후보생으로서 투철한 안보 의식을 지니고 있어야 한다"고 말했다.

일본 NHK 역시 "여자 대학생 대상의 간부 육성 제도"라는 제목으로 ROTC 창설식을 보도했다. 보도는 후보생들의 인터뷰를 인용해 한반도 긴장 고조 상황에서의 ROTC 창설의 의의, 국내 첫 여성 ROTC로서 가지는 후보생들의 각오 등에 대해 전했다. 지난 10일 열린 창설식에는 100여 명의 국내 기자들을 비롯해 BBC와 NHK 외에도 로이터, AFP, 니혼 게이자이 등 10개의 해외 언론사 외신 기자들이 참석해 열띤 취재 경쟁을 벌인 바 있다.

사례 3 브라질 최초 여성 대통령의 실험

브라질의 제40대 대통령으로 취임하는 지우마 호세프(62)는 마거릿 대처 전 영국 총리에 견줘 '브라질의 대처'로 불린다. 강한 여성 정치인의 이미지에서 온 말이다. 대선 출마와 함께 호세프는 과감한 친서민 행보를 보였다. 머리 스타일부터 복장, 행동에 이르기까지 다정다감한 이웃집 아줌마 같은 모습으로 유권자들에게 지지를 호소했고, '보살피는 대통령'이 되겠다고 약속했다.

호세프는 1947년 12월 14일 브라질 남동부 미나스 제라이스 주 벨로 오리존테에서 불가리아계 이민자 후손 가정의 1남 2녀 중 둘째로 태어났다. 군사 독재 정권(1964~1985년) 시절 반(反) 정부 무장 투쟁 조직에서 활동했고, 1970년 당국에 체포돼 3년간 수감 생활을 하며 고문을 당하는 등 고초를 겪기도 했다. 그녀는 브라질 최남단에 있는 리우 그란데 두 술 주 포르토 알레그레 시 소재 연방대학 경제학과를 졸업했으며, 상파울루 주 캄피나스 대학(Unicamp)에서 경제통화론으로 박사학위를 받았다.

1980년 포르토 알레그레 시에서 민주노동당(PDT) 창당에 참여하면서 정치에 입문했으며, 1986년부터 2002년까지 지방 정부의 재무국장과 에너지부 장관 등을 지냈다. 2001년 노동자당(PT)에 입당해 룰라와 인연을 맺은 호세프는 2003년 1월 룰라 정부 출범과 함께 연방 에너지부 장관에 임명됐으며, 2005년 6월에는 수석 장관에 기용돼 5년 가까이 재직하다 대선 출마를 위해 2010년 3월 31일 사임했다.

에너지 장관과 수석 장관을 거치면서 연방 정부의 주요 개발 프로젝트를 효율적으로 추진하는 등 능력을 인정받았으며, 이때부터 룰라 정부를 이을 재목으로 떠올랐다. 호세프는 지난해 10월 대선 이전까지 선거 출마 경험은 물론 노동자당(PT)에서 당직을 맡은 경험도 없으나 룰라의 전폭적인 지원 속에 당선되며 브라질 사상 첫 여성 대통령이라는 새로운 역사를 썼다.

미래학자 존 나이스비트의 여성 리더십

존 나이스비트(John Naisbitt)는 21세기는 Female, Feeling, Fiction으로 특징지어지는 '3F의 시대'라고 정의한다. 그는 2000년대 들어서면서 기술과 감성의 융합 시대가 도래했고, 21세기에는 완력을 필요로 하지 않는 서비스 직종이 폭발적으로 증가하는 등 사회적 변화가 과거의 시대와는 판이하게 다르게 변하고 있다고 이야기한다. 이러한 거대 사회 변화 속에서 여성의 사회 진출이 늘어났고 여성 리더십이 리더십의 중심 축의 하나로 자리잡고 있다.

그렇다면 나이스비트가 그의 저서 《메가트렌드》와 《마인드 세트》에서 조망한 21세기 첫 50년을 구체적으로 살펴보자. 그는 하드웨어와 남성 문화 중심의 사회가 급속히 소프트웨어와 여성 중심 문화의 사회로 이전될 것이라고 전망하고 있다. 기술 측면에서 보면 인류는 산업혁명 이후 19세기 후반과 20세기 초반에 걸쳐 만들어진 기계와 하드웨어를 소화시키는 데 약 100년의 시간이 걸렸다. 전기, 전화, 자동차, 비행기, 라디오의 발명이 그것이다. 대부분의 기술은 하드웨어에 초점이 맞추어졌으며 노동력은 남성 중심적이다. 그러나 현재 진행되고 있는 NT와 BT 등의 혁신은 20세기 후반에 이루어진 변화를 수용하고 장기간에 걸친 발전을 모색하고 있다. 이 시기는 앞으로 50년~75년 정도의 시간이 걸릴 것으로 보인다. 이러한 기술은 소프트웨어와 창조성을 배경으로 구성된다. 남성적인 힘보다는 여성적인 힘을 더욱 필요로 하는 기술들이다.

문화적 측면에서도 문자의 시대가 종말을 고하고 시각의 시대가 온다. 현대의 가장 중요한 커뮤니케이션 수단인 광고는 엔터테인먼트 비즈니스로 변신하는 동시에 말보다는 시각적 자극, 즉 비주얼이 주류로 등장할 것이다. 나이스비트는 우크라이나의 오렌지 혁명, 암을 극복하고 투르 드 프랑스 자전거 대회에서 우승한 랜스 암스트롱의 노란색 팔찌 등을 시각 문화가 세상을 지배하게 된다는 강력한 증거로 예를 들었다.

나이스비트의 미래 예측은 힘과 기술에 의존하는 남성 중심적인 노동력이 감성과 창조성에 의존하는 여성 중심적인 노동력으로 서서히 바뀌어 가고 있음을 의미한다. 여기에서 중요한 것은 모든 남성이 남성 리더십을 가지고 있고 모든 여성이 여성 리더십을 가지고 있다는 것을 전제로 하지 않다는 것이다. 여성과 남성의 성별 구별에도 불구하고 개인에 따라 여성성과 남성성을 각각 가지고 있기 때문이다. 따라서 여성 리더십을 이해할 때, 성별의 구분을 가지고 리더십의 선호를 결정해서는 안 된다. 여성 리더십이란 여성 리더십이 가지고 있는 요체, 즉 풍부한 감수성과 창조성을 기반으로 하는 리더십이라는 사실을 명심해야 할 것이다.

로즈너(Rosner)와 슈워츠(Schwarz)는 분석과 합리성에 기초한 알파 리더십과 통합과 직관에 기초한 베타 리더십의 분석을 통해 여성 리더십의 특성으로 베타 리더십을 꼽았다.

로즈너와 슈워츠의 분석 결과를 보면 과거 권위주의적 기업 문화나 조직 문화에서 필요한 리더십은 주로 남성들이 많이 가지고 있는 알파 리더십이 주를 이루었다. 그러나 소프트웨어 중심의 사회로 이전함에 따라 리더십의 원천은 감성과 통합 능력에 기초한 베타 리더십이 되기 시작했다. 남성과 여성을 분류했을 때 주로 남성에게 나타나는 리더십은 알파 리더십인 반면 여성에게 나타나는 리더십은 베타 리더십이다.

그렇다면 여성 리더십이 향후 우리 사회를 어떻게 지배할 것인가를 알아볼 필요가 있다.

여성 리더십은 왜 필요한가?

2011년 3월 현재 한나라당의 박근혜 의원이 차기 대통령 우선 순위에서 압도적인 1위를 달리고 있다. 2012년 12월 우리나라의 다음 대선에서 어떤 결과가 나올지 궁금해진다. 국제 사회에서 여성 대통령이나 수상은 전혀 낯선 경험이 아니다. 이미 선진국에서 그리고 개발도상국에서 여성을 정치의 최고 지도자로 맞이하는 나라가 많이 늘어났기 때문이다.

1970년 중반 영국의 마거릿 대처를 필두로 현재 유럽, 아시아, 아프리카, 호주, 중남미 등에서 여성 수상과 대통령, 국회의원 등이 배출되는 등 여성 리더의 역할이 급부상하고 있다. 특히 중남미에는 임기를 마친 칠레의 바첼레트에 이어 아르헨티나의 페르난데스, 코스타리카의 친치야 등의 여성 대통령들이 민주주의 발전과 경제 발전, 마약 퇴치에 주력하고 있다. 브라질도 예외가 아니다. '지우마 호세프' 첫 여성 대통령의 취임식이 수많은 인파 속에서 거행되었다. 브라질 공화정 역사상 첫 여성 대통령의 출현은 루이스 이나시오 룰라 다 시우바 전 대통령에 이어 민주주의 역사의 새로운 장을 열었다.

또한 사회 각 분야에 여성들의 진출이 활발해지고 요직을 맡는 비율도 점점 커지고 있다. 앞으로 5년 후 10년 후에는 더욱 많아질 것이라는 예상들이 나온다. 사회적 통계를 보면 여성이 전체 구매력의 68%를 차지하고 있다고 한다. 그만큼 여성의 영향력이 커지고 있다는 뜻이다. 이러한 이유로 최근에는 여성 리더십에 대한 관심과 연구가 활발히 진행되고 있다.

그렇다면 새로운 패러다임으로 떠오르고 있는 여성의 리더십이 필요한 이유는 무엇일까?

농경 사회나 산업화 사회는 힘이 필요한 남성적인 리더십이 필요했다. 대량 생산, 대량 유통을 위해 기업이라는 조직체가 만들어졌고, 목표 달성을 위해 '나를 따르라' 하는 가부장적이고, 주도적인 리더십이 주요했다. 이처럼 수직적인 조직 구조에서는 조직원들에게 업무를 할당하고 철저히 관리하면서 적절히 동기 부여하고 커뮤니케이션을 잘 함으로써 목표를 어떻게 달성해 나갈 것인가에 초점이 맞춰졌다.

그러나 정보화, 지식화 사회가 되면서 리더십의 형태도 바뀌고 있다. 조직 구조가 계층에서 팀제로 전환되면서 수직에서 수평적인 커뮤니케이션으로 패러다임이 바뀜으로써 리더십도 주도적이고 카리스마가 넘치는 것보다 감성적이고 부드러운 스타일로 바뀌고 있다.

일하는 방식도 달라졌다. 이제는 힘보다는 창의적이고 화합하면서 상대를 배려하는 부드러운 리더를 원하고 있다. 일방적으로 일을 할당하고 관리하고 통제하는 리더가 필요한 것이 아니라 쌍방적으로 커뮤니케이션을 하면서 일을 창조해 가는 리더가 필요해진 것이다. 직급이나 직책만으로 일하던 권위적인 요소들은 점차 걸림돌이 될 수밖에 없다.

시대는 여성의 특성을 잘 나타내는 엄마형 리더십을 원하고 있다는 연구 결과다. 그렇다고 남성적인 리더십은 구시대적이기 때문에 없애야 한다는 얘기는 아니다. 남성적인 하드 파워와 여성적인 소프트 파워가 합쳐진 스마트 파워가 필요하다.

조직 간, 직급 간의 경계가 허물어지면서 새로운 질서로 재편되는 컨버전스 현상은 더더욱 거세질 것이다. 사회 곳곳에서 이같은 현상은 계속해서 일어날 것이고 이런 새로운 패러다임에 적응을 못하는 사람은 도태될 수밖에 없을 것이다. 좁고 근시안적인 시야에서 벗어나 새로운 비전을 가져야 한다. 무엇을 보고 어떤 생각을 하는가가 미래를 결정짓기 때문이다.

새로운 패러다임을 이해하고 실천하는 자가 리더의 자리를 차지할 것이다. 시대는 부드럽고 감성적인 리더십을 원하고 있다. 여성들이 사회 각 분야에서 두각을 나타내기 시작하는 이유가 바로 여기에 있다.

리더십에 관한 오해와 진실

리더로서의 경험으로 고등학교와 대학교에 진학할 때 입시 가점을 준다는 소식이 전해졌을 때 한국의 학부모들은 아이들을 반장 선거에 출마시키기 위해 한바탕 소동을 벌인 일이 있었다. 한 반에 30명이 정원인 학교에서 반장 선거에 나온 인원이 17명이 넘었다. 강남의 모 고등학교에서는 학생 회장에 당선되기 위해 수천만 원의 돈을 쓴다고 한다. 아이들에게 피자를 사주고, 선거 자료를 만드는 데 드는 비용이라고 한다.

이러한 리더로서의 자격증 따기 열풍이 불자 정부는 급기야 고등학교와 대학교 입시의 리더십 전형에 리더십의 자격 기준을 재정립했다. 반장이나 학생 회장이 아니더라도 스스로 리더십을 성취했다고 여기는 학생들은 모두 지원이 가능하도록 입시 전형을 수정했다. 그리고 리더십 평가에서도 학생 임원이나 학생 회장의 직위보다는 실제로 어떤 역할을 했는지에 대해 초점을 맞추어 평가하겠다고 발표했다.

리더십을 이야기할 때 가장 많은 오해가 바로 지위에서부터 리더십을 생각할 때 비롯된다. 다시 말해 리더와 리더십을 정의할 때 가장 많이 범하는 오류는 리더를 지위로 이해하고 리더십을 앞에서 이끄는 통솔력으로 이해할 때이다. 과거 권위주의적 사회에 있어서 지위는 리더와 일맥상통하였고 강력한 통솔력을 가진 사람이 리더십이 있다고 말한다. 그러나 시대가 변함에 따라 리더와 리더십도 많은 변화를 가져왔고, 이제 리더는 어떤 위치에 있든지 모든 사람이 될 수 있는 개념으로, 리더십은 개인의 다양한 성격적 특징 속에서 다양한 스펙트럼을 갖는 것으로 이해되어진다. 하지만 리더십에 대한 오해는 우리 사회에 여전히 만연해 있다. 리더십과 관련된 오해와 진실에 무엇이 있는지 살펴보자.

리더십에 대한 오해와 진실

1. 직위에 대한 오해 : 리더는 우두머리여야만 한다?

'리더십은 공동체의 우두머리만이 지녀야 하는 덕목이다'라는 생각을 버려라. 2인자, 혹은 중간 관리자이거나 일개 팀원이라 하더라도 리더십은 꼭 필요하다. 한 사회를 이끌어갈 수 있는 주도적 목표 의식이 곧 리더십이다. 또한 리더십이 있다는 것은 영향력이 있다는 뜻이다. 이런 측면에서 볼 때 리더십 강의의 거장으로 불리는 존 맥스웰의 지적을 눈여겨볼 필요가 있다. 존 맥스웰은 리더십에는 다섯 단계가 있다고 주장한다. 그가 주장하는 5단계 중에서 가장 낮은 첫 번째 단계는 지위 또는 직위라고 말한다.

존 맥스웰의 리더십 5단계를 단계별로 살펴보자.

첫 번째 단계는 지위에 따른 단계를 의미한다. 즉 리더로서 따르는 이유는 지위가 있기 때문이라고 믿는 사람들이다. 지위가 높은 사람에게 리더십이 있다고 평가하고, 지위가 낮은 사람은 리더십이 없다고 평가하는 이분법적인 구분이다. 리더로서의 모든 자격은 지위에서 출발한다고 생각하는 단계이다. 가장 낮은 단계의 리더십의 인식이다.

두 번째 단계는 관계와 허용의 단계이다. 사람들은 리더와의 관계 때문에 그를 따른다. 사람들은 리더를 지위 이상으로 따르지만 리더가 이 단계에 머무르고 더 이상 진보하지 않으면 동기 부여된 사람들은 불안감을 느낀다.

세 번째 단계는 결과와 성과를 보여 주는 생산의 단계이다. 사람들이 리더를 추종하는 이유는 어떤 성과를 보였기 때문이다. 이 단계에서는 대부분의 사람들이 성공을 감지한다. 그들은 리더를 좋아하고 그의 행동을 지지한다. 이러한 추진력 때문에 작은 노력으로도 문제가 해결된다.

네 번째 단계는 복제와 개발을 뜻하는 인재 양성 단계이다. 사람들은 리더가 자신의 개발을 위해서 한 일 때문에 그를 따른다. 리더를 따르는 이유는 리더가 그들을 위해서 무언가를 했기 때문이다. 내가 누군가 더 나아지도록 도와주었다면 그 사람들은 내게 충성심을 보인다. 그러면 나의 꿈과 비전은 더욱 배가된다. 결국 많은 사람들이 나의 짐을 대신 짊어 주게 될 것이다.

마지막 단계는 인품 때문에 존중을 받는 인격의 단계이다. 오랜 시간 리더십을 발휘하면 형성될 수 있고 가장 높은 단계의 리더십이라고 할 수 있다.

따라서 맥스웰이 주장하는 1단계에서 리더십이 있는 것은 권한(right) 때문이라는 것이다. 사람들이 리더를 따르는 이유는 자발적 의지 때문이라기보다는 사회적 규칙에 의해 의무적으로 따라야만 하기 때문이다. 그럼에도 불구하고 많은 사람들이 리더십을 이 1단계로서의 의미로 이해하고 있는 경우가 많다. '우두머리'로서의 리더란, 리더의 역할을 하는 권한이 부여된다는 뜻에 불과하다. 리더로서 평생 동안 인정받고, 더 나아가서는 역사 속에 길이 남는 사람들이 있는가 하면, 어떤 직위에 있을 때만 리더로 불리다가 그 직위에서 물러났을 때는 리더로서 평가받지 못하는 사람들이 더 많다는 점을 이해하면 될 것이다.

지위	관계	성과	개발	존중
• 의무감 • 사회적 규칙	• 관계의 허용 • 동기 부여	• 생산성 • 성공 감지	• 인재 양성 • 자기 발전	• 인격 • 가치 추구
리더가 자리에서 물러나면 더이상 리더로서 평가받지 못한다.	리더가 지속적으로 전보하지 않으면 사람들은 불안감을 느낀다.	리더를 따르고 사람들은 그를 지지한다.	리더로 인해 꿈과 비전을 갖게 되며, 충성심을 보이게 된다.	리더로서 진정한 존경을 받는다.

지위에서는 리더가 아닌 사람이 리더로 평가받는 역사적인 사례는 없는가? 지위는 리더가 아니지만 역사적인 리더로 평가받는 사람에는 참모형 또는 책사형 리더가 있다. 흔히 참모는 리더가 아니라 리더를 보좌하는 역할로 인식이 되지만 역사적으로 훌륭한 참모들은 리더보다도 더 훌륭한 리더십을 가지고 있었던 적이 많다.

사례
탐구

1. 헨리 키신저(Henry Alfred Kissinger)의 리더십

헨리 키신저는 1969년~1977년 미국국가안보담당 보좌관과 국무장관으로 있으면서 닉슨, 포드 대통령의 외교 정책 수립에 큰 역할을 했던 인물이다. 그는 유태인으로 태어나 1938년

나치의 유대인 박해를 피해 가족이 미국으로 이주했다. 1954년 하버드 대학에서 정치학 박사 학위를 받고 1962년 하버드 대학 정치학 교수가 되었다. 그의 리더십은 미국의 외교 정책에서 잘 나타난다. 1969년 R.M.닉슨 행정부 발족과 함께 대통령 보좌관 겸 미국국가안전보장회의 사무국장으로 취임하면서 그의 본격적인 외교 역량이 발휘된다. 특히 그는 국무부의 통상적인 외교 경로에서 탈피하여 이른바 자신만의 브랜드인 '키신저 외교'를 전개하였다.

1971년 7월, 중국을 비밀리에 방문하여 당시 닉슨 대통령이 중국을 방문하는 중국 외교의 첫 시작을 열었다. 이후 그는 미국 중동 외교의 개척자 역할을 했다. 1972년 중동 평화 조정에 힘 썼으며, 1973년 1월 북베트남과 접촉하여 평화 협정을 체결했다. 이러한 결과로 그는 1973년 노벨 평화상을 수상했다. 미국의 국무장관으로서 그의 외교 역량은 단순히 대통령의 정책 자 문 역할에서 탈피하여 자신만의 주도적인 역할을 해냈다는 것에 큰 의미를 둘 수 있다.

2. 《삼국지》를 빛낸 제갈량의 리더십

거센 역사의 소용돌이 속에서도 원칙과 신념으로 초나라를 3국의 위치에 올려놓은 '제갈량의 리더십'은 참모형 리더십의 진수이다. 실제로 중앙일보가 조사한 자료에 따르면 삼국지의 등 장인물 중에서 가장 닮고 싶은 리더로 우리나라 사람들이 꼽은 사람은 '제갈량'이었다. 그 이 유는 '공명 정대하고 공사가 분명하다'는 이유에서였다. 신출귀몰한 재주를 지닌 난세의 간웅 '조조'의 리더십도 아니고 신뢰와 인간관계 중심의 유비의 덕장으로서의 리더십도 아니었다. 역사는 때로 2인자 리더십에 주목한다.

그 이유는 제갈량이 가지고 있는 현란한 재주들, 예를 들어 장계취계(상대방의 계략을 역이용하 여 상대방을 쓰러뜨리다), 교병지계(적의 교만심을 키워 격파시키다), 반간계(이간을 붙이는 술 책을 쓰다) 등 변화무쌍한 전략을 구사하는 리더십이 있기 때문이다. 제갈량은 그의 뛰어난 전 략뿐만 아니라 위기에 처해서도 여유로움을 잃지 않는 인간적 매력까지도 겸비한 인물이다.

그의 리더십 경쟁력의 원천은 자신을 잘 알고 가장 자신 있는 부분에서 자리매김했다는 것에 있다. 만약 제갈량이 칼을 직접 휘두르는 역할을 하는 장군의 길을 갔다면 그가 리더로서 성공할 수 있었을까? 뻔한 대답이지만 절대 성공할 수 없었을 것이다. 많은 사람들이 리더로서 자신의 강점을 인지하지 못하고 다른 사람들이 좋아하는 리더십을 좇다가 결국 리더십을 발휘하지 못하고 실패하는 경우를 숱하게 본다. 따라서 자신의 강점을 키워내는 것에 리더십의 중점을 둘 필요가 있다.

2. 성격에 대한 오해: 리더는 카리스마를 지녀야 한다?

카리스마의 사전적인 의미를 살펴보자. 카리스마(Charisma)는 다른 사람을 매료시키고 영향을 끼치는 능력을 가리킨다. 카리스마를 뜻하는 영어인 Charisma는 '재능', '신의 축복'을 뜻하는 그리스어의 Kharisma로부터 유래하였다. 카리스마란 말은 사람들의 관심 및 존경, 혹은 반대로 작용할 경우는 혐오감을 쉽게 끌어내는 특성을 가리킨다.

이는 인격이나 외모 혹은 둘 다의 작용으로 인한 것이다. 사전에서 보는 것처럼 카리스마는 사람을 매료시키는 재능을 의미하지만 권위적, 독선적인 부정적인 의미 또한 내포한다. 카리스마가 있는 리더를 이야기할 때 우리는 흔히 통솔력이 있고, 다른 사람에게 절대적인 영향을 행사하는 리더를 지칭한다. 한때 절대 권력을 행사했던 독일의 히틀러나 이탈리아의 무솔리니를 카리스마의 전형으로 볼 수 있다.

그러나 긍정적인 의미의 카리스마는 조직이나 국가 그리고 공동체가 위기에 처했을 때 강력한 리더십을 바탕으로 위기를 극복한 리더들을 지칭한다. 한때 카리스마는 리더십의 대명사처럼 불리웠다. 그러나 이러한 카리스마적인 리더십은 현대 사회가 다원화되고 융합 사회로 갈수록 영향력이 줄어들 수밖에 없다. 흔히 카리스마적인 리더십에 비교되는 리더십이 서번트 리더십이다. 강력한 영향력을 가지고 군림하는 카리스마적인 리더십이 아니라 철저하게 밑으로부터의 봉사에 기반한 리더십이다.

리더는 구성원들로 하여금 올바른 방법으로 나아가도록 하는 능력을 소유하고 있다는 것에 그쳐서는 안 된다. 자신의 지식과 경험을 가지고 올바른 방법으로 일을 처리하는 방법을 직접 보여 주어야 할 필요가 있다. 서번트 리더십이란 실천의 리더십이다. 따라서 주어진 일이 큰 일이든 작은 일이든 최선을 다하여야 한다. 사소한 일에서 서번트의 자세를 잃게 되면 근본적인 서번트의 모습을 잃게 된다.

반기문 유엔 사무총장

반기문 유엔 사무총장은 서번트 리더십의 전형적 인물이다. 외교관을 꿈꾸던 반 총장은 군대에 다녀온 후 대학 졸업과 동시에 외무고시 3기에 차석으로 합격했다. 외무부 근무를 시작한 뒤, 인도 근무를 자원한 반 총장은 평생의 멘토가 된 노신영 당시 인도 총영사를 만나게 된다. 이후 외무부 장관과 국무총리를 지내게 되는 노신영 총영사는 반 총장을 각별히 아꼈고, 늘 자신의 곁에 두려고 했다. 반 총장의 솔선수범하는 성실성을 높게 샀기 때문이다. 반 총장의 이러한 면은 노신영 총영사뿐만 아니라 많은 상사들로부터 두루 인정을 받았으며, 이에 반 총장은 초고속 승진을 거듭하게 된다. 당시 외무부 장관이었던 이범석 장관은 1982년, 장관 취임 뒤 반 총장을 자기 곁에 두기 위해 4급 서기관이던 그를 3급 부이사관으로 승진시켰다. 동기들 가운데 가장 빠른 승진이었기 때문에 일부에서 '무리한 승진'이라는 비판이 일기도 했지만, "그럼 반기문만큼 일할 수 있는 인물을 데려오라'는 이 장관의 말에 누구도 반박하지 못했다.

반 총장의 고속 승진은 이후에도 계속됐다. 1985년 국무총리로 취임하게 된 노신영 총리는 반 총장을 의전비서관으로 불렀다. 의전비서관은 국무총리의 일정이나 접견 등을 준비하고 총괄하는 자리로, 2급 이사관의 몫이었기 때문에 당시 3급이던 반 총장이 맡기엔 직급이 높았다. 이 인사로 외무고시 3기 동기들뿐 아니라 1, 2기 선배들보다도 앞서 승진하게 된 반 총장은 꼬박 일주일 동안 선배와 동료 외교관 1백여 명에게 '먼저 승진하게 돼 미안하고 송구하다'는 내용의 자필 편지를 보냈다. 선배나 동료들이 그를 질시하지 않고 오히려 빠른 성장을 칭찬하며 격려해 줄 수 있었던 건 이런 반 총장의 인품 덕분이었다.

그 뒤에도 반 총장의 초고속 승진은 이어졌다. 이상옥 외무부 장관(1990~93 재임)은 반 총장을 주미 공사에 임명한 뒤 일주일 만에 1급으로 승진시켰고, 공로명 외무부 장관이 재임하고 있던 1996년에는 1월에 외무부 제1차관보, 2월에 차관급인 대통령 의전 수석비서관, 11월에 대통령 외교안보 수석비서관으로 임명되는 등 한 해에 세 차례나 승진을 거듭했다. 외무부에서 초고속 승진의 전설이 된 것이다.

인재를 포용하는 슈퍼 리더십

리더십이란 말이 언제부터 우리에게 익숙해졌을까? 우리 모두 리더가 되어야 할 것처럼 리더십을 이야기하고 있다. 그리고 많은 학부모들이 아이들을 교육할 때 리더가 되어야 하는 것처럼 이야기한다. 그러나 시간이 지날수록 많은 학부모들이 좌절한다. 아이들이 반장이 되지 못하거나 공부를 못했을 때 리더로서의 길을 포기하라고 한다. 이때 부모들이 던지는 한마디가 아이들에게는 평생 짐이 될 수 있다. 진정한 리더란 공부를 잘 해야 하고 반장이 되는 것만이 아니라는 것을 알아야 한다.

또한 진정한 리더십이란 무엇인지에 대해 생각해 볼 필요가 있다. OECD 국가의 학업 성취도를 측정하는 국제학업성취도(PISA)가 있다. 3년에 한 번씩 국가별 15세 학생들의 학업 성취도를 측정하는 것인데 3회 실시된 중에 3회 모두 1등을 한 나라가 바로 '핀란드'이다. 핀란드의 교육에서 가장 중요한 점은 '경쟁이 없고 15세 기초 교육까지는 등수를 매기는 테스트가 없다는 것'이다. 그렇다면, 그들 중 리더와 리더십은 어떻게 발생되는 것인가?

리더십은 우리가 생각하듯 1등을 해야 하고, 우두머리가 되어야 하고, 반을 이끄는 반장만이 할 수 있는 것은 아니라는 것이다. 그들에게 리더란 모든 구성원들이 리더가 되는 것을 의미한다. 이렇게 다양한 리더십이 존재함에도 불구함에도 우리는 우리 아이들에게 학급 반장, 회장, 1등이 되어야 리더십을 발휘할 수 있다고 주장했던 것과 같다. 누구나 다 1등을 하고, 잘 할 필요는 없다. 이제 리더십은 독점의 대상이 아니라 공유의 대상이 되는 것이다.

리더십이 공유될 수 있다면 리더의 필요성이 사라지는 것은 아닐까? 과연 리더 없는 조직이 성공할 수 있는 것일까? 경영 컨설턴트인 오리 브라프먼은 저서 《불가사리와 거미》에서 전통적인 의미의 책임자나 위계 체계가 없으면 오히려 더 효과적인 조직 운영이 가능하다고 주장한다. 가장 대표적인 사례로 전 세계 수천 명의 자발적 기여자들이 중앙의 통제가 거의 없이 세계에서 가장 큰 규모의 무료 백과사전을 창출한 위키피디아를 든다. 리더 없는 조직의 또 다른 성공 사례는 역사적 사실에서도 살펴볼 수 있다.

1680년대 초 북멕시코 지역, 잉카 제국을 정복한 스페인 군대는 아파치 족을 맞아 처음으로 패배를 당한다. 아파치 족은 그 뒤로도 2세기 동안이나 계속해서 스페인 군대를 물리친다. 잉카 제국이 완전히 사라지는 데 채 1년도 걸리지 않았음을 감안하면 놀라운 일이다. 아파치 족과 3년간 함께 지내며 이들을 연구한 문화인류학자 톰 네빈스는 '확실한 리더나 위계 체계, 중앙 본부의 개념이 없는 분권화된 조직 운영 방식'이 아파치 족의 승리 요인이었다고 결론지었다. 전투에서 아파치 족 전사들은 다른 부족과 달리 개개인이 리더이면서 동시에 추종자가 된다. 주어진 상황에서 어떤 역할을 해야 하는지 개개인이 명확히 알고 있으며 행동에 나설 때 누구로부터도 지시를 받지 않는다.

스페인 군대가 아파치 족과의 싸움에서 승리하기 어려웠던 이유는 리더처럼 보이는 대장을 죽이거나 사로잡아도 별다른 타격을 주지 못하였기 때문이었다. 아파치 족 전사들은 리더의 유무와 상관 없이 모두가 필요한 만큼의 리더십을 가졌던 것이다.

"1863년 1월 1일부터 미합중국에 대하여 반란 상태에 있는 주 또는 어떤 주의 특정 지역에서 노예로 예속되어 있는 모든 이들은 영원히 자유의 몸이 될 것이다. 육해군 당국을 포함한 미국 행정부는 그들의 자유를 인정하고 지킬 것이며, 그들이 진정한 자유를 얻고자 노력하는 데 어떠한 제한도 가하지 않을 것이다." 미국의 제16대 대통령 에이브러햄 링컨은 남북전쟁이 한창이던 1863년 1월 1일자로, 위와 같이 시작되는 '노예 해방 선언(Emancipation Proclamation)'을 공표했다. 바로 전 해인 1862년 9월 22일 그는 '노예 해방 예비 선언(Preliminary Emancipation Proclamation)'을 공표한 바 있었다. 그리고 그로부터 140여 년 후 미국 최초의 흑인 대통령(정확히 말하면 흑백 혼혈인)이 탄생했다.

링컨 대통령이 서명한 노예 해방 선언서 사본 1부가 2005년 11월 뉴욕 크리스티 경매장에서 68만 8000달러에 낙찰되기도 했다. 선언서 원본은 미 국립 문서 보관소에 보관되어 있는데, 노예 해방 선언을 공표하고 1년 뒤인 1864년에 전쟁 비용을 모금하기 위해 필라델피아에서 15부의 사본을 만든 것이다. 이러한 사실을 통해서도 우리는 노예 해방 선언서가 공표 당시부터 크나큰 역사적 의미를 지닌 것으로 평가받았음을 알 수 있다. "일리노이의 이류 변호사가 신의 도구로 쓰이다니……" 당시 오하이오 주 국회의원 당선자로, 링컨을 경멸했던 제임스 가필드라는 인물은 이렇게 말했다. "일리노이의 이류 변호사가 미래의 모든 세대가 기억할 만한 말을 하는 신의 도구로 쓰이다니, 이는 세계 역사상 가장 뜻밖의 사건이다." 가필드의 말은 사실이었다.

링컨은 지방에서 하찮은 사건만 맡으며 수임료 수입도 변변치 않은, 시쳇말로 별 볼일 없는 변호사였다. 예컨대 링컨은 1855년 6월 특허권 분쟁에 관한 중요한 소송에서 변호인단 일원으로 참여하게 되었는데, 같은 측 변호사 조지 하딩은 링컨을 "허름한 행색에 발목까지 내려오지도 않는 바지를 입고, 손잡이 끝에 동그란 공이 달린 파란색 목면 우산을 든 볼품없고 깡마른 껑다리 촌놈"이라며 비하했다. 역시 같은 측 변호사인 에드윈 M. 스탠턴도 "왜 저 긴팔원숭이를 끌어들였느냐"며 공공연히 링컨을 무시했다. 링컨의 진정한 리더십은 바로 이 에드윈 M. 스탠턴을 중용한 데서 잘 드러난다.

1861년 대통령 당선 이후 링컨은 변호사 시절부터 자신을 무시해 온 정적 스탠턴을 공화당 인사들의 반대를 무릅쓰고 전시 국방장관으로 임명한 것이다. 링컨은 스탠턴이 정직하고 엄격하며 원칙을 밀고 나가는 스타일이라는 걸 잘 알고 있었고, 스탠턴은 과연 링컨의 기대대로 남북전쟁을 승리로 이끄는 데 큰 역할을 했다. 이는 링컨 특유의 포용과 통합의 리더십을 말해 주는 대표적인 사례로 손꼽힌다.

리더의 자격, 상황 리더십

난세가 영웅을 만든다는 말이 있다. 새로운 세상에서는 새로운 리더십이 요구된다는 말이다. 새로운 시대에서 요구되는 리더십은 과거의 리더십과는 다른 리더십의 패러다임을 요구한다. 그러나 때로는 거대한 패러다임의 변화가 아니라 일시적인 환경적 영향에서 요구되는 리더십도 있다. 상황적 리더십이 그것이다.

타고난 자질과 역량이 있다 하더라도 상황에 따라서 리더십은 발휘될 수도 있고, 발휘되지 못할 수도 있다. 다음의 사례는 극한적 상황에서 요구되는 리더십이다. 극한적 상황이란 육체적, 정신적으로 견디기 어려운 상황에서 발휘되는 리더십을 말한다. 이러한 상황에서 요구되는 역량이란 지식에서 나오는 전략적 리더십과 경험에서 나오는 창의적 리더십이 요구된다. 또한 때로는 강한 신념과 믿음의 리더십이 요구된다. 인생에서 자주 발생하는 상황은 아니지만 우리는 극한 상황에서 발휘되는 리더십 속에서 리더십의 정수를 배울 수 있을 것이다.

남극 탐험대 이야기

과제 1 당신이 섀클턴이라면 어떤 의사 결정을 하겠는가?

1914년 8월 1일 세계 최초로 남극 횡단이라는 목표를 가지고 영국을 출발한 탐험대를 이끈 대장 어니스트 섀클턴. 그러나 목적지를 불과 150km 앞두고 이들이 타고 온 인듀어런스(Endurance)호는 얼어붙은 바다에 갇혀 버린다. 함께 탐험에 참가했던 28명의 사람들이 모두 꼼짝없이 갇혀 버렸다. 그들이 갇힌 지점은 남위 74도였다. 참가자 28명은 과학자, 선원, 해군, 요리사 등으로 구성되었다. 사실 그들은 잘 아는 사이가 아니었다. 출발 1년 전 섀클턴이 낸 광고를 보고 모인 모험심 많은 사람들에 불과했다.

[광고]

"어려운 탐험에 동참할 동료를 구함. 급여는 쥐꼬리만함. 여러 달을 암흑 속에서 보낼 수도 있으며 수많은 어려움과 난관을 극복해야 함. 탐험을 끝내고 무사귀환 할 것이라는 보장도 없음. ─남극 횡단 탐험대장 어니스트 섀클턴"

다시 말해 그들은 열정 하나로 똘똘 뭉친 미숙련의 탐험대원들이다. 탐험대 27인의 삶을 책임져야 하는 탐험대장 섀클턴은 다음과 같은 가이드라인을 정했다. "배를 버리고 행군한다. 개인 짐은 1kg으로 제한한다." 이제 그들의 탐험은 횡단이 아닌 귀환을 위한 행군이 되었다. 28개의 침낭 중 가죽으로 된 양질의 침낭은 18개, 제비뽑기를 통해 침낭을 지급키로 했다. 질 나쁜 침낭을 뽑은 상급대원 중 하나가 수근거렸다. "제비뽑기가 조작됐다." 그러나 섀클턴은 흔들리지 않았다. 극한 상황에서 불만은 누구에게나 있는 법, 섀클턴은 당황하지 않고 그의 뜻대로 탐험대를 이끌었다. 그의 목표는 오직 하나, 28인 모두의 생존이었다.

그는 모든 대원들을 공평하게 대했다. "계급에 상관없이 모두가 공평하게 일하고 먹는다.", "식량인 펭귄을 비축하지 마라.", "쌓여 있는 펭귄을 보면 계속 갇혀 있을 거라는 절망감에 빠질 것이다.", "절망 속에서 죽는 것보다 굶어 죽는 것이 더 낫다."

56

구조선을 기다리던 섀클턴을 결단을 내렸다. "이대로는 안되겠다. 사우스 조지아 섬으로 가서 구조선을 이끌고 돌아오겠다." 그는 자원자를 선발했다. 자원대는 그야말로 목숨을 담보하는 탐험을 해야 했다. 2,000km나 떨어진 사우스 조지아 섬까지는 작은 보트 하나로 시속 100km 의 바람과 20m의 파도와 싸워야 했다. 도중에 멈출 수 있는 섬은 없었다. 오히려 기다리는 편 이 나을 수도 있었다. 그러나 섀클턴은 단호했다. 그는 가장 불만이 많고 명령불복종의 골치덩 이 대원 5명 중에서 탐험대원을 직접 선발했다.

섀클턴은 직접 팀을 이끌었다. 섀클턴은 떠나기 전 부대장에게 모든 책임을 위임했다. 목숨과 도 같은 식량 사용에 대한 전권까지도 그에게 부여했다. 섀클턴은 3달 동안 사우스 조지아 섬 으로 항해를 했다. 그를 기다리고 있는 모든 대원들의 유일한 식량인 1,300마리의 펭귄이 떨 어지기 전까지 섬을 발견하는 것이 희망이었다. 그는 침착하게 대원들을 지휘했고 좌절하지 않았다.

1916년 7월, 섬으로 다가오는 구조선 위에는 쌍안경으로 바라보는 섀클턴이 있었다. "한 사람 도 빠짐없이 모두 무사한가?" 대원들의 마지막 보고. "예, 모두 무사합니다."

섀클턴의 탐험대 이야기는 전설이 되었다. 지금으로부터 90여 년 전 섀클턴의 인듀어런스호가 남극으로 떠났을 때, 또 한 팀의 탐험대가 북극 탐험을 위해 떠났다. 탐험선의 이름은 칼럭호였 다. 공교롭게도 섀클턴의 배가 남극에서 조난당했을 때 칼럭호도 북극에서 조난을 당했다. 인듀 어런스호와는 달리 조난이 길어지자 칼럭호의 대원들은 서로 식량과 연료를 놓고 싸웠다. 그리 고 몇 달만에 11명 전원이 숨졌다. 그들이 죽은 원인은 식량이 부족해서 죽은 것이 아니었다. 그 들은 미래에 대한 불안감에 식량을 서로 차지하기 위해 자기들끼리 싸우다가 죽어갔던 것이다.

반면 인듀어런스호의 대원들은 무려 634일이라는 조난 기간 동안 단 한 명의 사상자도 없이 28명의 대원 전원이 무사히 돌아오는 기적을 이뤘다. "우리 모두는 허둥대며 어찌할 바를 몰랐 습니다. 그러나 대장만이 그러한 상황에서 벗어나게 해줄 수 있는 유일한 사람이었습니다. 그 믿음이 절대적일 수 있었던 것은 그의 지도력 덕분이었습니다." 귀환한 인듀어런스호의 한 선 원은 인터뷰에서 이렇게 말했다.

사례
탐구

칠레 광부들의 생환 이야기

과제2 칠레 광부 탈출 순서는 왜 그렇게 결정됐나?

칠레 매몰 광부 33명이 69일 만에 기적처럼 구조돼 전
세계인을 감동시켰다. 2010년 8월 5일 갱도 붕괴 사고
로 지하 622m 지점에 갇혔던 광부들의 무사 귀환은 많
은 사람을 전율시킨 감동의 드라마였다. 광부들의 생존
사실이 알려진 것은 매몰 17일 만인 8월 22일. '지하 피신처에 33명이 모두 생존해 있다'고 적
힌 쪽지가 탐지 장치를 통해 외부로 전해지자, 칠레 정부와 국민들은 하나가 되어 이들을 구출
할 모든 방안을 마련했다.

구조를 위한 준비 작업은 그들이 매몰된 지 68일이 지난 오전 6시쯤 칠레 대통령이 현장에 나
와 연설을 하면서 시작되었다. 오전 9시 35분쯤 굴착공에 구조 캡슐을 넣은 뒤 마지막 테스트
작업을 거쳐 캡슐을 내려보내는 작업이 시작된 것이다. 구조 캡슐은 광부들이 갇혀 있는 지하
피난처까지 622m를 수직으로 내려가 광부들을 한 명씩 차례로 태우고 올라오게 된다. 그러나
실제 구조 작업은 밤에 시작되었다. 구조가 밤에 시작이 된 이유는 암흑 공간에 두 달 넘게 갇
혀 있던 광부들의 시력 등 건강을 보호하기 위한 것이었다. 구조대는 앞서 구조 캡슐이 지하 갱
도를 통해 안전하게 내려가는 것을 최종 확인하고 구조를 시작하기로 결정했다. 갱도가 무너
지거나 낙석을 예방하기 위해 갱도 입구 56m 아래까지 갱도를 강화하는 금속관도 설치해 두
었다. 구조 캡슐이 광부를 태우고 지하 622m에서 지상으로 올라가는 데는 20분가량이 걸린
다. 그런데 캡슐이 다시 내려가는 시간과 광부가 타는 시간 등을 모두 합치면 광부 한 명이 구
출되는 데는 대략 1시간 정도가 필요했다. 따라서 이변이 없이 예정대로 진행될 경우 33명이
모두 구조되는 데는 이틀이 걸릴 것으로 예상되었다. 구조 캡슐이 들어가서 작업이 시작되더
라도 광부들이 무사히 나오는 데까지는 적지 않은 어려움도 예상되었다.

첫 번째 위험은 구조 캡슐이 좁은 갱도를 통해 올라가는 과정에서 낙석으로 인해 파손될 위험성이
다. 두 번째는 광부들 혼자서 캡슐을 타고 올라와야 하는데, 좁은 공간에 갇혀 있다는 느낌 때문에

정신적으로 어려움을 겪을 수도 있는 것이다. 따라서 구조대는 광부들을 상대로 구출 상황을 가정한 테스트를 실시해 실제와 비슷한 상황을 연출했다. 그렇다면 구조 순서는 어떻게 결정될까?

구조가 임박하면서 지상으로 올라오는 순서를 놓고 광부들은 서로 양보하는 모습을 보였다. 광부들은 누가 먼저랄 것도 없이 자신이 마지막까지 남겠다고 말했을 정도이다. 그들은 이미 엄습하는 죽음의 공포와 나만은 살아야 한다는 이기심을 억누르고 작업장 선임이었던 루이스 우르수아를 중심으로 질서와 협동을 잃지 않고 있었다. 구출 순서를 결정하는 것도 지극히 이성적으로 대처하게 되었다.

우르수아는 모든 경우의 수를 비교하면서 구조 순서를 전략적으로 결정했다. 가장 먼저 구조 캡슐을 타고 나가는 광부는 만약의 사태에 대처할 수 있는 담력을 갖추고 뒤이어 구조되는 동료들에게 과정을 설명할 수 있는 능력이 있는 사람으로 결정했다.

따라서 몸과 마음이 가장 준비가 잘 된 3명을 우선적으로 내보내기로 결정했다. 31세의 플로렌시오 아발로스가 가장 먼저 구조 캡슐에 올랐다. 플로렌시오 아발로스는 이성적이고 점잖은 성격의 소유자로 알려져 있었다. 두 번째로 캡슐에 오르게 되는 사람은 전기 전문가인 39세의 마리오 세풀베다였다. 그리고 세 번째는 볼리비아 출신인 23세 카를로스 마마니였다.

그 다음 순서는 어떻게 될까? 여기에 우르수아의 전략이 숨어 있다. 바로 건강이 가장 좋지 않은 사람을 보내기로 했다. 마치 축구경기에 있어서 PK를 차는 순서와 같은 이치이다. 가장 믿음직한 두 사람이 첫 번째와 마지막 키커이고 중간에서 가장 자신 없는 사람이 차는 것과 같은 경우이다. 3명의 건강한 사람들을 내보내고 우르수아는 다음으로 건강이 좋지 않은 10명을 구조 캡슐에 태웠다. 그리고 남은 인부들을 태워 보내고 마지막 구조자는 작업반 선임인 54세 루이스 우르수아 본인이 되었다.

광부들은 엄습하는 죽음의 공포와 나만은 살아야 한다는 이기심을 억누르고 작업장 선임이었던 루이스 우르수아를 중심으로 질서와 협동을 잃지 않았다. 33명이 단순히 운 좋게 살아남은 작업 인부들이 아니라 '희망을 주는 영웅'으로 갈채를 받는 이유가 바로 여기에 있다.

'패러다임 시프트'로서의 리더십

아 이폰(iPhone), 아이패드(iPad)의 연이은 히트로 혁신의 아이콘으로 자리잡은 스티브 잡스. 그는 자사의 신제품을 발표하는 WWDC (Worldwide Developers Conference, 세계 개발자 회의)에서 카리스마 넘치는 프리젠테이션으로 전 세계 IT 마니아들을 매료시키곤 한다. 조직 운영에 있어서도 제품의 디자인과 사양을 구체적으로 제시하고 개발을 주도하는 등 강한 카리스마를 발휘한다고 한다. 이런 이유로 개인의 독단에 의한 '원맨 경영'이라는 따가운 눈총을 받는 경우도 있다. 앞으로도 스티브 잡스나 잭 웰치와 같은 카리스마적인 경영자가 조직을 이끌어 나갈 수 있을까?

미래에는 멀티미디어를 비롯한 통신 기술의 발달과 인구 구조의 변화가 리더십 변화와 큰 관련이 있다. '소셜미디어'와 'Y세대'는 향후 10년간 미래 리더십 변화의 키워드이다. 소셜미디어의 확산은 구성원 간의 커뮤니케이션 방식에 커다란 변화를 가져오고 있다. 또 Y세대라는 전혀 새로운 구성원의 등장으로 조직의 소통 방식이 바뀌고 조직의 구성 모습이 달라진다는 것은 조직의 리더십에도 새로운 변화가 필요하다는 것을 의미한다.

소셜미디어에서 '그라운드 스웰(Ground swell)' 현상이라는 것이 있다. 그라운드 스웰이란 원래 먼 곳에서 발생한 폭풍 때문에 생기는 큰 파도를 의미하는데, 이런 현상이 바로 오늘날 인터넷 공간에서 한창 벌어지고 있다. 소비자나 네티즌들이 싸이월드나 블로그 등 소셜 미디어 활동에 적극 참여하면서 기업에 대한 발언권이 갈수록 높아지고 있다. 네티즌들을 중심으로 한 대중적인 움직임은 인터넷 공간에서 거대한 파도를 만들고 있다. 소셜미디어를 통해 고객들과 소통하지 않으면 기업들은 갈수록 생존하기 힘들어진다는 것이다.

아디다스, 델, 브렌텍 같은 기업들이 소셜미디어를 잘 활용하고 있는 기업들이다. 아디다스는 마이스페이스를 통해 고객들이 아디다스 축구화에 대해 좋은 소문을 공유하도록 유도했다. 컴퓨터 회사인 델은 소셜미디어에 '서포트 포럼'을 운영하면서 서포트 비용을 무려 19만 달러나 절약했다. 믹서 회사인 브렌텍은 유튜브에 우스꽝스러운 동영상을 올려 회사 매출이 20%나 증가했다. 예를 들어 아이폰을 믹서기에 넣고 가는 동영상을 올려 크게 히트를 친 것 등이다.

반면 최근 미국 항공사인 유나이티드 에어라인은 데이브 캐롤이라는 가수의 수하물로 붙인 기타를 잘못 다뤄 망가뜨리는 바람에 곤혹을 치렀다. 항공사 측은 캐롤의 거듭된 항의를 무시하고 배상 요구에도 늑장 대처했다. 결국 흥분한 캐롤이 '유나이티드는 기타를 부숴버려'라는 음악과 동영상을 제작해 유튜브에 올리는 바람에 기업 이미지에 먹칠을 했다. 이 비디오는 유튜브에 올라간 지 얼마 되지 않아 무려 300만 건 이상의 조회 수를 기록했다.

위 사례는 사람들의 소통 방식이 어떻게 바뀌고 있는지를 잘 보여 준다.

고객들은 더 이상 불만을 속으로 삭이지 않는다. 소셜미디어 기술의 발전으로 고객들은 무수히 많은 네트워크를 통해 서로 소통하고 교류하며 새로운 파워를 형성한다.

새로운 리더십이 필요해지는 또 다른 이유로 Y세대의 성장을 들 수 있다. 지금은 주로 기업의 신입사원 계층을 형성하고 있는 Y세대는 10년 후 우리나라 경제 활동 인구의 약 30%를 차지할 정도로 조직의 주력이 될 전망이다. 그 결과 우리는 여전히 왕성하게 활동하는 475세대와 함께 386세대, X세대, Y세대 등 한 직장에서 4세대가 모두 주도적으로 일하는 시대를 맞고 있다. Y세대는 기존 세대와 다른 독특한 특성으로 조직에 변화의 바람을 몰아오고 있다. 강한 자기 주장과 적극적인 의사 표현으로 기존 리더들을 당황케 하는가 하면 주도적인 일 처리와 높은 미래 지향적 참여 정신을 보여 주기도 한다. 돈보다는 성장 기회를 더 중시하는 이들에게 조직의 고령화는 커다란 도전이다. 조직 내에서 두터워지는 고직급, 고연령 계층을 바라보며 많은 생각을 하게 될 이들을 어떻게 동기 부여하고 기존 세대와 잘 융합하여 잠재력을 발현하도록 해줄 것인지가 리더십의 중요한 과제이다.

그렇다면 '패러다임 시프트'로서 리더십의 키워드는 무엇이 될 것인가? 바로 포용의 리더십과 공유의 리더십이 있다.

포용의 리더십

미래 조직의 모습에서 가장 확실하게 말할 수 있는 것 중 하나는 '다양성(Diversity) 심화'이다. 앞서 언급한 세대 다양성 외에도 글로벌화에 따른 인종과 국적의 다양화, 여성 인력의 확대, 신체 장애자의 고용 확대 등 다양성의 범위와 깊이가 점점 더해지고 있다. 아직 우리에게는 낯선 이슈일 수 있으나 해외 글로벌 기업들은 직원들의 성(性) 정체성까지도 필수적인 다양성 이슈로 다루고 있다.

다양성이 심화될수록 리더십에서는 조정보다 포용(Inclusion)이 더 중요하다. 조정은 지시와 통제가 중시되는 반면 포용은 이해와 수용에 기반을 두는 개념이다. 경영컨설팅 기업인 알티머 그룹의 CEO 찰린 위는 최근 저서 《Open Leadership》을 통해 "미래의 리더는 잘 조정하는 사람이 아니라 잘 포용하는 사람이다."며, "다양한 생각을 잘 수용하는 것은 잘 조정하는 것보다 훨씬 더 많은 노력이 필요하다."고 강조한다.

포용의 리더십이 단지 세심한 배려나 이해, 관용의 개념에 머무른다면 기존의 서번트 리더십 등과 큰 차별화가 없을 것이다. 인사 조직 분야의 글로벌 경영 컨설팅사인 휴잇 어소시엇츠의 다양성 최고 책임자(Chief Diversity Oficer) 안드레 타피아는 "포용은 사람들 사이의 차이를 인정하는 데서 그치지 않고, 그 차이를 탐구하는 방법을 아는 것이며 그 차이들이 잘 혼합되어 작동할 수 있도록 해주는 것이다."라고 말한다.

포용의 리더십을 잘 보여 준 사례는 남아공 월드컵에서 16강의 감동을 선사해 준 축구 국가 대표팀의 주장 박지성 선수이다. 노장 선수의 경험을 존중하고 가장 나이 어린 선수의 의견도 끝까지 경청함은 물론 팀의 목표를 향해 말이 아닌 행동으로 솔선수범함으로써 모두가 자발적으로 팀에 기여할 점을 찾아 움직이게 만들었다. 박지성 선수는 강력한 카리스마 발휘를 통한 팀 장악을 중시하는 과거 방식이 아닌, 포용의 리더십을 발휘함으로써 신·구가 조화된 뛰어난 팀워크를 창출해 냈다.

공유의 리더십

지식과 정보가 리더에 의해 독점되지 않고 구성원들의 주도적 성향이 증가할수록 리더십 발휘는 어려워진다. 경영코치 전문가인 마샬 골드스미스는 "지금까지는 통합적 사고, 비전 제시 등 리더 개인의 역량이 리더십 발휘의 주요 요소로 작용했다면, 앞으로는 모든 구성원들이 리더십을 얼마나 효과적으로 공유하는지가 더 중요해질 것이다."라고 말한다. 구성원들이 리더십을 공유할 때, 리더십은 더 이상 리더 개인의 이슈가 아니다. 과연 리더십의 공유는 가능한가? 그리고 가능하다면 그 결과로 나타나는 조직은 어떤 모습일까?

오르페우스 챔버 오케스트라(Orpheus Chamber Orchestra)는 1972년 설립된 지휘자 없는 관현악단이다. 지휘자가 없다 보니 연주 곡목의 선정이나 리허설 진행 과정에서 모든 단원들이 의견을 제시하고 결과에 강한 책임감을 갖는다. 매번 진행을 담당하는 리더는 동료들에 의해 선출된다. 연주 준비는 일반 오케스트라보다 약 3배의 시간이 더 걸리지만 음악에 대한 이해와 해석에서 모두가 리더십을 가지고 참여하기 때문에 음악에 모든 단원의 영혼이 들어 있다는 자부심이 대단하다.

앞서 언급하였던 포용의 리더십 관점에서 보면 전통적인 지휘자는 독재자로 불려야 마땅한 최악의 리더이다. 아무리 뛰어난 단원이라도 오직 지휘자가 요구하는 음악만을 강요받으며 음악적 해석이나 기교에서 자신의 주장을 조금도 펼칠 수 없기 때문이다. 오르페우스는 이런 점에서 새로운 시도를 하였다. 구성원들의 음악적 재능과 지식이 존중되고 공동의 목표에 대한 다양한 의견이 수용될 때 더 가치 있는 음악적 성과가 나올 수 있다고 믿었기 때문이었다. 오르페우스는 단원 모두가 리더십을 공유하는 민주적 조직 운영 방식을 통해 뛰어난 연주를 이루어 내며 성공함으로써 미래형 수평 조직 모델로 연구 대상이 되고 있다.

  오르페우스의 사례가 기업 현실과 동떨어진 이야기라고 생각될지도 모르겠지만 혁신 기업의 대표 주자 고어사는 리더십 공유가 일반 기업에도 적용될 수 있음을 보여 준다. 고어사에는 호칭이나 보스, 심지어 공식 직급 체계도 없다. 동료들로부터 인정을 받으면 누구나 프로젝트를 주도할 수 있으며 평가도 동료들에 의해 실시된다. 수많은 기업들의 조직 운영 방식을 연구한 미래경영학자 게리 하멜은 "위대한 리더를 채용하거나 키우는 것만이 미래를 대비하는 유일한 길은 아닐 수 있다. 오히려 완벽하지 못한 리더와 함께 성장할 수 있는 조직과 시스템이 더 중요하다."고 말한다. 리더십을 위원회나 협의회 형태로 분산시킴으로써 독점되지 않도록 하고 있는 시스코의 존 챔버스 회장은 "이제는 소수의 선택된 리더가 아니라 모든 종업원의 집단 지성을 활용하는 협업 DNA가 기업을 성공으로 이끄는 시대이다."라고 강조한다.

-《모두를 주인공으로 만드는 미래형 리더십 (LG경제연구원)》중에서

Chapter 2

리더십 일깨우기

커시의 기질 이론과 리더십 스타일
배려, 분석, 규범, 협상의 리더의 특징

마 이크로소프트사를 창업한 빌 게이츠와 세계 최초로 컴퓨터 바이러스 엔진을 개발한 안철수는 새로운 분야에서 '나홀로' 기업을 일구어낸 인물들이다. 두 사람은 도전적인 분야에서 불모의 성과를 거둬들였다는 점은 상통하지만 그 과정에 있어서는 차이가 크다. 빌 게이츠는 독립적이고 논리적인 분석을 통해 다른 사람의 영향을 받지 않고 목표한 바를 달성하는 직관적 분석가인 반면, 안철수는 주변 환경을 고려하며, 책임과 신뢰를 저버리지 않는 범위에서 자신의 생각을 현실로 이끌어가는 규범적 추진가였다.

'자신의 고집을 꺾지 않는 아이' 빌 게이츠

어려서부터 책 읽기를 좋아하고 지적 호기심이 많았던 빌 게이츠는 늘 탐구에 대한 열정이 넘치는 아이였다. 초등학교 때부터 국제, 경제, 철학 등 다양한 분야에 대한 질문을 쏟아냈고, 깊이 있는 토론 주제로 부모님을 놀래키는 일도 많았다. 하지만 빌 게이츠의 아버지 윌리엄 헨리 게이츠 2세는 아들이 학창 시절 문제아에 가까웠다고 회고한다. 고
집이 세고 자신의 뜻을 굽힐 줄 몰랐던 빌 게이
츠는 저녁 식탁에서 어머니와 말다툼을 하며 대
드는 일이 많았다. 보다 못한 그의 아버지는 컵
에 있던 물을 어린 빌 게이츠의 얼굴에 끼얹은 적도 있었다고 한다. 이후에
도 그는 자신을 통제하려는 부모님에게 맞설 때가 많았고, 참다 못한 그의
부모님은 상담사에게 아들의 문제를 상의하기에 이른다.

"아들의 독립을 위한 싸움은 부모님이 말릴 수 없으니 그냥 놔두는 게 최
선입니다."

자신이 옳다고 생각하는 일을 할 땐 다른 사람이 어떻게 생각하든 관심이
없을 만큼 아들의 성격이 독립적이라는 사실을 깨달은 빌 게이츠의 아버지
는 상담사의 조언을 따르기로 결정한다. 빌 게이츠를 자유로운 사립 학교에
등록시켜 부모의 통제에서 벗어날 수 있도록 했다. 이 학교에서 빌 게이츠는
가장 좋아하는 컴퓨터를 마음껏 접할 수 있었고, 이것이 훗날 그가 세계 최
대 소프트웨어 회사를 만드는 결정적인 계기가 됐다.

컴퓨터를 본격적으로 접하게 되면서 당시에는 엄청나게 비쌌던 컴퓨터
사용료를 내기 위해 빌 게이츠는 아르바이트를 시작했다. 고등학교 때는 컴
퓨터 프로그래밍 아르바이트를 하면서 해당 기업의 컴퓨터를 공짜로 쓰기
도 했다. 19세가 된 빌 게이츠는 최고의 명문 하버드 대학에 입학했으나 컴
퓨터의 시대를 예견한 후 더 이상 대학에서 배울 게 없다고 판단했다. 그는
과감하게 학교를 그만두기로 결정했고, 이때도 역시 그의 부모님은 아들의
의지를 꺾을 수 없었다. 빌 게이츠는 20세의 어린 나이에 마이크로소프트사
를 설립하기에 이른다. 친구 폴 앨런과 함께 자본금 1500달러로 시작한 일이
었다.

세계 최대 규모의 IT 기업으로 성장한 마이크로소프트사 대표 시절, 빌 게이츠가 경영 세미나에서 늘 강조했던 말이 있다. 창의적 아이디어를 중시하고 그것을 실행하기 위해서는 그에 맞게 새로운 과정을 개발해야 한다는 것이다. 실제로 그는 회사에서 가능하면 팀원들이 가진 기본기를 발휘해 진행시킬 수 있는 현실적인 아이템을 골랐다. 그렇게 아이템이 결정되면 현실성 있게 단계별로 실행 계획을 짰다. 빌 게이츠가 전략을 짜는 시간은 바로 '생각 주간(think week)'을 통해 이뤄진다. 인터넷 브라우저 시장의 1인자인 네스케이프를 제칠 수 있었던 것도, 온라인 비디오 게임 시장에 진출했던 것도 모두 '생각 주간(think week)'을 통해 얻은 아이디어를 실행에 옮겼기 때문에 가능했다.

2008년 마이크로소프트사의 경영에서는 한 발 물러나 자선 사업에 매진하겠다고 발표한 빌 게이츠는 또다시 새로운 도전을 추구한다. 세계 최고 부자로 손꼽히는 그는 '빌&멜린다 재단'을 만들어 재산의 절반 이상을 내놓았지만, 이에 그치지 않고 새로운 아이디어를 실행하는 데 매진한다. 2010년부터 빌&멜린다 재단에서는 '전 지구적 문제를 혁신적으로 바꿀 수 있는 아이디어'를 신청받아 이 프로젝트에 엄청난 돈을 투자하고 있다.

빌 게이츠의 리더십 스타일

"인생이란 원래 공평하지 못하다. 그런 현실에 불평하지 말고 겸손하게 받아들여야 한다. 세상은 내가 어떻게 생각하든 상관하지 않는다. 세상이 내게 기대하는 것은 무엇인가를 성취해서 보여 주는 것이다."
                                                                              - 빌 게이츠의 연설문 중에서

'현실을 외면하지 못하는 아이' 안철수

청소년 시절 안철수는 지독히 내성적인 성격이라 남 앞에 서거나 남들에게 말을 하는 것을 힘들어 했다. 사람을 만나는 것도 좋아하지 않았던 그는 친구들과 어울리지 못하다 보니 무엇이든 혼자서 하는 것에 익숙했다. 그러다 보니 홀로 뭐든지 만들 수 있는 과학자가 되는 것이 꿈이었다. 과학자가 돼서 인류를 행복하게 해줄 훌륭한 발명품을 만들고 싶었다.

"청소년 시절 과학자가 되는 것이 꿈이었지요. 하지만 대학에 진학할 때는 공대가 아닌 의대를 택했습니다. 의사인 아버지의 뜻에 따라서였죠."

빌 게이츠가 어려서부터 자신의 뜻에 따라 의사 결정을 하는 독립적인 아이였다면, 안철수는 주변 환경과 부모님의 뜻도 존중하는 규범적인 아이였다는 게 드러나는 대목이다.

그가 의대에 진학하게 된 계기는 2남 1녀의 장남으로 의사인 아버지를 기쁘게 하기 위해서였다. 하지만 대학생활은 정작 기대만큼 행복하고 즐겁지 않았다. 대학에 입학한 뒤에도 그는 어린 시절과 크게 다르지 않고 늘 혼자였다. 대학이란 곳은 먼저 손을 내밀어 사람들과 대화를 시작하고, 활달하게 친구를 사귀어야 하는 곳이었다.

그러던 어느 날 그는 처음으로 부모님께 용돈을 더 달라고 부탁했다. 당시에 애플컴퓨터를 30만 원이면 살 수 있었기 때문이었다. 부모님을 설득할 수 있는 논리도 준비했다. 무엇보다 자기 자신을 설득시킨 논리였다. "컴퓨터는 앞으로 사회 어느 분야에서건 널리 쓰이게 될 물건입니다. 21세기가 되면 컴퓨터와 더불어 살아가게 될지도 몰라요. 지금 사서 꼭 공부를 해보고 싶습니다." 부모님은 아들의 말에 흔쾌히 동의했다. 안철수와 컴퓨터의 첫 만남이었다.

이후 그는 대학원 석사 과정 시절 우연히 플로피 디스켓을 통해 자신의 컴퓨터에 감염된 최초의 컴퓨터 바이러스인 (C)Brain을 분석하면서, '백신(Vaccine)'이란 이름의 안티 바이러스 프로그램을 개발하게 된다.

자신이 추구하는 컴퓨터의 세계와 현실에 순응해야 하는 의사라는 직책, 두 가지 모두를 포기하지 않을 수 있었던 것은 안철수의 성실함과 끈기가 있었기 때문에 가능한 일이었다. 안철수는 단국대학교 의과대학 전임 강사와 의예과 학장까지 지냈으나, 결국 의사의 길을 포기하고 컴퓨터 바이러스 백신을 만드는 '컴퓨터 전문 주치의'의 길로 들어섰다. 1995년, 백신 소프트웨어 개발을 전문으로 하는 벤처 기업 '안철수 연구소'를 설립했고, 벤처 열풍, 벤처 몰락에 휩쓸리지 않는 내실 있는 경영을 함으로써 한국을 대표하는 벤처 기업가로 손꼽히고 있다.

현재 경영 일선에서는 물러나 카이스트 석좌 교수로 활동하고 있는 안철수는 공동체의 이익을 위해 책임을 감수해 온 그의 평생 가치를 끊임없이 실천하고 있다.

안철수의 리더십 스타일

"종종 사회생활은 교과서대로 하면 안 된다는 말을 듣는다. 그런데 나는 여기에 찬성하지 않는다. 나는 아직도 교과서와 책은 지혜와 행동의 좋은 기준을 얻는 데 있어 가장 효과적인 도구라고 생각한다.

리더십과 관련해 아무리 회사가 변화하더라도 바뀌지 않아야 한다고 생각하는 기준은 있다. 그것은 내가 어떤 리더로서 인식되어야 할 것인가에 대한 문제인데, 나는 사원들이 동료 의식을 느끼는 CEO가 되고 싶다."

— 안철수의 《네 꿈에 미쳐라》 중에서

사람마다 다른 리더십 스타일이 있다, 커시의 기질 분석

빌 게이츠와 안철수의 사례로 우리는 무엇을 알 수 있을까? 리더가 되기 위해서는 자신의 성격을 스스로 잘 이해하고, 그 장점을 극대화시킬 줄 알아야 한다는 점이다. 성과를 중시하고 새로운 도전을 추구하기 때문에 자신의 직관과 분석을 극대화했던 빌 게이츠와 전통적 규범을 중시하고 공동체의 이익을 중요하게 생각해 성실한 자세로 자신의 목표를 끈기 있게 추진했던 안철수를 비교해 보면 이는 더욱 분명해진다. 즉 서로 다른 두 사람이 모두 성공한 리더로서 자리매김할 수 있었던 것은 자신의 성향에 맞게 적절한 실천 방법을 찾아냈다는 공통점을 찾을 수 있다. 이처럼 자신의 성향을 파악하고 장점을 극대화해서 리더로 성장하기 위해서는 사람마다 각기 다른 리더십 스타일에 대한 이해가 필요하다.

'내가 어떤 사람인가?'

'나는 어떤 장점을 갖고 있는가?'

'내가 어떻게 노력해야 큰 성과를 얻을 수 있는가?'

'다른 사람을 얼마나 잘 이해할 수 있는가?'

'다른 사람에게 나의 의견을 어떻게 잘 이해시킬 수 있는가?'

우리 사회의 리더들은 모두 '나'에 관한 이러한 질문에 대해 명확한 답을 내릴 줄 아는 사람들이다. 하지만 열심히 노력하는 사람들은 많은데, 진정한 리더는 많지 않다는 사실을 잘 이해해야 한다. 무엇을 어떻게 해야 할지 모르면서 무작정 열심히 노력만 하면 된다는 잘못된 믿음이 발전 없이 시간만 낭비하게 만드는 것처럼 말이다. 리더십에 대한 이해도 '리더가 갖춰야 할 인품이나 역량'에 대해 줄줄이 외우기 이전에 다양한 유형의 사람들이 각기 다른 인성을 어떻게 잘 가꿔 왔는지를 분석적으로 이해하는 게 중요하다.

인성에 대한 이해를 위해, 사람은 누구나 각기 다른 성향과 기질을 타고 났으며, 이에 따라 다른 행동 패턴을 보인다는 것을 먼저 이해할 필요가 있다. 카를 융의 심리 유형론을 토대로 만들어진 마이어 브릭스 유형지표(MBTI)검사와 데이비드 커시의 기질 이론에 따르면, 이렇게 사람마다 다른 성격을 나타내는 유형은 크게 4가지 분류 방식으로 세분화된다.

정보를 받아들이는 방식과 행동을 하기 위해 판단을 하는 방식, 일을 추진하는 선호 양식, 그리고 사람과의 관계를 맺고 에너지를 얻는 선호도에 따라 나뉘어진다.

4가지 분류 방식의 첫 번째 **다른 사람과 관계를 맺는 선호도에 따라 외향형(Extraversion)과 내향형(Introversion)으로 분리된다.**

이어서 정보를 받아들이는 행동은 책을 읽거나 영화를 보고, 음악을 듣는 등의 활동들이다. 이때 어떤 사람은 정보를 받아들일 때 먼저 전체적인 의미를 생각하는가 하면, 어떤 사람은 작은 정보들을 개별적으로 인식하고 나서야 비로소 전체적인 정보로서의 의미를 파악한다. 즉, **정보를 받아들이는 방법에 따라 전자의 경우 직관형(Intuition), 후자의 경우 감각형(Sensing)이라고 말한다.** 컴퓨터 산업의 미래를 큰 그림에서 예견하고 일찍부터 창업을 시도했던 빌 게이츠가 직관형이라면, 차근차근 경험을 통해 컴퓨터 바이러스 백신을 구축해 나갔던 안철수는 감각형에 가깝다고 볼 수 있다. 여기에서 직관형

(Intuition)은 내향형(Introversion)과 구분하기 위해 N으로 표기한다.

또한 기질은 어떤 행동을 하기 직전 의사 결정을 위해 판단하는 방법에 따라서도 사람마다 다른 성향을 보인다. 이는 사고형(Thinking)과 감정형(Feeling)으로 나뉜다. 사고형의 경우 이성적이고 논리적인 판단에 따라 어떤 행동을 하는 유형이다. 이 유형은 개인적인 가치보다 객관적이고 논리적으로 설명될수 있는 가치에 따라 의사 결정을 할 때 마음이 편하다. 반대로 감정형의 경우는 개인적인 가치에 따라 행동할 때 마음이 더 편한 유형으로 다른 사람과의 관계 등 감성적인 판단에 근거해 어떤 행동을 하게 된다.

기질은 일을 추진하거나 생활하는 양식에 따라 판단형(Judging)과 인식형(Perceiving)으로 나뉘기도 한다. 판단형은 정보가 잘 받아들여질 수 있는 체계로 생활 환경을 만들어 나가는 유형이며, 일을 추진할 때 결과 지향적인 모습을 보인다. 반면, 인식형은 정보의 내용과 의미, 그 자체에 관심을 갖는 생활 양식을 추구하며, 일을 추진할 때 과정 지향적인 성향이 강하다. 예를 들어 공부를하기 직전 책상이 잘 정돈돼야 직성이 풀리는 사람이 판단형이라면, 공부를 하기 위해서 책상 정리가 크게 영향 받지 않는 사람은 인식형이라고 할 수 있다.

인성 검사인 마이어 브릭스 유형지표(MBTI) 검사를 통해 구분되는 16가지 유형은 앞서 소개한 4가지 분류 방식에 따른 결과를 조합해 성향을 분류한 것이다.

하지만 이 책에서는 임상심리학자인 데이비드 커시 박사가 마이어 브릭스 유형지표(MBTI) 검사를 다시 해석해 4가지 기질로 분류한 이론을 토대로 리더십 스타일을 분류했다. 이를 배려, 분석, 규범, 협상의 리더로 명명해소개한다.

MBTI의 기질별 특성

ISTJ 세상의 소금형 한 번 시작한 일은 끝까지 해내는 사람들	ISFJ 임금 뒷편의 권력형 성실하고 온화하며 협조를 잘하는 사람들	INFJ 예언자형 사람과 관련된 뛰어난 통찰력을 가지고 있는 사람들	INTJ 과학자형 전체적인 부분을 조합 하여 비전을 제시하는 사람들
ISTP 백과사전형 논리적이고 뛰어난 상황 적응력을 가지고 있는 사람들	ISFP 성인군자형 따뜻한 감정을 가지고 있는 겸손한 사람들	INFP 잔다르크형 이상적인 세상을 만들어 가는 사람들	INTP 아이디어 뱅크형 비전적인 관점을 가지고 있는 뛰어난 전략가들
ESTP 수완 좋은 활동가형 친구, 운동, 음식 등 다양한 활동을 선호하는 사람들	ESFP 사교적인 유형 분위기를 고조시키는 우호적인 사람들	ENFP 스파크형 열정적으로 새로운 관계를 만드는 사람들	ENTP 발명가형 풍부한 상상력을 가지고 새로운 것에 도전하는 사람들
ESTJ 사업가형 사무적, 실용적, 현실적으로 일을 많이 하는 사람들	ESFJ 친선 도모형 친절과 현실감을 바탕으로 타인에게 봉사하는 사람들	ENFJ 언변 능숙형 타인의 성장을 도모하고 협동하는 사람들	ENTJ 지도자형 비전을 가지고 사람들을 활력적으로 이끌어 가는 사람들

배려(NF)의 리더는 직관적인 정보 습득과 감정에 우선한 행동을 하는 유형이고, 분석(NT)의 리더는 직관적인 정보 습득과 이성적 판단을 중시하는 사고형이다. 또한 규범(SJ)의 리더는 감각적인 정보 습득과 정보 체계를 중시하는 생활 양식을 추구하는 유형이며, 협상(SP)의 리더는 감각적인 정보 습득과 인식형의 생활 양식을 갖는다.

NF 기질 : 인간적인 리더(Leaders of People)

1. 베풂의 리더 INFJ : 내향적, **직관형**, **감정형**, 세부 판단형

2. 창의의 리더 INFP : 내향적, **직관형**, **감정형**, 인식형

3. 열정의 리더 ENFP : 외향적, **직관형**, **감정형**, 인식형

4. 달변의 리더 ENFJ : 외향적, **직관형**, **감정형**, 세부 판단형

NF 유형은 개인적인 인간관계에서 리더십 파워가 생긴다고 믿는다. NF 유형은 다른 사람들과 인간적인 관계를 맺고 그들의 헌신을 이끌어 내고자 노력한다. 그러기 위해 NF형은 진실한 태도로 사람들을 대하고, 타인을 끊임없이 격려하며 사람들의 기여를 인정해 준다. NF형 리더들은 사람들이 자신을 단순히 따르기를 바라는 것이 아니라 과업에 대해 확고한 신념을 가지고 있는, 동질감이 높고 끈끈하게 뭉쳐진 집단을 만들고 싶어 한다. 그러나 NF형 리더들은 대부분 너무 이상주의적이라는 단점을 가지고 있다. 그래서 우유부단하다는 지적을 많이 받는다.

NT 기질 : 중요한 건 능력이다(Competence is Key)

1. 개념의 리더 INTJ : 내향적, **직관형**, **사고형**, 세부 판단형

2. 발견의 리더 INTP : 내향적, **직관형**, **사고형**, 인식형

3. 혁신의 리더 ENTP : 외향적, **직관형**, **사고형**, 인식형

4. 통솔의 리더 ENTJ : 외향적, **직관형**, **사고형**, 세부 판단형

NT 유형은 개인의 능력에서 리더십이 생겨난다고 믿는다. NT 유형은 객관적인 명료성을 요구하며, 어떤 안건이든 논리적이고 전략적인 분석을 통해 접근한다. 그들은 능력을 매우 중요시하기 때문에 신속하게 잘못된 점을 찾아내어 비평을 하는 편이며, 그러한 비평을 통해 타인이 더 발전할 수 있도록 도와줄 수 있다고 믿는다. 물론 다른 기질의 사람들이 NT형들의 비평을 꼭 그런 식으로 받아들이는 것은 아니다. NT 유형은 그야말로 모든 일에서 유능해지고자 노력하며, 그로 인해 지나치게 경쟁적인 행동을 하기 쉽다. 때로는 인간미가 결여됐다는 지적을 받기도 한다.

규범의 리더

SJ 기질 : 타고난 관리자(Company People)

1. 끈기의 리더 ISTJ : 내향적, **감각형**, 사고형, **세부 판단형**

2. 신뢰의 리더 ISFJ : 내향적, **감각형**, 감정형, **세부 판단형**

3. 헌신의 리더 ESFJ : 외향적, **감각형**, 감정형, **세부 판단형**

4. 추진의 리더 ESTJ : 외향적, **감각형**, 사고형, **세부 판단형**

SJ 유형은 자신이 일하는 집단 및 조직의 구조와 위계질서가 리더십을 부여한다고 믿는다. SJ 유형은 자기 조직의 시스템과 기존의 조직에서 만들어져 온 전통에 의존한다. 그들은 조직의 위계질서를 중요하게 여긴다. 리더로서 그들은 효율성과 실용성의 가치를 강조한다. 또한 일에 체계와 질서를 부여하기 위해 노력하며, 세부 사항까지 꼼꼼하게 챙긴다. SJ 기질의 단점은 너무 관료주의적이 되기 쉽다는 점이다. 또한 큰 그림을 보지 못하는 즉, '숲을 보지 못하고 나무만 본다'는 약점을 가질 수 있다.

SP 기질 : 문제 해결사(Trouble Shooters)

1. 기교의 리더 ISFP : 내향적, **감각형**, 감정형, **인식형**

2. 소통의 리더 ISTP : 내향적, **감각형**, 사고형, **인식형**

3. 협동의 리더 ESTP : 외향적, **감각형**, 사고형, **인식형**

4. 사교의 리더 ESFP : 외향적, **감각형**, 감정형, **인식형**

SP 유형은 문제를 해결하고 시의적절하면서도 영리하게 행동함으로써 리더십을 행사한다. SP 유형은 주어진 그 순간에 충실하며, 만약 인간관계나 관례적인 조직의 절차들이 당면한 문제를 해결하는 능력을 제한당하게 된다면 이를 과감히 무시한다. SP형 리더는 위기 관리 능력이 뛰어나며, 자발적이고 재간이 넘치기 때문에 훌륭한 문제 해결사 역할을 수행한다. SP 기질의 약점은 너무 임시방편을 남발하기 쉬워 일의 마무리를 잘 짓지 못한다는 점이다.

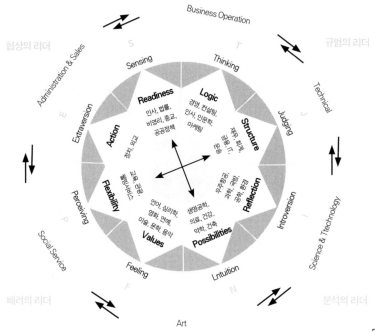

커시 박사의 기질 이론에 따른 리더십 스타일 분석

규범의 리더 SJ 기질

유형 (호칭)	구분		해석
끈기의 **리더** ISTJ **내향적** **사고형**	주기능	Si	겉으로 말은 하지 않지만 속으로 모든 것을 세밀히 관찰하며 판단하고 있다. 정밀하고 세밀히 관찰하는 능력을 자신의 가장 큰 무기로 삼는다.
	기질	SJ	관료적이고 공무원 스타일이다. 모든 일을 원칙대로 처리하려 하며 정해진 방식대로 살아가려 한다. 삶에 융통성이 부족하고 과거에 해왔던 방식에 얽매이는 경향이 있다. 근면과 봉사, 성실, 그리고 신뢰를 주무기로 삼는다. 가정과 직장이 가장 소중한 가치이다. 완벽주의와 흑백 논리를 선호한다. 다양성과 변화를 받아들이기 어려워한다. 고민하지 않아도 될 사항을 일부러 만들어서 고민한다.
	기능별	ST	눈으로 본 사실이나 자신이 직접 경험한 사실을 토대로 구체적으로 분석해 간다. 그리고 이를 논리적으로 따져 들어간다. 한마디로 수사관 스타일이다. 그러다 보니 상담이나 아이들과의 대화에서 말하는 사람이나 듣는 사람 모두가 어려움을 많이 느낀다.
	열등 기능	Ne	외향적 직관, 즉 밖으로 다니며 사물의 보이지 않는 현상을 수용하기를 꺼려한다. 오직 겉으로 드러난 현상에만 집착하다 보니 미래를 예측하거나 상상하는 부분이 매우 부족하다. 어려움을 만나면 하늘이 노랗게 되며 도저히 방법이 없는 것으로 간주하기도 한다.
	그림자 개발해야 할 점	NF	상대방의 마음을 이해하는 데 무척 어려움을 느낀다. 그저 사실을 바탕으로 따지다 보니 그 속에 담긴 정서나 감정의 파악에 매우 약하다. 그리고 사람들이 모였을 때 서로 협력하여 문제를 해결하기보다는 자신의 의지를 관철시키려는 투사적인 모습을 띄기 쉽다. 다시 말하면 화합과 조화를 위해 이런 자신의 잘못된 모습을 무의식에서 의식으로 끄집어 올려야 한다.
	전반적 이미지		완고하고 강하다. 밟고 또 밟아도 끊임없이 자라나는 잡초 같은 인생을 살아간다. 한마디로 한겨울 눈밭에 갖다 놓아도 혼자 살아갈 수 있을 만큼 강한 성격의 소유자이다. 이 성격이 잘못 발달되면 흔히 '옹졸한 인간'이 되고 만다. 즉, 다른 사람을 수용하거나 포용하기보다는 경쟁의식을 갖게 된다.

유형 (호칭)	구분		해석
신뢰의 **리더** ISFJ **내향적** **감정형**	주기능	Si	겉으로 말은 하지 않지만 속으로 모든 것을 세밀히 관찰하며 판단하고 있다. 정밀하고 세밀히 관찰하는 능력을 자신의 가장 큰 무기로 삼는다.
	기질	SJ	관료적이고 공무원 스타일이다. 모든 일을 원칙대로 처리하려 하며 정해진 방식대로 살아가려 한다. 삶에 융통성이 부족하고 과거에 해왔던 방식에 얽매이는 경향이 있다. 근면과 봉사, 성실, 그리고 신뢰를 주무기로 삼는다. 가정과 직장이 가장 소중한 가치이다. 완벽주의와 흑백 논리를 선호한다. 다양성과 변화를 받아들이기 어려워한다. 고민하지 않아도 될 사항을 일부러 만들어서 고민한다.
	기능별	SF	무엇보다 인간관계에 중점을 둔다. 사람 사귀기를 좋아하고 애정을 표시하려 한다. 스킨십을 좋아하며, 작은 애정이라도 감정을 주고받는 것을 즐긴다. 이런 모습이 겉으로 부드러움을 준다.
	열등 기능	Ne	외향적 직관, 즉 밖으로 다니며 사물의 보이지 않는 현상을 수용하기를 꺼려한다. 오직 겉으로 드러난 현상에만 집착하다 보니 미래를 예측하거나 상상하는 부분이 매우 부족하다. 어려움을 만나면 하늘이 노랗게 되며 도저히 방법이 없는 것으로 간주하기도 한다.
	그림자 개발해야 할점	NT	직관적이고 분석적인 능력이 부족하다. 이런 이유로 상대가 논리적으로 따지고 들면 뒤로 물러서려 한다. 그리고 이런 사람을 만나면 어찌할 줄 몰라 힘들어 한다. 좀 더 분명히 'NO' 라고 말하고 자신의 주장을 펼쳐야 한다. 아울러 추상적이고 개념적인 이야기에도 적응해야 하며 상대가 냉소적으로 나올 경우에도 여기에 대응할 수 있어야 한다.
	전반적 이미지		부드럽고 약간 연약해 보인다. 여성적인 성격이다. 남자가 이 성격이면 더욱 그렇다. 스트레스를 받으면 잔소리가 많고 아주 작은 일에도 매우 섬세한 모습을 보인다. 가정적이고 현모양처 스타일이다. 초등학교 교사에게서 가장 많이 나타나는 성격 유형이다. 정확한 것을 선호하며, 희생과 봉사 정신이 뛰어나다. 대하기가 무난하다.

유형 (호칭)	구분		해석
헌신의 리더 ESFJ **외향적 감정형**	주기능	Fe	밖으로 부드러움을 표출한다. 여성적인 성격이며 사교적이다. 사람들에게 친근감을 준다. 따뜻한 마음씨를 갖고 있고 대화할 때 상대방의 정서를 이해해 준다.
	기질	SJ	관료적이고 공무원 스타일이다. 모든 일을 원칙대로 처리하려 하며 정해진 방식대로 살아가려 한다. 삶에 융통성이 부족하고 과거에 해왔던 방식에 얽매이는 경향이 있다. 근면과 봉사, 성실, 그리고 신뢰를 주무기로 삼는다. 가정과 직장이 가장 소중한 가치이다. 완벽주의와 흑백 논리를 선호한다. 다양성과 변화를 받아들이기 어려워한다. 고민하지 않아도 될 사항을 일부러 만들어서 고민한다.
	기능별	SF	무엇보다 인간관계에 중점을 둔다. 사람 사귀기를 좋아하고 애정을 표시하려 한다. 스킨십을 좋아하며, 작은 애정이라도 감정을 주고받는 것을 즐긴다. 이런 모습이 겉으로 부드러움을 준다.
	열등 기능	Ti	내향적 사고, 즉 어떤 일을 할 때 먼저 마음속으로 그 일에 대해 분석해 보거나 충분히 생각하지 않은 체 행동이 앞선다. 끊고 맺는 것이 약하다. 가벼워 보이기도 한다.
	그림자 개발해야 할 점	NT	직관적이고 분석적인 능력이 부족하다. 이런 이유로 상대가 논리적으로 따지고 들면 뒤로 물러서려 한다. 그리고 이런 사람을 만나면 어찌할 줄 몰라 힘들어 한다. 좀 더 분명히 'NO' 라고 말하고 자신의 주장을 펼쳐야 한다. 아울러 추상적이고 개념적인 이야기에도 적응해야 하며 상대가 냉소적으로 나올 경우에도 여기에 대응할 수 있어야 한다.
	전반적 이미지		부드럽고 친근하다. 남자일 경우 간혹 등뼈가 없는 것처럼 보일 수도 있다. 약해 보이지만 자신의 몫과 역할에 매우 충실하다. 활발하면서도 규칙과 매너를 중시한다. 자기 일에 매우 충실하며 겉으로 보는 것과 달리 속은 차 있다.

유형 (호칭)	구분		해석
추진의 **리더** ESTJ **외향적** **사고형**	주기능	Te	밖으로 다니며 일을 추진하고 협력하는 데 앞장선다. 분석적이며 말이 날카롭다. 딱딱한 느낌을 준다. 마음은 아프지만 단호한 결정을 내린다.
	기질	SJ	관료적이고 공무원 스타일이다. 모든 일을 원칙대로 처리하려 하며 정해진 방식대로 살아가려 한다. 삶에 융통성이 부족하고 과거에 해왔던 방식에 얽매이는 경향이 있다. 근면과 봉사, 성실, 그리고 신뢰를 주무기로 삼는다. 가정과 직장이 가장 소중한 가치이다. 완벽주의와 흑백 논리를 선호한다. 다양성과 변화를 받아들이기 어려워한다. 고민하지 않아도 될 사항을 일부러 만들어서 고민한다.
	기능별	ST	눈으로 본 사실이나 자신이 직접 경험한 사실을 토대로 구체적으로 분석해 간다. 그리고 이를 논리적으로 따져 들어간다. 한마디로 수사관 스타일이다. 그러다 보니 상담이나 아이들과의 대화에서 말하는 사람이나 듣는 사람 모두가 어려움을 많이 느낀다.
	열등 기능	Fi	내향적 감정, 즉 속에 따뜻한 마음이 없는 것이 아니라 대부분의 에너지를 논리와 분석에 사용하기 때문에 감정에 무디다. 그래서 이 유형에게는 '길을 걸어가다가도 장미꽃의 향기를 맡아라'라고 권유하기도 한다. 그러면 정작 본인은 이를 부인하며 자신을 정서가 풍부하다고 착각하는 현상을 자주 보인다.
	그림자 개발해야 할점	NF	상대방의 마음을 이해하는 데 무척 어려움을 느낀다. 그저 사실을 바탕으로 따지다 보니 그 속에 담긴 정서나 감정의 파악에 매우 약하다. 사람들이 모였을 때 서로 협력하여 문제를 해결하기보다는 자신의 의지를 관철시키려는 투사적인 모습을 띄기 쉽다. 다시 말하면 화합과 조화를 위해 이런 자신의 잘못된 모습을 무의식에서 의식으로 끄집어 올려야 한다
	전반적 이미지		인생을 살아가는 데 가장 무난한 스타일이다. 즉, 할 말은 해 가면서 정직하고 열심히 자신이 맡은 바에 최선을 다한다. 단단하며 인정에 끌리지 않는다. 한마디로 '불도저'라는 표현이 잘 맞는 성격이다. 공직 사회 지도자 중에 많은 유형이다. 부러지지 않도록 유연성을 계발해야 한다.

유형 (호칭)	구분		해석
기교의 리더 ISFP **내향적 감정형**	주기능	Fi	겉으로 표현은 잘 하지 않지만 마음이 매우 따뜻하다. 분석하고 따지기보다는 그저 좋은 게 좋다는 식으로 넘어가기를 원한다. 사랑하는 마음이 넘쳐 흐른다. 글로 쓰면 자신의 따뜻한 마음을 다른 사람에게 가장 잘 전할 수 있다.
	기질	SP	장인 정신이 있다. 즉, 손으로 하는 것은 무엇이든지 잘 할 수 있는 능력을 보유하고 있다. 즉흥적이고 순간적인 판단에 매력을 느낀다. 낙천적이며 무엇보다 자유를 선호한다. 통제나 구속을 매우 싫어하며, 규칙을 어기고 싶어 하는 충동을 가지고 있다. 그러나 고민을 좀 해야 하는 부분도 고민하지 않는다.
	기능별	SF	무엇보다 인간관계에 중점을 둔다. 사람 사귀기를 좋아하고 애정을 표현하려 한다. 스킨십을 좋아하며, 작은 애정이라도 감정을 주고받는 것을 즐긴다. 이런 모습이 겉으로 부드러움을 준다.
	열등 기능	Te	외향적 사고, 즉 자신에게 있는 논리적이고 분석적인 데이터들을 겉으로 표현하지 않는다. 그러다 보니 자연스레 약해 보이고, 본인 스스로도 답답해한다. 화병을 조심해야 한다.
	그림자 개발해 야할점	NT	직관적이고 분석적인 능력이 부족하다. 이런 이유로 상대가 논리적으로 따지고 들면 뒤로 물러서려 한다. 그리고 이런 사람을 만나면 어찌할 줄 몰라 힘들어 한다. 좀 더 분명히 'NO'라고 말하고 자신의 주장을 펼쳐야 한다. 아울러 추상적이고 개념적인 이야기에도 적응해야 하며 상대가 냉소적으로 나올 경우에도 여기에 대응할 수 있어야 한다.
	전반적 이미지		성인군자, 즉 '부드럽고 좋은 사람이다'라는 평을 받는다. 이래도 좋고 저래도 좋은 사람으로 보이지만 그래도 마음속에 갈등은 있다. 이들에게 따지고 드는 일은 피해야 한다. 음악과 무용, 그리고 문학 등에 아주 우수한 기질을 가지고 있다.

유형 (호칭)	구분		해석
소통의 리더 ISTP **내향적 사고형**	주기능	Ti	말로 표현은 하지 않지만 속으로 은밀히 두루 관찰하는 스타일이다. 분석적이고 논리적이다. 인정에 치우치지 않는다.
	기질	SP	장인 정신이 있다. 즉, 손으로 하는 것은 무엇이든지 잘할 수 있는 능력을 보유하고 있다. 즉흥적이고 순간적인 판단에 매력을 느낀다. 낙천이며 무엇보다 자유를 선호한다. 통제나 구속을 매우 싫어하며, 규칙을 어기고 싶어 하는 충동을 가지고 있다. 고민을 좀 해야 하는 부분도 고민하지 않는다.
	기능별	ST	눈으로 본 사실이나 자신이 직접 경험한 사실을 토대로 구체적으로 분석해 간다. 그리고 이를 논리적으로 따져 들어간다. 한마디로 수사관 스타일이다. 그러다 보니 상담이나 아이들과의 대화에서 말하는 사람이나 듣는 사람 모두가 어려움을 많이 느낀다.
	열등 기능	Fe	외향적 감정, 즉 겉으로 부드러움을 표현하는 데 아주 어려워한다. 다시 말해 따뜻함이 있는데, 이를 말로 표현하지 않다 보니 자연스레 무거워 보이고 겉으로 딱딱해 보인다.
	그림자 개발해야 할점	NF	상대방의 마음을 이해하는 데 무척 어려움을 느낀다. 그저 사실을 바탕으로 따지다 보니 그 속에 담긴 정서나 감정의 파악에 매우 약하다. 사람들이 모였을 때 서로 협력하여 문제를 해결하기보다는 자신의 의지를 관철시키려는 투사적인 모습을 띄기 쉽다. 다시 말하면 화합과 조화를 위해 이런 자신의 잘못된 모습을 무의식에서 의식으로 끄집어 올려야 한다.
	전반적 이미지		무겁다. 말을 별로 하지 않으며 주로 남의 얘기를 듣는 편이다. 그러다 보니 다른 사람들로부터 오해를 많이 받으며, 인간관계가 불편하다. 대부분의 천재 예술가들이 그렇듯이 이들도 매사에 조금 까다로운 특성을 가지고 있다. 잘못 건드리면 뭔가 터뜨릴 것 같은 느낌을 받는다. 그러나 겉으로 보기에는 아주 얌전하고 조용해 보이기도 한다. 문제 해결 능력과 응용 능력이 탁월하다.

유형 (호칭)	구분		해석
협동의 **리더** ESTP **외향적** **사고형**	주기능	Se	움직이는 물체에 대한 관찰력이 뛰어나다. 센스가 빠르고 상황 판단이 빠르다. 상대방의 약점을 잘 잡아내고 이를 근거로 이야기를 전개한다. 사물을 객관적으로 받아들인다.
	기질	SP	장인 정신이 있다. 즉, 손으로 하는 것은 무엇이든지 잘할 수 있는 능력을 보유하고 있다. 즉흥적이고 순간적인 판단에 매력을 느낀다. 낙천적이며 무엇보다 자유를 선호한다. 통제나 구속을 매우 싫어하며, 규칙을 어기고 싶어 하는 충동을 가지고 있다. 그러나 고민을 좀 해야 하는 부분도 고민하지 않는다.
	기능별	SF	눈으로 본 사실이나 자신이 직접 경험한 사실을 토대로 구체적으로 분석해 간다. 그리고 이를 논리적으로 따져 들어간다. 한마디로 수사관 스타일이다. 그러다 보니 상담이나 아이들과의 대화에서 말하는 사람이나 듣는 사람 모두가 어려움을 많이 느낀다.
	열등 기능	Ni	내향적 직관, 즉 겉으로 드러나는 현상에 치우칠 뿐 마음속에서 벌어지는 여러 상상이나 추상적 개념에는 아주 취약하다.
	그림자 개발해야 할점	NF	상대방의 마음을 이해하는 데 무척 어려움을 느낀다. 그저 사실을 바탕으로 따지다 보니 그 속에 담긴 정서나 감정의 파악에 매우 약하다. 사람들이 모였을 때 서로 협력하여 문제를 해결하기보다는 자신의 의지를 관철시키려는 투사적인 모습을 띄기 쉽다. 다시 말하면 화합과 조화를 위해 이런 자신의 잘못된 모습을 무의식에서 의식으로 끄집어 올려야 한다.
	전반적 이미지		행동파이다. 상황 판단이 빠르고 행동이 민첩하다. 남녀 모두 예의가 부족하고 좀 거칠게 느껴진다. 그러나 화끈한 성격의 소유자이며 시원시원하다. 코미디와 예술적 감각이 우수하다.

유형 (호칭)	구분		해석
사교의 **리더** ESFP **외향적** **감정형**	주기능	Se	움직이는 물체에 대한 관찰력이 뛰어나다. 센스가 빠르고 상황 판단이 빠르다. 상대방의 약점을 잘 잡아내고 이를 근거로 이야기를 전개한다. 사물을 객관적으로 받아들인다.
	기질	SP	장인 정신이 있다. 즉, 손으로 하는 것은 무엇이든지 잘할 수 있는 능력을 보유하고 있다. 즉흥적이고 순간적인 판단에 매력을 느낀다. 낙천적이며 무엇보다 자유를 선호한다. 통제나 구속을 매우 싫어하며, 규칙을 어기고 싶어 하는 충동을 가지고 있다. 고민을 좀 해야 하는 부분도 고민하지 않는다.
	기능별	SF	무엇보다 인간관계에 중점을 둔다. 사람 사귀기를 좋아하고 애정을 표시하려 한다. 스킨십을 좋아하며, 작은 애정이라도 감정을 주고받는 것을 즐긴다. 이런 모습이 겉으로 부드러움을 준다.
	열등 기능	Ni	내향적 직관, 즉 겉으로 드러나는 현상에 치우칠 뿐 마음속에서 벌어지는 여러 상상이나 추상적 개념에는 아주 취약하다.
	그림자 개발해야 할 점	NT	직관적이고 분석적인 능력이 부족하다. 이런 이유로 상대가 논리적으로 따지고 들면 뒤로 물러서려 한다. 그리고 이런 사람을 만나면 어찌할 줄 몰라 힘들어 한다. 좀 더 분명히 'NO'라고 말하고 자신의 주장을 펼쳐야 한다. 아울러 추상적이고 개념적인 이야기에도 적응해야 하며 상대가 냉소적으로 나올 경우에도 여기에 대응할 수 있어야 한다.
	전반적 이미지		화려하다. 매우 여성적이며 활기가 있고 부드럽다. 말이 많으나 밉지 않으며, 약속도 쉽게 깬다. '인간관계의 대명사'라는 별명답게 매우 사교적이다. 대하기가 편하다. 그러나 이들과 중요한 약속을 할 때는 신중해야 한다.

유형 (호칭)	구분		해석
베풂의 **리더** INFJ **내향적** **세부 판단형**	주기능	Ni	겉으로 표현을 하지 않지만 머릿속으로는 상상의 나래를 펼친다. 투시적이며 미래를 내다본다. 보이지 않는 현상에 대해 직관을 사용한다.
	기질 기능별과 동일	NF	따뜻하고 공감 능력이 탁월하다. 인간에 대해 관심이 많고, 인류애가 풍부하다. 화합과 협력을 선호하고 경쟁이나 싸우는 것을 싫어한다. 모든 것을 인간관계로 생각하는 경향이 있으며, 자아실현을 위해 노력한다.
	열등 기능	Se	외향적 감각, 즉 밖에서 들어오는 정보에 대해 현실 감각이 부족하다. 세부적이고 구체적인 사항을 파악하는 데 어려움을 느낀다.
	그림자 개발해야 할 점	ST	구체적인 현상을 실질적으로 파악하고 수용하는 자세가 필요하다. 다시 말해 눈으로 직접 보고 겪게 되는 현상들을 토대로 상대방과 대화를 시도해야 하며 자신의 아이디어가 현실 감각을 결여하고 있다는 사실을 받아들여야 한다.
	전반적 이미지		따뜻하면서도 아주 냉철하게 보인다. 인품이 있어 보이고 누구에게도 지지 않을 만큼의 자존심을 스스로 갖고 있는 듯하다. 매우 이상주의적이며 멀리 내다본다. 모든 것을 인간에 초점을 맞추고 풀어 나간다. 대화를 할 때는 사람보다는 직관이나 영감에 더 의존하는 경향이 있다.

유형 (호칭)	구분		해석
창의의 **리더** INFP **내향적** **인식형**	주기능	Fi	겉으로 표현은 잘 하지 않지만 마음이 매우 따뜻하다. 분석하고 따지기보다는 그저 좋은 게 좋다는 식으로 넘어가기를 원한다. 사랑하는 마음이 넘쳐 흐른다. 글로 쓰면 자신의 따뜻한 마음을 다른 사람에게 가장 잘 전할 수 있다.
	기질 기능별과 동일	NF	따뜻하고 공감 능력이 탁월하다. 인간에 대해 관심이 많고, 인류애가 풍부하다. 화합과 협력을 선호하고 경쟁이나 싸우는 것을 싫어한다. 모든 것을 인간관계로 생각하는 경향이 있으며, 자아실현을 위해 노력한다.

열등 기능	Te	외향적 사고, 즉 의사 결정에 단호하지 못하다. 어떤 생각을 갖고 있어도 이를 겉으로 표현하지 않고 안으로 참느라 힘들어한다. 상대방이 세게 나오면 상처를 쉽게 받는다. 분석이나 논리 대신 따뜻한 가슴으로 접근하려 한다.
그림자 개발해야 할점	ST	구체적인 현상을 실질적으로 파악하고 수용하는 자세가 필요하다. 다시 말해 눈으로 직접 보고 겪게 되는 현상들을 토대로 상대방과 대화를 시도해야 하며 자신의 아이디어가 현실 감각을 결여하고 있다는 사실을 받아들여야 한다.
전반적 이미지		겉으로 바보스럽게 보이나(특히 남자일 경우) 속에는 사람에 대한 정서적 기류가 강하게 흐르는 사람이다. 이 유형엔 직관 문학의 정수라 할 만큼 문학적 천재들이 많다. 같이 차를 마시면 인간의 향기가 강하게 느껴진다.

유형 (호칭)	구분		해석
열정의 리더 ENFP **외향적 인식형**	주기능	Ne	활동적이며 직관을 많이 사용한다. 천방지축이면서 아이디어가 풍부하다. 이 유형은 자유롭게 다니고 활동하면서 새로운 에너지를 밖에서 찾는다.
	기질 기능별과 동일	NF	따뜻하고 공감 능력이 탁월하다. 인간에 대해 관심이 많고, 인류애가 풍부하다. 화합과 협력을 선호하고 경쟁이나 싸우는 것을 싫어한다. 모든 것을 인간관계로 생각하는 경향이 있으며, 자아실현을 위해 노력한다.
	열등 기능	Si	가만히 앉아 어떤 사물이나 현상에 대해 깊이 생각하지 않는다. 이유나 원인을 파악하는 일에 매우 힘들어하며 그저 활동만이 그 사유를 피하게 해주는 요소로 작용한다.
	그림자 개발해야 할점	ST	구체적인 현상을 실질적으로 파악하고 수용하는 자세가 필요하다. 다시 말해 눈으로 직접 보고 겪게 되는 현상들을 토대로 상대방과 대화를 시도해야 하며 자신의 아이디어가 현실 감각을 결여하고 있다는 사실을 받아들여야 한다.

	전반적 이미지		매우 역동적이고 활동적이다. 사람을 좋아하고 특히 처음 알게 되는 사람들에게 호기심이 많다. 그런데 의외로 특정인에게 미운 감정을 가질 때가 있고, 그 감정의 강도는 아주 심하다. 사업성과 열정이 누구보다 강하고 뛰어나다. 다른 사람이 자기를 미워하는 것을 알면 그때부터 힘이 빠진다.

유형 (호칭)	구분		해석
달변의 리더 ENFJ **외향적 세부 판단형**	주기능	Fe	밖으로 부드러움을 표출한다. 여성적인 성격이며 사교적이다. 사람들에게 친근감을 준다. 따뜻한 마음씨를 갖고 있고 대화할 때 상대방의 정서를 이해해 준다.
	기질 기능별과 동일	NF	따뜻하고 공감 능력이 탁월하다. 인간에 대해 관심이 많고, 인류애가 풍부하다. 화합과 협력을 선호하고 경쟁이나 싸우는 것을 싫어한다. 모든 것을 인간관계로 생각하는 경향이 있으며, 자아실현을 위해 노력한다.
	열등 기능	Ti	내향적 사고, 즉 어떤 일을 할 때 먼저 마음속으로 그 일에 대해 분석해 보거나 충분히 생각하지 않은 체 행동이 앞선다. 끊고 맺는 것이 약하다.
	그림자 개발해야 할 점	ST	구체적인 현상을 실질적으로 파악하고 수용하는 자세가 필요하다. 다시 말해 눈으로 직접 보고 겪게 되는 현상들을 토대로 상대방과 대화를 시도해야 하며 자신의 아이디어가 현실 감각을 결여하고 있다는 사실을 받아들여야 한다.
	전반적 이미지		부드럽고 직관적이다. 인간과 인류에 대한 애정이 강하며 사람을 선호한다. 많은 에너지와 시간을 사람에게 빼앗기는 경우가 있다. 이상주의적인 마인드가 매우 강하며 사랑이 넘친다.

분석의 리더 NT 기질

유형 (호칭)	구분		해석
개념의 리더	주기능	Ni	겉으로 표현을 하지 않지만 머릿속으로는 상상의 나래를 펼친다. 투시적이며 미래를 내다본다. 보이지 않는 현상에 대해 직관을 사용한다.

INTJ 내향적 세부 판단형	기질 기능별과 동일	NT	지식에 대한 열망이 강하고 이 분야에서는 누구에게도 지기를 싫어한다. 인간적인 면에서 감정 표현이 부족하고 기계적인 면이 있다. 그러나 오른손잡이에게 왼손이 있듯이 이 유형에게도 따뜻함이 있고 또 누구보다도 따스함을 그리워한다.
	열등 기능	Se	외향적 감각, 즉 밖에서 들어오는 정보에 대해 현실 감각이 부족하다. 세부적이고 구체적인 사항을 파악하는 데 어려움을 느낀다
	그림자 개발해야 할점	SF	냉소적이다 보니 사람과의 관계에서 작은 정을 표시하지 못한다. 그러므로 애정 표현을 하는 습관을 만들어 가야 한다. 그리고 스킨십과 부드러움도 함께 발달시켜 나가는 것이 필요하다.
	전반적 이미지		나이가 들수록 나아지긴 하나 말을 걸기가 매우 힘들다. 물론 지적인 분야나 공동 관심사를 논하는 경우에는 다르다. 그때는 누구보다 열성적이고 말을 잘한다. 신념이 강하고 자아정체감 발견에 많은 시간을 보낸다. 여성일 경우 유달리 결혼을 늦게 하거나 하지 않는 경우가 종종 있다. 이론의 천재이다.

유형 (호칭)	구분		해석
	주기능	Ti	말로 표현은 하지 않지만 속으로 은밀히 두루 관찰하는 스타일이다. 분석적이고 논리적이다. 인정에 치우치지 않는다.
발견의 리더 INTP 내향적 인식형	기질 기능별과 동일	NT	지식에 대한 열망이 강하고 이 분야에서는 누구에게도 지기를 싫어한다. 인간적인 면에서 감정 표현이 부족하고 기계적인 면이 있다. 그러나 오른손잡이에게 왼손이 있듯이 이 유형에게도 따뜻함이 있고 또 누구보다도 따스함을 그리워한다.
	열등 기능	Fe	외향적 감정, 즉 겉으로 부드러움을 표현하는 데 어려움을 느낀다. 다시 말해 따뜻함이 있는데, 이를 말로 표현하지 않다 보니 자연스레 무거워 보이고 겉으로 딱딱해 보인다.
	그림자 개발해야 할점	SF	냉소적이다 보니 사람과의 관계에서 작은 정을 표시하지 못한다. 그러므로 애정 표현을 하는 습관을 만들어 가야 한다. 그리고 스킨십과 부드러움도 함께 발달시켜 나가는 것이 필요하다.

	전반적 이미지		가히 지식의 천재라 할 만큼 머리 회전이 빠르다. 이 유형의 사람 대부분이 유학을 갈 만큼 지적 능력이 탁월하며 인간관계에서는 잘난 체를 많이 하여 교만해 보이기도 한다. 대회에서 자칫 '이 사람도 인간인가!' 하고 느낄 정도로 감정이나 정서에 무감각하다.

유형 (호칭)	구분		해석
혁신의 **리더** ENTP **외향적** **인식형**	주기능	Ne	활동적이며 직관을 많이 사용한다. 천방지축이면서 아이디어가 풍부하다. 이 유형은 자유롭게 다니고 활동하면서 새로운 에너지를 밖에서 찾는다.
	기질 기능별과 동일	NT	지식에 대한 열망이 강하고 이 분야에서는 누구에게도 지기를 싫어한다. 인간적인 면에서 감정 표현이 부족하고 기계적인 면이 있다. 그러나 오른손잡이에게 왼손이 있듯이 이 유형에게도 따뜻함이 있고 또 누구보다도 따스함을 그리워한다.
	열등 기능	Si	내향적 감각, 즉 가만히 앉아 어떤 사물이나 현상에 대해 깊이 생각하지 않는다. 이유나 원인을 파악하는 일에 힘들어 하며 그저 활동만이 그 사유를 피하게 해주는 요소로 작용한다.
	그림자 개발해 야할 점	SF	냉소적이다 보니 사람과의 관계에서 작은 정을 표시하지 못한다. 그러므로 애정 표현을 하는 습관을 만들어 가야 한다. 그리고 스킨십과 부드러움도 함께 발달시켜 나가는 것이 필요하다.
	전반적 이미지		매우 활발하다. 정열과 열정이 넘쳐나고 여러 업무에 정신없이 관여한다. 잘난 체하는 경향이 있으며 조직에 생동감을 불어넣는다. 감정이 무디다.

유형 (호칭)	구분		해석
통솔의 **리더**	주기능	Te	밖으로 다니며 일을 추진하고 협력하는 데 앞장선다. 분석적이며 말이 날카롭다. 딱딱한 느낌을 준다. 마음은 아프지만 단호한 결정을 내린다.

ENTJ 외향적 세부 판단형	기질 기능별과 동일	NT	지식에 대한 열망이 강하고 이 분야에서는 누구에게도 지기를 싫어한다. 인간적인 면에서 감정 표현이 부족하고 기계적인 면이 있다. 그러나 오른손잡이에게 왼손이 있듯이 이 유형에게도 따뜻함이 있고 또 누구보다도 따스함을 그리워한다.
	열등 기능	Fi	내향적 감정, 즉 속에 따뜻한 마음이 없는 것이 아니라 대부분의 에너지를 논리와 분석에 사용하기 때문에 감정에 무디다. 그래서 이 유형에게는 '길을 걸어가다가도 장미꽃의 향기를 맡아라'라고 권유하기도 한다. 그러면 정작 본인은 이를 부인하며 자신은 정서가 풍부하다고 착각하는 현상을 자주 보이게 된다.
	그림자 개발해 야할 점	SF	냉소적이다 보니 사람과의 관계에서 작은 정을 표시하지 못한다. 그러므로 애정 표현을 하는 습관을 만들어 가야 한다. 그리고 스킨십과 부드러움도 함께 발달시켜 나가는 것이 필요하다.
	전반적 이미지		거시적이다. '이 유형을 찾으려면 어떤 조직이든 가장 우두머리 집단으로 가라.'는 말처럼 대부분 회장이나 그 수준의 감투를 쓰고 있다. 이 유형은 소위 파워를 잃어 버리면 두 날개를 잃어 버리는 것과 마찬가지로 힘을 쓰지 못한다. 매사에 힘이 있으며 대범하다.

나를 이해하는 법
배려의 리더, 피카소의 도전 정신과 〈아비뇽의 처녀들〉

유 형별 역사적 리더의 일화를 소개한다. 각 인물들이 자신의 성향에 따라 어떻게 노력해 왔는지에 초점을 맞춰 읽어 보자. 나의 리더십 스타일과 비교해 보면서 실질적으로 이해하는 데 도움을 주고자 한다.

20세기 현대미술에 한 획을 그었던 파블로 피카소(Pablo Ruiz Picasso)는 끊임없는 열정과 실험 정신으로 미적 영역의 새로운 개념을 발굴한 미래 지향적 선각자였다. 19세기 미술에 마침표를 찍었다고 평가되는 혁신적인 미술가였던 그는 배려의 리더로서의 긍정적인 성향을 가장 잘 보여 주는 인물이다. 피카소는 새로운 아이디어에 호기심을 갖고 통찰력을 발휘해 자신이 지닌 재능을 표현하는 데 천재성을 보였고, 고정관념을 깨뜨린 독창성으로 미술사에 또 다른 영역에 대한 가능성을 열 만큼 비전을 제시하는 역량이 탁월했다. 입체주의적 시점으로 사물을 재구성하는 놀라운 창의력으로 〈아비뇽의 처녀들〉을 공개했을 때, 수많은 사람들은 회화의 전통을 파괴했다며 비난을

퍼부었다. 하지만 피카소는 이런 평가나 비난에 흔들리지 않고 예술은 언제나 새로워야 하고, 자유롭고 창조적이어야 한다는 자신의 믿음을 지켰다.

도전과 혁신, 그리고 미래 가능성을 꿰뚫어 보는 눈

피카소는 말을 배우기도 전에 그림을 그렸다고 한다. 피카소의 천재적인 예술 감각은 그의 부모, 특히 미술 교사인 아버지에 의해서 길러졌다. 후세에 평가받는 것처럼 그가 처음부터 혁신적인 화가는 아니었다. 그 역시 자신의 재능을 발전시키기 위해 과거의 기법과 전통을 숙련시키던 시절이 있었다.

하지만 그는 이미 확립된 전통적 기법을 기술적으로 숙달하는 것에 만족하지 않았다. 그의 초기 작품에서 알 수 있듯이 그가 이미 과거 르네상스 이래로 발전을 계속해 온 전통적인 유럽의 화풍에 통달했음을 알 수 있다. 주어진 과거의 정보에서 미래의 큰 흐름을 찾아내는 데 능했던 그는 과거의 미술 기법에 한계를 느끼게 된다. 미술사에서 중요한 획을 그었던 원근법과 입체적 현실주의가 사진 기술의 발명으로 도마에 오르게 된 시기, 피카소의 도전도 본격적으로 시작되었다. 1900년 그는 자신의 조국 스페인을 떠나 파리로 이주함으로써 계획적으로 모험을 단행했다.

독창적 방식과 다양함을 추구하는 상상력

피카소는 당대 최고의 아방가르드파 화가들의 작품을 공부함으로써 스스로 도전을 시작했다. 세잔(Paul Cezanne)과 같은 표현주의와 후기 인상파 화가들의 작품을 공부하면서 동시에 자신만의 예술적 언어와 비전을 계발시킨 것이다. 사진 작가가 사진이라는 매개로 일상적 현실 감각을 포착할

수 있다면, 피카소는 예술가 또한 캔버스 위에서 그와 같은 일을 한다는 것을 보여 주었다. 1906년 세잔이 세상을 떠나면서, 그의 그림들은 젊은 화가들에게 영향을 미쳤다. 그 영향 가운데 가장 큰 성과물이 바로 26세의 피카소가 그린 〈아비뇽의 처녀들〉이다. '하나의 화폭 안에 사물의 앞모습과 뒷모습을 모두 담고 싶다'는 말처럼 피카소의 열망이 표현된 이 작품에서 눈에 보이는 대상들은 분해되고 수없이 많은 조각들로 나뉘어진다. 그리고 그 조각들은 하나의 화면 속에서 여러 시점들을 보여 주기 위해 재구성된다. 〈아비뇽의 처녀들〉은 하나의 시각으로 대상을 바라보는 것이 얼마나 불완전한 것인지 당시에는 미처 깨닫지 못했던 시각적 무한환상을 환기시키면서 당시 큰 논란이 되었다.

관계를 중시하는 이상주의자

피카소는 극도의 개인 작업을 요하는 예술가였지만, 자신이 속한 사회나 다른 사람과의 관계를 중시하는 사람이었다. 왕성한 창작열을 불태울 때마다 피카소의 곁에는 늘 연인이 있었다. 정열적인 만큼 변덕스럽기도 했던 그의 사랑은 5명의 연인을 불행에 빠뜨리는 비극을 낳았지만, 피카소의 이러한 열정은 수많은 걸작들로 남았다.

1937년 피카소는, 히틀러에 의해 자행된 무려 3시간 동안의 무차별 융단 폭격으로 작은 도시 사스크의 7000여 명 주민 중 1000여 명 이상이 학살당하는 사건을 목격한다. 피카소는 이에 분노해 마치 미친 사람처럼 벽화를 그렸다. 이 작품이 바로 세기의 벽화 〈게르니카〉이다. 이 작품을 통해 피카소는 "회화는 단지 집을 장식하기 위해 만들어지는 게 아니다. 적과 대항하기 위해 공격하고 방어하는 전쟁의 도
구이다."라고 말하면서 파시즘 독
재에 맞섰다. 피카소는 말년에는
도자기, 조각, 석판화에도 관심을
가져 새로운 기법을 창조하는 데 열정을 불태웠다.

나를 이해하는 법

분석의 리더, 아이슈타인의 상대성 이론과 특허 회사 직원

분 석의 리더는 원리와 논리에 중점을 두기 때문에 새로운 이론을 만들
어 내는 사람들이다. 알버트 아인슈타인이 이러한 장점을 극대화한
인물이라는 것은 의심할 여지가 없다.

시간과 공간, 중력에 대한 우리의 관념을 새롭게 개념화시킨 그의 독창적
아이디어는 '상대성 이론'이라는 거대한 물리학적 발견으로 승화됐다. 이처
럼 통찰력을 통해 추상적인 내용을 개념화시키는 능력이 탁월하다는 점도
분석의 리더가 가진 또 다른 장점이다.

독립적이며 틀에 박힌 엄격함을 싫어하는 아이

알버트 아인슈타인은 3세 때까지 말을 잘 알아듣지 못했다. 초등학교 시
절에는 심부름 하나도 제대로 해내지 못했다. 담임 선생님은 아인슈타인에
게 저능아라는 낙인을 찍으며 그의 부모님에게 아들을 더 이상 학교에 보내
지 않았으면 좋겠다는 통신표를 보낸다. 아인슈타인의 어머니는 이에 포기
하지 않고 아들을 변화시키기 위해 다른 방법을 모색하기로 한다. 매일 바이

올린으로 클래식 음악을 연주하게 했고, 철학 고전책을 읽게 했다. 아인슈타인이 15세가 되기 전에 웬만한 철학 고전은 다 읽혔다고 한다.

아인슈타인은 보불 전쟁에서의 승리와 급속한 산업 발달 덕에 경제가 느닷없는 활기를 띠고 있던 독일에서 성장했다. 그의 아버지는 당시의 일류 하이테크 산업인 전기 공학에 관여하고 있었다. 도전 정신을 갖게 하는 가정 환경으로 인해 자극을 받으면서도 어린 아인슈타인은 엄격하고 정확성을 요하는 당시의 독일 교육 제도에서 마음껏 재주를 발휘하지 못했다. 결국 그는 취리히에 있는 스위스 연방 공과대학에서 중퇴하는 아픔을 겪었다. 그는 스위스에 계속 남아 베른에 있는 특허 사무실에서 일했다.

아이디어를 체계적 이론으로 만든 전략가

아인슈타인은 명목상으로는 그 특허 사무실에서 일하면서도 자신의 시간을 최대한 활용했다. 1905년은 과학자로서의 그의 이력에서 기적의 해였다. 아인슈타인이 발표했던 초기 논문들 중 하나로 그 해 박사 학위를 받은 것이다. 두 번째 논문에서는 물리학자들에게 '브라운 운동'으로 알려진 현상을 설명했다. 세 번째 논문에서는 빛이 파상적 특성과 입자의 특성을 모두 갖고 있는 광자로 구성되어 있다는 가설을 세웠다.

독일의 유명 월간 학술지 〈물리학 연감(Annalen der Physik)〉에 발표한 네 번째 논문은 그중에서도 가장 획기적인 것이었다. 여기에서 아인슈타인은 그 유명한 상대성 이론을 선보였다. 본질적인 의미에서 그 논문은 시간과 공간, 중력에 대한 우리의 관념을 새롭게 개념화시켰다. 그 과정에서 아인슈타인은 거의 혼자 힘으로 뉴턴 이래로 존재해 온 자연과 우주의 고전적 모델을 바꿔 놓았다. 아인슈타인은 만일 빛의 속도가 변하지 않는 것이라고 가정하면, 시간과 움직임은 관찰자가 처해 있는 기준 틀에 따라 관찰자에게 상대적인 것으로 보일 것이라는 이론을 증명했다. 1905년, 아인슈타인은 'E=mc2' 공식에 따라 에너지와 질량은 궁극적으로 호환성이 있다는 주장과 함께 물리학에 대한 그의 논문을 마무리지었다.

보편적 체계를 사회에 제시

아이슈타인은 제1차 세계대전 발발 전 몇 해 동안 대학 교수로 재직했다. 1914년 늦여름, 전쟁이 발발하자 아인슈타인은 스위스에 있는 아내와 자녀들과 떨어져 베를린에서 홀로 생활을 하게 된다. 아인슈타인은 이 군국주의의 수위가 매우 높아지고 있던 유럽에서 평화주의자로 대중에 알려지게 되었고, 상당한 위험에 처하게 되었다. 종전 후, 인간성의 미래에 대한 아인슈타인의 낙관주의는 군국주의가 결국 사람들로부터 불신을 사게 되었다는 믿음과 함께 더욱 강해졌다. 또한 1919년 그의 상대성 이론이 영국 학술원 출신의 과학자들에게서 인증을 받으면서 그는 세계적인 명사가 되기에 이르렀다. 아인슈타인은 자신에게 주어진 명성을 한껏 이용해 국제적 분쟁의 평화적 해결을 증진시키고자 했다.

또한 유태인과 기타 소수자들의 공민권을 수호하는 데 있어서도 일익을 담당했으며, 제2차 세계대전 이후 이어진 시온주의 운동의 주도적 대변인이 되었다. 그는 자신이 누린 폭넓은 대중적 관심을 이용하여 전 세계를 여행하면서 평범한 사람과 전문가 모두에게 자신의 과학적 이론을 설명하고자 했다. 1921년 노벨 물리학상을 받으면서 아인슈타인은 물리학에 더욱 더 몰입했다. 우주의 근간이 되는 법칙을 모두 통합시킴으로써 우주와 우주의 운동을 일관되게 설명하려 한 것이다. 양자 물리학과 그것의 불확정성 원리(개별적 소립자들의 행위는 예측이 불가능하며 관찰이라는 행위의 영향을 받는다는 이론)는 평생 동안 그를 따라다니며 괴롭혔다.

최고의 과학자이자 최고의 리더

아인슈타인은 1920년대 이후 놀랄 만한 능력을 발휘하면서, 최고의 과학자이자 다양한 인도주의적 주장을 주도하는 리더로서의 노력을 계속하였다. 그는 세계의 무장 해제를 위한 운동을 조직하는 일에 있어서 부단한 노력을 했으며, 현대 문명에서 왜 전쟁이 종식되지 않는지에 대한 프로이트(Freud)와의 공개적인 서신 교환을 시작했다. 그는 진리란 주관적 가치이기보다는 오히려 객관적 가치라는 개념을 공공연하게 옹호했다. 아인슈타인은 1930년대 경제 대공황의 시작과 히틀러의 등장으로 또 다시 유럽을 뒤덮은 군국주의에 맞서 싸웠다. 히틀러가 정권을 잡은 직후, 아인슈타인은 자신의 독일 공민권을 포기하고 1933년 영원히 조국을 떠나면서 자신의 심리 상태를 공개적으로 표했다.

아인슈타인은 뉴저지 주 프리스턴의 고등과학원에서 위안을 찾았다. 그는 계속해서 과학적인 문제에 자신의 리더십을 활용함으로써 정치적으로는 미국 정부의 최고위급에 자신의 견해에 대해 발언할 기회를 얻기도 했다. 일단 독일이 핵무기를 개발할 가능성이 있다는 사실에 경악하게 된 그는(부분적으로는 자신의 방정식의 결과물이었다) 민주주의 세계가 그러한 가능성에 대비해 스스로를 보호할 필요가 있음을 전하는 서신을 루스벨트 대통령에게 보낸다. 아인슈타인 쪽에서 보인 이러한 리더십은 맨해튼 계획을 촉발시켰고, 그것이 종국에는 독일과 일본 양국의 파시즘을 궤멸시키는 데 기여했다.

아인슈타인은 제2차 세계대전 이후, 어쩌면 인류 최후의 전쟁일지도 모를 제3차 세계대전의 발발을 막을 수 있는 일정 형태의 세계 정부를 주창하는 데 많은 시간을 보냈다. 아인슈타인은 이렇게 진술했다. "내가 성취하고자 하는 것은 단지 나의 미약한 능력이나마 그것을 달가워 할 사람이 단 한 명도 없을지라도, 진리와 정의에 이바지하는 것이외다." 이 진술은 아인슈타인이 최고의 과학자이면서 동시에 대중적 리더가 된 이유를 우리에게 웅변으로 전달해 준다.

―《역사를 바꾼 50인의 위대한 리더십》 중에서

나를 이해하는 법

규범의 리더, 그라민 은행과 무하마드 유누스

규범의 리더는 전통적으로 지켜왔던 제도와 규칙을 보전하려고 한다. 때문에 근면하고 성실하다. 사회가 조화를 이루는 것에도 관심이 깊다. 자신이 속한 사회에 어떻게 공헌할 것인가를 늘 고민한다. 또한 안정적인 환경을 만들기 위해 질서 있고 현실적으로 보이는 가치를 신뢰하는 편이다. 방글라데시의 무하마드 유누스(Muhammad Yunus) 박사는 자선이 아닌 대출로써 빈곤 탈출을 돕는 마이크로 크레딧 제도를 창안했다. 가난한 사람들에게 150달러 내외의 소액 종자돈을 무담보로 빌려 주는 그라민 은행은 유누스 박사가 노벨평화상을 받던 2006년을 기준으로 직원 1만8151명, 지점 2185개를 운영하는 거대 은행으로 성장했다.

그라민 은행을 통해 지금까지 600만 명의 빈민이 혜택을 받았으며, 대출을 받아 자립에 성공한 사람들이 다시 저축을 통해 다른 빈민들을 돕는 방식으로, 이 가운데 58%가 가난에서 벗어난 것으로 조사됐다.

무하마드 유누스 박사는 방글라데시의 유복한 가정에서 태어났다. 미국 밴터빌트 대학에서 경제학 박사 학위를 받고 32세에 고향으로 돌아온 그는 1974년 방글라데시에 대홍수가 났을 때 빈곤 문제에 대해 눈을 뜨게 됐다. 수많은 사람들이 굶주림에 지쳐 뼈만 앙상하게 남은 채 거리를 떠돌다가 죽어가는 모습을 보고 큰 충격을 받았다. 특히 몇 푼 안 되는 수공업 재료를 살 돈조차 없어서 중간 상인이나 고리 대금업자들에게 높은 이율로 착취당하는 극빈자들의 현실을 직접 목격하게 된 것이다. 그는 직접 마을 주민 42명에게 이러한 늪에서 벗어나게 해줄 27달러를 무담보로 빌려 주는 무담보 소액 대출 프로그램을 시작했다.

이후 그는 대학 캠퍼스에 있는 은행 지점의 지점장을 찾아가 가난한 사람들에게 돈을 빌려줄 것을 제안한다. 하지만 은행들은 모두 신용이 전혀 없는 가난한 사람들에게 대출을 해줄 수 없다는 답변을 했다. 소액에 불과하니 한 번 빌려 줄 수 없겠냐는 제안에도 담보를 제공할 수 없기 때문에 안 된다거나 적은 돈은 은행의 이익상 대출을 해줄 필요가 없다는 규칙만 들이댈 뿐이었다. 유누스 박사는 본인이 직접 보증을 서고 돈을 빌려 보기로 했다. 은행은 돈을 빌려주면서 그가 절대 되돌려 받을 수 없을 것이라는 경고를 잊지 않았다. 그러나 은행의 예상과는 달리 유뉴스 박사에게 돈을 빌려간 사람들은 모두 돈을 갚았다.

은행 지점장은 박사를 포함한 그들이 모두 수를 쓰고 있다고 생각했고, 대출해 주는 돈의 액수가 커지면 달라질 것이라 주장했다. 하지만 이번에도 유뉴스 박사에게 돈을 빌려간 빈곤자들은 모두 돈을 갚았고, 다른 마을에서도 마찬가지였다.

이에 유누스 박사는 확신을 갖게 됐다. 비
록 가난한 사람들이지만 돈을 빌려 그 돈을 밑
천 삼아 자신들의 노력과 능력으로 빌린 돈
을 충분히 갚을 수 있었던 것이다. 그는 직접
은행 설립안을 만들어 정부에 제출했다. 그러나 역시 고정관념에 사로잡
힌 정부를 설득하는 데 2년여의 시간이 걸렸고 드디어 1983년 그라민 은행
(Grameen Bank)을 정식 법인으로 발족시켰다. 그리고 2006년을 기준으로
직원 1만 8151명, 지점 2185개를 운영하는 거대 은행으로 성장했다.

인터뷰에서 그가 했던 다음과 같은 말은 제도적 가치를 중시하고 사회 공
헌에 관심이 깊은 규범의 리더로서의 특징을 여실히 보여 주는 대목이다.

"우리는 가난을 사람 탓으로 돌리지 않는다. 가난은 사회 구조적인 문제
이자 정책의 문제이고 개념의 문제이다. 그래서 가난한 사람한테 자선을 베
풀기보다는 그들 스스로 일어나게 해야 한다. 스스로 일해서 먹고 살기 위해
돈이 필요하다면 그 돈을 빌려 주자는 것이다. 사람들을 무기력하게 만드는
자선에는 반대한다. 무조건적으로 생계를 지원하는 복지 체계도 반대한다.
스스로 일어설 방법을 일깨우지 않고 돈만 주는 방식으로는 수억 달러를 들
여도 빈곤을 퇴치할 수 없다. 그라민 은행은 대출을 요청하는 사람이면 누구
에게나 대출해 준다. 그 사람의 과거가 중요한 것이 아니라 앞으로가 중요하
기 때문이다. '누구도 뒤처져서는 안 된다', '누구도 거부하지 않는다'가 그
라민의 정신이다. 빈곤층의 모든 수준에 있는 사람에게 소액 무담보 대출을
해주어야 한다."

국제연합(UN)은 2005년을 '마이크로 크레디트의 해'로 정해 유누스의 운동에 힘을 실어줬다.

그라민 은행의 소액 대출 제도는 다른 나라로도 번져나가 전 세계 37개국에서 1억 가구에게 대출을 해주고 있다. 한국에서도 도시 빈민과 신용 불량자의 빈곤 퇴출을 위해서 그라민 은행과 유사한 사회연대은행, 신나는 조합이 2000년부터 활동 중이다. 그라민 은행은 대출뿐 아니라 가난한 사람에게 일자리를 주기 위한 갖가지 사업을 벌여 현재 방글라데시에서 두 번째로 세금을 많이 내는 회사를 갖고 있다. 유누스 박사가 항상 입고 다니는 개량된 방글라데시 전통 의상도 그라민 기업에서 만든 것이다.

그라민 은행은 상당한 규모의 금융 기관으로 발돋움했는데 고객이 670만 명에 이르고, 그들 중 대부분이 여성이며 모두가 가난한 사람들이다. 자체 집계에 따르면 약 6조 원에 이르는 대출을 실행했는데 평균 대출 금액이 2십만 원 정도라고 한다.

그라민 은행은 그 이후로 몇 가지 핵심적인 영업상의 기법을 바탕으로 알려지기 시작했다. 우선 개인들에게 대출이 진행되었지만 실질적으로는 소규모 그룹이 연대 채무를 지게 하는 방식을 도입했다. 대출은 소비 활동이 아닌 상업 활동을 하는 경우에만 제공되었고 대금 회수는 수시로(대부분 주단위) 이루어졌다. 제공되는 돈이 원조가 아니라는 점과 그라민 은행은 가난한 사람들을 신뢰한다는 원칙 등에 입각해 사업을 하는 것이기에 이자 부담은 상당했지만 금리는 상대적으로 보면 낮은 편이었다. 현재의 대출 금리는 대략 20%가 넘는 수준이다.

유누스는 지난 1995년부터 새로운 사업에 착수했다. 이동 통신 회사 그라민폰, 태양에너지 기업 그라민 샥티, IT 기업 그라민 소프트웨어, 수출업체 그라민 니트웨어 등 23개의 사업체를 운영하며 여기서 나온 수익으로 가난 구제 사업을 펼치고 있다.

그가 말하는 그라민 기업의 철학은 그라민 은행 운영 철학과 다르지 않다. 사회 복지를 위한 비즈니스로서 가난한 사람이 돈을 벌 수 있는 일자리를 만들어 주는 것이다. 그로부터 출발한 그라민 기업은 지역 사회에서 필요로 하는 일을 사업화한다. 탁아 시설이나 청소업체, 이러한 기업을 지원하기 위한 사회 책임 펀드도 만들어 더 많은 사람들이 살아갈 수 있도록 지원하는 것이 가장 큰 목표이다.

나를 이해하는 법
협상의 리더, 융합의 마술사 레오나르도 다빈치

협상의 리더는 행동과 실천에 관심이 높다. 어떤 일을 할 때 목적보다는 그 일을 하는 행위 자체를 즐기기 때문에 그 결과물은 방대하다. 현실 세계에 존재하는 만물에 대해 끊임없이 탐구하고 창작 활동을 그치지 않았던 레오나르도 다빈치는 협상의 리더가 가진 장점을 최대한 발휘한 인물이다. 특히 미술뿐만 아니라 건축, 공학, 조각 등 다양한 분야에서 재능을 발휘하며, 실질적인 가치를 추구한 점은 응용력이 뛰어나고 융합을 시도하는 협상의 리더가 가진 특징이다.

형식을 탈피하고 끊임없이 실험하는 실용주의

레오나르도 다빈치는 르네상스 시대의 이탈리아를 대표하는 천재 미술가이자 과학자, 기술자, 사상가이다. 1452년 중산층 지주와 소작인 여성 사이에서 태어난 그는, 능력을 중시했던 풍토의 르네상스 시기가 신분이 낮은 자신의 사회적 배경을 극복할 수 있는 기회가 되리라는 것을 믿었다. 이탈리아는 그 당시 유럽의 다른 나라보다 교육적인 면에서 발전해 있었다. 일반인

들조차 상대적으로 산업이 발달한 환경에서 살아가기 위
해 계산은 물론 글도 읽고 쓸 줄 알아야 했다.

1466년 다빈치는 피렌체로 가서 예술가인 안드레아
델 베로키오(Andrea del Verrocchio) 문하에서 도제 수
업을 받았다. 이 도제 기간 중 그는 자연계를 면밀히 관찰하는 타고난 재능
을 함양했다. 그에게 있어 우주의 장엄함은 멀리 있는 추상적 존재가 아니
라, 바로 눈앞에 펼쳐진 탐구의 대상이었다. 이러한 그의 인생 철학은 훗날
이때 당시 연마했던 그의 기술이 꽃을 피우면서 더욱 빛을 발하게 된다.

어떤 의미에서 그는 중세 천년 이후의 세계를 새롭게 봄으로써 인간의 의
식에 혁명을 인도한 것과 같다. 중세 암흑기에는 리더들과 그 추종자들 모두
가 세계를 기독교에서 말하는 내세보다 열등하고 '타락한' 것으로 보고 절
망하는 경향이 있었다. 또한 중세 예술은 묘사하는 인물이나 사건의 정신적
인 정수를 포착하기 위해 직선 원근법과 같은 방식을 의도적으로 피하고자
했다.

하지만 다빈치와 같은 르네상스기의 선구자들은 과감하게 이러한 생각
에 의문을 제기했다. 특히 다빈치에게 있어 자연계란 그 자체를 위해 찬미하
고 배울 가치가 있는 경이로운 것이었기 때문이었다. 훗날 그는 다채로운 이
력을 통해 '기독교에서 신을 경배하는 최선의 길은 창조자의 시선에서 바라
보기 위해 노력하는 것에 가까울 것'이라는 그의 생각을 표현했다.

끈질긴 성격과 도구의 장인

다빈치는 피렌체를 떠나 밀라노에서 스포르차 공작의 전속 화가이자 군사
기술자이자 건축가로 일하며 17년 동안 머물렀다. 밀라노는 예술과 과학과
학문이 발달한 곳이었다. 이 시절 그는 다양한 분야의 학자들과 교류하며 식

물학, 광학, 수력학, 천문학, 해부학 등 온갖 분야에 대한 관심을 키워 나갔다.

이 시기에 다빈치의 작품에 대한 몰입력은 대단했다. 그는 산타 마리아 델라 그라치에 성당의 식당 벽에 〈최후의 만찬〉을 그렸다. 성당에는 많은 사람들이 몰려와 그가 작업하는 모습을 구경했다. 그중 한 사람이었던 마테오 반델로는 훗날 이렇게 회상했다. "그는 거기에 새벽부터 왔다가 해가 질 때까지 머물렀다. 잠시도 붓을 놓지 않고 먹는 것도 마시는 것도 잊은 채 쉬지 않고 그림을 그렸다. 그는 팔짱을 끼고 서서 그림을 스스로 검토하고 비판하면서 매일 몇 시간씩 작품을 주시하는데도 불구하고, 때때로 붓질 한 번 하지 않고 이틀이나 사나흘을 보내기도 했다. …… 또한 나는 그가 그늘에 몸을 가릴 생각도 하지 않고 발판을 기어올라가 붓을 잡고는 두세 번 붓질을 하고 나서 돌아가는 것도 보았다."

개방적 성격의 자유로운 행동가

이탈리아에서 예술은 역사에 그 유례를 거의 찾아 볼 수 없을 정도로 힘을 얻었다. 다빈치는 피렌체와 로마, 밀라노, 그리고 프랑스 등지에 있는 리더들에게 끊임없이 명사의 대우를 받았다. 또한 그는 후원금과 예술적 자유도 부여 받았는데, 그를 후원한 이들 정치 조직의 지도급 인사들은 그 대가로 예술적 천재를 알아보는 고상한 취미를 가진 예리한 정신의 소유자로서 존경을 받았다.

다른 르네상스 예술가들이 한두 가지 분야에 노력을 집중시킨 반면, 다빈치의 전문 기술은 토목 공학과 군사 공학, 그림, 건축과 조각에 이르기까지 다양한 분야에 걸쳐 있었다. 그는 르네상스 리더들 사이에서 누구와도 견줄 수 없는 당대 제1인자였다. 다빈치의 삶은 한 리더의 영향력이 언제나 리더 자신의 통제 범위를 능가하기 마련이라는 생각을 뒷받침해 준다. 그의 업적

중에는 기술과 정치적인 제약, 자금 부족으로 인해 미완으로 끝난 것이 많이 있다. 비운의 비행기와 고대 이래 최대 규모의 기마상, 대운하 계획 등이 그것이다. 그러나 다빈치는 진행 중인 작업을 언제나 포기하지 않았으며, 항상 그 다음 작업을 시작할 준비를 하고 있었다.

자발적이고 창의적인 개인에 대한 현대적 개념을 형성하는 데 기여한 다빈치는, 개개인이 인생에서 자신의 역할을 교회와 부모, 사회가 대신해서 정하게 하기보다는 직접 그러한 역할을 창조해 내는 일이 존경받을 만한 것임을 알게 했다. 세밀하게 실제를 표현한 그의 스케치와 그림에서 볼 수 있듯이, 세계를 인식하는 방식을 변화시킨 그의 리더십은 자연계에 대한 우리의 지식을 넓히려 한 그의 보다 큰 포부를 일부 반영하고 있다.

과학혁명과 자연을 있는 그대로 이해하고 언젠가는 자연계의 모든 특징을 스케치로 포착해 정리하려던 그의 꿈은, 미래 운명이 결정된 신학이나 이념을 그 위에 얹지 않고, 인류 최초로 자연계로 하여금 '스스로를 대변하게' 했다. 그는 자신이 자연계에서 관찰한 자연의 힘과 움직임을 과학적이고 예술적인 방식으로 도출하고자 했다.

―〈역사를 바꾼 50인의 위대한 리더십〉 중에서

다른 사람을 이해하는 법
배려의 리더, 찰스 다윈의 창의성과 진화론

진화론의 창시자인 찰스 다윈은 기정사실이라고 믿어왔던 기존 학문의 틀을 깨고 새로운 시점에서 다시 파악해 보려 했던 열정적 통찰자였다. 배려의 리더는 새로운 가능성에 관심을 갖고 창의적인 방식으로 설득력 있게 다른 사람을 일깨우는 데 탁월하다. 적자생존을 모티브로 진화론에 대한 새로운 연구에 열정을 바쳤던 반면, 영국 국교회와의 갈등을 고려해 자신의 연구를 강하게 세상에 주장하지 못했던 것은 배려의 리더인 찰스 다윈의 성향적 특성을 이해하는 데 도움이 되는 일화이다.

새로운 가능성과 목표에 대한 창조적 방식

찰스 다윈은 의사인 아버지와 부유한 웨지우드 가문 출신인 어머니 사이에서 편안한 환경 속에서 태어났다. 어린 찰스 다윈은 학교에서 받은 기계적 암기 방식의 교육을 좋아하지 않았고, 과학을 특히 좋아했다. 당시 과학은 부유한 집안의 자제들이 열심히 하려 했던 과목이 아니었기 때문에 그는 반 친구들과 심지어 교사들 사이에서도 놀림감이 되곤 했다. 그의 아버지는 이러한 다윈의 장래 직업에 대해 고민했고, 의사가 되는 것이 좋겠다는 결론을 내린다. 격심한 질풍노도의 시기를 거친 후, 젊은 다윈은 1825년 의학 공부를 위해 에든버러 대학에 들어갔다. 다윈은 의사가 되는 것을 몹시 싫어했지만 에든버러에서 당대 최고의 과학적 사상을 접하게  되면서 자연에 대한 관심에 자극을 받았다. 특히 영국 국교도로서의 규율과 옥스퍼드나 케임브리지 대학의 전통적 문화는 그의 자유사상과 그리 맞지 않았기 때문에 이곳은 더욱 그에게 중요한 학문적 터전이 됐다. 이곳에 있는 동안 그는 후천적 특성의 유전에 대한 라마르크(Jean de Lamarck)의 이론을 처음 접했다.

도전에 대한 강한 열정

하지만 다윈은 의학이 성격에 맞지 않아 학교를 중퇴했다. 그러자 그의 아버지는 아들이 신사로서 존경받을 만한 직업을 가지려면 케임브리지 대학을 졸업하는 수밖에 없다고 생각한다. 졸업 후 다윈이 아버지에게 충실한 인생을 살기로 약속한 대가로 경제적 보조를 받으면서 아마추어 박물학자의 삶을 산 것은 어쩌면 당연한 수순이었을지도 모른다.

케임브리지에 있으면서 다윈은 식물학을 공부했고, 그때 한 교수가 다윈에게 남미를 여행하면서 직접 자연을 연구해 보지 않겠느냐고 제안한다. 다윈은 기쁜 마음으로 1831년 남미로 떠났고, 이 일은 그의 인생에서 중요한 전환점이 된다. 그에게 결정적 영감을 주었던 갈라파고스 제도를 방문하게 된 것도 바로 이때였다. 여행을 통해 다윈은 '치열한 적자생존의 자연'을 보며, 새로운 경험을 맛보았다. 남미에서 인종 간, 부족 간의 권력과 자원을 위한 투쟁을 목격했고, 색다른 인디언 부족과 그들의 풍습도 보게 되었다. 그에게 특히 인상 깊었던 것은 멸종한 종의 흔적을 우연히 발견한 일이었다. 그는 여러 섬을 다니면서 그 새들의 모습이 서로 약간씩 차이가 발생한 것을 목격했는데 변이 정도는 미미했지만 그 사실에는 매우 중요한 의의가 있었다. 다윈은 5년간의 여행을 마치고 5000가지가 넘는 표본과 수천 쪽의 메모, 일지를 가지고 영국으로 돌아왔다. 이 경험을 통해 1839년 그는 《찰스 다윈의 비글호 항해기》를 출간하면서 유명한 지질학자로 부상했다. 지질학회 회원이 된 그는 당대의 가장 유명한 지질학자 찰스 라이얼(Charles Lyell)과 친분을 쌓았다.

수단보다는 관계를 중시하는 공상가

찰스 다윈이 진화론에 대해 공식적인 발표를 하려 했던 1840년대 영국은 종교적 이념이 강한 시기였다. 특히 영국의 전반적 정치 풍토는 산업화와 아일랜드의 감자 대기근, 정치 개혁에 대한 요구 등 암울한 사건이 많았다. 이 무렵 다윈은 자연의 섭리를 종교적 입장에서 해석한 창조론에 대해 의심을 품고 있었지만, 결국 이를 적극적으로 주장하진 못했다. 과학계에서는 혁명적이었던 과거의 리더, 갈릴레오의 운명에 대해서도 너무 잘 알고 있었기 때문이다. 신의 개념이 단지 인간의 뇌에서 벌어지는 생물학적 현상의 부산물일 것이라고 생각하면서도 이를 혼잣말로 되뇌는 수준에 불과했다. 게다가 당시 사회에서는 영국 국교회의 일원이 존경받는 때였고, 자신의 사회적 위치를 포기하는 것도 그에게는 쉽지 않은 일이었다.

이런 상황에서도 다른 한편으론 자연의 다양성에 대한 수수께끼를 풀기 위해 연구를 멈추지는 않았다. 다윈은 말의 품종 개량 기술에 대해 자신의 친구들에게 물었고, 계속해서 직접 자연을 조사했다. 이러한 다윈에게 중요한 영향을 준 것은 맬서스(Thomas Malthus)의 《인구론》이었다. 맬서스에 따르면 모든 생물의 비극은 식량 생산이 산술급수적으로 늘어날 뿐인 반면 인구는 기하급수적으로 팽창한다는 것이다. 그 결과 간헐적으로 급격한 인구 감소가 발생하면서 적자만이 살아남게 될 것이라는 전망이었다. 바로 이것이 다윈이 생물학에서 변이와 변화를 설명하는 데 이용한 자연 선택설의 기원이 됐다.

10년 이상 진화론에 대한 연구를 비밀노트 안에 간직했던 찰스 다윈은 1859년《종의 기원》이라는 제목의 진화론을 대중에게 발표하게 된다. 그의 생각을 바꾸게 만든 계기는 복합적이다. 딸의 죽음으로 인해 다윈이 내면적으로 기독교에 대한 유대감을 잃게 되던 즈음, 영국의 문화는 새로운 사상에 개방적인 분위기로 바뀌어 가고 있었다. 당시 토머스 헨리 헉슬리(Thomas HenryHuxley)와 같이 자유사상을 가진 신진 과학자들이 그 시기 대중적인 지식인의 삶 속에서 꿋꿋이 살아남았고, 심지어 부자가 되기도 했다. 신중하고 점잖았던 다윈의 헌신적인 친구였던 헉슬리는 다윈을 만나 그에게 진화론을 설명하는 책을 출판할 것을 재촉했고, 다윈에 대한 많은 비판에 맞서 그를 공개적으로 지지하고 나서 주었다.

무엇보다 책을 발표하게 된 결정적 계기는 1858년 또 다른 박물학자 알프레드 러셀 윌리스(Alfred Russell Wallace)의 학회 발표였다. 윌리스의 말레이 제도 연구는 다윈이 이미 도달한 것과 동일한 결론을 도출하고 있었다. 다윈은 동료의 연구를 정식으로 인정하면서 자신의 이론을 요약한 책을 세상에 정식으로 내놓게 된다.

다른 사람을 이해하는 법
분석의 리더, 스티브 잡스의 외고집과 애플의 탄생

애플의 CEO로 성공한 기업인인 스티브 잡스(Steven Paul Jobs)는 독립적이면서 창조적 성과를 중시하는 대표적인 분석의 리더이다.

"정말로 하고 싶은 일만 하고, 절대로 현실에 안주하지 마십시오. 암에 대한 경험이 더더욱 그런 생각을 다지게 한 것 같습니다. 죽음은 인생에 있어 최고의 발명품일 수 있습니다. 모든 세속적인 기대나 자부심이나 혹은 실패에 대한 두려움 같은 것들이 죽음 앞에서는 아무것도 아니기에, 인생에서 정말로 중요한 것만 생각하게 됩니다."

스탠포드 대학 졸업 축사에서 스티브 잡스가 연설했던 내용을 보면 분석의 리더로서 그의 성향은 더욱 두드러진다. 분석의 리더는 논리적이면서 판에 박히지 않은 자유로움을 추구하고 자신이 추구하는 가치에 확신이 있어 기존의 기준이나 관습, 권위 따위는 무시해 버리는 경우가 많다

때문에 사업가로서 분석의 리더는 상세하고 신중하게 청사진을 제시하

기보다는 주어진 상황에서 그때그때 위기 상황을 헤쳐 나가는 역량이 탁월하다. 스티브 잡스는 자신이 창업했던 회사 애플에서 쫓겨나기도 했지만, 13년 만에 다시 애플의 CEO로 복귀해 아이맥과 아이팟, 아이폰, 그리고 아이패드까지 차례로 성공시키며 시대의 아이콘으로 떠올랐다.

자유와 창의적 아이디어에 집중

스티브 잡스가 대학을 중퇴한 것은 그의 소신 있는 결단 때문이었다. 리드 대학에 입학한 스티브 잡스는 근로자였던 그의 부모님이 어렵게 번 돈을 비싼 학비로 쏟아붓는 것이 낭비라고 생각했다. 대학 졸업은 미혼모이자 대학생이었던 그의 친어머니가 양부모에게 그를 입양 보내면서 받아낸 약속이었다. 하지만 그는 6개월간 대학 생활을 하면서 부모님이 한평생 모은 돈을 학비로 낭비한다고 생각할 만큼 가치를 느끼지 못했다. 대신 대학을 중퇴한 후 필수 과목이 아닌 자신이 흥미롭다고 생각하는 수업만을 골라 들으면서 18개월 동안 가짜 대학생 생활을 했다. 기숙사도 없어 친구 방의 바닥에서 잠을 잤고, 빈 병을 팔아 식사를 해결했다. 호기심과 직관에 이끌렸던 일들이기 때문에 후회는 없었다.

이 일은 미래 스티브 잡스가 애플사를 창업해 성공하는 데 결정적인 계기가 된다. 그 당시 리드 대학에서는 전 미국을 통틀어 가장 좋은 서필 강좌가 있었다. 캠퍼스 내 편지함이나 책상마다 모든 라벨을 손수 손으로 쓴 예쁜 글씨가 있었는데 학교를 그만둔 그는 정상적인 수업을 듣지 못해 이 강좌를 듣게 됐다. 그곳에서 그는 세리프체, 산세리프체 등 역사적으로 아름다운 글씨체, 글자 조합 사이의 공간을 다양하게 조정하는 것, 무엇이 활판 인쇄를 더 대단하게 만드는지에 대해 배우게 된다. 과학이 담지 못하는 미묘함과 아름다운 특징에 매료된 그는 10년 후 매킨토시 컴퓨터를 처음 디자인했을 때

이 경험을 살리게 된다.

경쟁을 즐기며 미래 지향적 열정을 포기하지 않는 힘

스티브 잡스는 좋아하는 일이 분명했다. 20세의 그는 친구 우즈와 함께 부모님의 차고에서 애플사를 차렸다. 두 명으로 시작한 애플사는 성장 가도를 달리면서 10년 후 직원 4000명에 자산 20억 달러 규모의 회사로 발전했다. 그의 나이 29세에 출시한 맥킨토시 컴퓨터는 당시에는 가장 정교한 컴퓨터로 시장에서 차별성을 확보했다. 맥킨토시는 여러 종류의 서체와 균형 잡힌 비율의 폰트를 표현하는 최초의 컴퓨터였다.

하지만 자신이 추진하는 일에 집중하면 다른 사람과의 소통에는 관심이 없었던 특유의 오만과 고집으로 주변 사람에게 오해를 많이 샀던 성격은 그에게 또다른 시련을 안겨 주었다. 애플사의 규모가 커지면서 회사 운영을 위해 고용했던 인물과 의견이 충돌했고 결국은 갈라서게 된 것이다. 회사 운영 위원회는 스티브 잡스의 손을 들어주지 않았고, 그의 나이 30세에 자신이 창립한 애플사에서 해고를 당하게 됐다. 이 일에 대해 그는 이렇게 말한다.

"애플사에서 퇴출당한 것, 그것은 제 인생에서 일어날 수 있었던 가장 멋진 일이었다는 것을 알게 됐습니다. 성공에 대한 짐을 벗고 다시 초심자의 가벼움으로 돌아갈 수 있게 된 겁니다. 제 인생에 가장 창조적인 시기로 진입할 수 있도록 해방시켜 주었습니다."

틀에 박히지 않은 새로운 가능성 추구

이후 스티브 잡스는 넥스트(NeXT)라는 회사를 설립해 새로운 PC를 내놓지만, 개인적 명성에도 불구하고 사업은 참담한 실패를 맛보게 된다. 바로 그때, 오래 전부터 그의 소유였지만 이렇다 할 실적을 내지 못했던 컴퓨터

그래픽 업체 픽사(Pixar)가 디즈니와 제휴해 만든 애니메
이션 영화 〈토이 스토리〉가 대박을 터트린다. 연이은 픽사
제작 애니메이션의 히트 행진에 그는 드디어 회생의 발판
을 마련했다. 당시 애플의 상태는 그야말로 바닥이었고, 그
의 넥스트도 이와 마찬가지였다. 교섭 끝에 양측은 애플이
넥스트를 인수하고, 그 소유주인 스티브 잡스가 애플의 고위직으로 복귀하
는 극적인 타결에 이른다.

굴욕의 퇴진을 당한 지 13년 만에 '왕의 귀환'을 이룬 그는 임시 최고경영
자(iCEO)로서 활동하며 단돈 1달러를 연봉으로 받겠다는 파격적인 제안을
해 주목을 받았다. 이후 애플은 아이맥을 내놓아 건재함을 과시했고, 이후
mp3 재생기 아이팟, 아이폰, 아이패드의 잇따른 성공은 스티브 잡스를 성공
신화의 주인공으로 떠오르게 했다.

성공과 실패, 그리고 재기를 반복했던 그에게 개인적
인 시련도 빗겨가지 않았다. 췌장암 판정으로 시한부 선
고를 받고, 극적으로 치료에 성공했던 일에 대해 그는 스
탠포드 졸업 연설에서 이렇게 언급했다.

"시간은 제한되어 있습니다. 다른 사람의 삶을 사느라 그것을 낭비하지
마십시오. 정설이나 상식이라는 것에 휩싸이지 마십시오. 그것은 다른 사람
이 생각한 결과에 맞춰서 사는 것일 뿐입니다. 다른 이들의 의견이라는 잡음
이 여러분 내적인 목소리를 가로막지 못하도록 하십시오. 무엇보다도 중요
한 것은 마음과 직관을 따라가는 용기를 가지는 겁니다. 그것이야말로 여러
분들이 진정으로 원하는 삶을 어떤 식으로든 알고 있다는 증명입니다. 나머
지는 부차적인 것들입니다."

Theme 15
다른 사람을 이해하는 법
규범의 리더, 철의 수상 비스마르크

규범의 리더는 전통적 규율과 위계 질서를 중요하게 생각한다. 19세기 39개 나라로 나뉘어져 있던 독일의 통일을 이룩한 오토 폰 비스마르크(Otto Eduard Leopold von Bismarck)는 안정적인 체계를 만들기 위해 '철혈정치'로 수많은 백성을 희생시킨 정치가이다. 하지만 책임과 권위를 중시하는 규범의 리더인 비스마르크는 프로이센을 유럽 열강 중 가장 취약한 나라에서 가장 강력한 나라로 바꿔 놓았다.

절차를 만들고 현실적 가치를 중요하게 생각

1871년 1월 독일 제국이 창건되었다. 하지만 앞서도 말한 것처럼 그것은 독일 민족주의의 결과가 아니라 프로이센의 팽창의 결과였다. 그리고 이 통일을 주도한 프로이센의 재상인 비스마르크는 '철과 피'로서 이 과업을 주도한 인물로 그려지고 있다. 하지만 그는 민족주의자가 아니라 민족주의를 이용한 프로이센의 보수주의자였으며, 따라서 민족주의적 프로그램을 가지고 독일 통일을 추진했다기보다는 그때그때마다 사건을 적절히 이용한 기회주의적 현실 정치가였다.

1848년 전후에 보수적인 정치가에 불과했던 그는 러시아 주재 대사, 프랑스 주재 대사가 되면서 외교적 안목을 넓혔고, 1862년 국왕 빌헬름 1세가 군비 확장 문제로 의회와 충돌하던 시기에 프로이센 총리로 임명됐다. 그는 취임 첫 연설에서 "현재의 큰 문제는 언론이나 다수결에 의해서가 아니라 철과 피에 의해서 결정된다."라고 선언하며 이른바 '철혈정책(鐵血政策)'의 의지를 밝혔다. 그는 의회와 대립하면서도 독단으로 군비 확장을 강행하였고, '철의 수상'이라는 별명을 얻었다.

그는 국내의 비판에서 관심을 다른 곳으로 분산시키기 위해 민족주의와 외교 문제를 이용함으로써 자국민을 교묘하게 조종한 나폴레옹의 방식에 찬탄을 아끼지 않았다. 비스마르크가 새로운 지위를 맡게 된 때는 시기적으로는 최악의 시기였다. 프로이센은 본격적인 헌정 위기를 겪고  있었고, 군비를 더욱 확대할 것을 요구하는 왕과 그에 필요한 예산 승인을 거부하는 의회가 대치하고 있는 상황이었던 것이다.

안정을 위해 조직적으로 밀어붙이는 힘

비스마르크는 수상으로서의 첫 조치로 대담한 절차를 밟았다. 1863년과 1866년 사이에 그는 국정에 필요하다는 이론을 근거로 묵은 세금을 의회의 승인 없이 거둬들이는 일을 계속했다. 비스마르크에 대해 잘 알지 못하던 사람들도 독일의 통일이라고 하는 당대의 위대한 결정이 '말과 다수의 결정'이 아니라 '철혈'에 의해 결정되도록 할 것이라고 주장한 그의 유명한 연설을 기억하고 있다. 의회는 여전히 프로이센의 주도하에 독일의 통일을 주장하는 비스마르크의 요구에 귀를 기울일 마음이 전혀 없었다. 이에 비스마르크는 프로이센 내 자유주의자들과의 싸움에서 유리하게 조종할 수 있는 국가 외적인 요소를 찾으려 했다. 그는 덴마크 북부에서 완벽한 상황이 빚어질 것으로 보았다. 덴마크의 남부 지방 슐레비히와 홀스타인은 상당수의 게르만 족이 국경 안에 살고 있었다. 비스마르크는 민주주의 카드를 써서 데인 족과 이 지역에 대한 짧지만 성공적인 전쟁을 유발시켰고, 손쉽게 승리를 거두었다.

프로이센의 자유주의자들은 여전히 불만이었다. 그리하여 비스마르크는 독일 통일이라는 더 큰 문제에 비중을 둠으로써 보다 큰 도박을 하기로 결심했다. 누가 독일을 이끌어야 하는가? 오스트리아인가, 프로이센인가? 비스마르크는 프로이센에게 유리한 독일 통일 문제에 대한 해법이 결국은 자국 내에서 일어나는 모든 저항 운동을 종식시킬 것이라는 데 성패를 걸었다.

군제 개혁과 예산 강제 집행을 통해 필요한 수단을 얻은 비스마르크는 세 번의 전쟁을 통해 프로이센의 주도권, 더 나아가 독일 통일을 달성할 수 있었다.

문제를 구체적으로 접근하는 현실주의

첫 번째 전쟁은 슐레스비히-홀슈타인 문제를 둘러싸고 덴마크와 벌어졌다. 독일계 주민이 많이 살고 있던 이 지역을 덴마크가 합병하려 하자 비스마르크는 오스트리아를 끌어들여 전쟁을 승리로 이끌었다. 그런데 오스트리아를 끌어들인 것은 이 지역에 대한 공동 통치를 새로운 분쟁의 씨앗으로 만들려는 의도에서 나온 것이었다. 결국 그의 생각대로 슐레스비히-홀슈타인에 대한 공동 통치는 프로이센과 오스트리아의 갈등으로 발전했고, 1866년 두 나라는 전쟁에 돌입했다. 일반적으로는 오스트리아의 승리를 예상했지만, 이 전쟁은 철도와 참모 시스템, 군사 훈련과 군 기강, 드라이제 소총과 같은 과학 기술 전쟁으로 7주 만에 프로이센의 승리로 끝나고 말았다. 비스마르크는 오스트리아에게 과도하게 굴욕을 주지 않고 전쟁을 마무리 지음으로써 위대한 리더십을 과시했다. 이는 오스트리아가 훗날 패전의 상처를 치유하고 재기한 후 프로이센과 동맹을 맺을 수 있도록 한 안전 장치였다.

비스마르크가 프로이센의 보호하에 독일의 통일을 이루는 꿈을 완수할 날이 가까워졌다. 그러나 독일 남부의 독립 국가들은 여전히 프로이센 주도하의 새로운 독일 제국을 경원시하고 있었다. 그러므로 비스마르크의 관점에서 프랑스와의 전쟁은 통일의 과정을 완성시키기 위한 장치에 해당하는 것이 되는 셈이었다.

비스마르크는 이러한 갈등 상황에 대비해 그의 외교적 리더십을 발휘했다. 그는 프랑스와 프로이센 사이에 전쟁이 발발할 경우 오스트리아나 러시아가 프로이센을 뒤에서 공격하지 않을 것을 분명히 해두었다. 그는 교묘한 책략을 써서 프랑스를 전쟁에 끌어들이면서, 한편으로는 적국이 프로이센의 호엔촐레른(Hohenzollern) 왕가가 스페인의 왕위에 오르는 것이 가능한지와 같은 비교적 사소한 문제에 대해 도발하고 있는 것처럼 보이게 만들었다.

프랑스는 프로이센이 이 선택권을 영원히 포기해야 한다고 요구했지만 성공하지 못했다. 놀랍게도 비스마르크의 리더십하의 프로이센은 세 번째 도박이자 가장 큰 도박인 프랑스와의 마지막 전쟁에서 승리했다. 1871년, 비스마르크는 전쟁에서 승리한 후 프랑스로부터 알자스로렌의 영토를 획득했고 이는 큰 수확이었다.

비스마르크는 경제 면에서는 보호 관세 정책을 실행하여 독일의 자본주의 발전을 도왔으나, 정치 면에서는 융커와 군부에 의한 전제적 제도를 그대로 남겨 놓았다. 그는 통일 후 외교 면에서 유럽의 평화 유지에 진력했으며, 3제 동맹, 독일-오스트리아 동맹, 3국 동맹, 이중 보호 조약 등 동맹과 협상 관계를 체결하여, 숙적이었던 프랑스를 고립시키려 했고, 독일의 국력을 신장시켜 그 지위를 높이려 했다. 그가 권좌에서 내려온 1890년까지 지속된 비스마르크의 정치 이력은 그가 창출한 새로운 국제 체제를 관리하는 데 쓰였다. 그는 프랑스인들을 자극하여 독일에 복수할 길을 찾는 대신 제국 건설의 기회를 외국에서 찾게 하려고 했다. 그는 유럽 동부와 남부에서의 평화를 유지하기 위해 시차를 두고 이탈리아, 오스트리아, 러시아가 프로이센과 동맹 관계를 맺게 하려고 애썼다.

하지만 문제는 비스마르크가 도출해낸 상황 속에서 독일은 복잡하고 불안정해질 수도 있는 국제적 상황의 중추가 되었다는 것이다. 프랑스는 알자스로렌을 빼앗겼다는 이유로 독일 편이 아니었고, 이탈리아 역시 믿을 수 없었다. 오스트리아와 러시아는 두 나라 모두가 발칸 반도에서 경쟁적으로 야심을 품고 있었기에 서로 양립할 수 없는 동맹국이었다. 비스마르크는 오스트리아와 러시아 사이에서 선택해야 하는 것이 두려웠다. 결국 비스마르크의 비극은 그가 자기만이 관리할 수 있는 외교적 체계를 세웠다는 것이었다.

-《역사를 바꾼 50인의 위대한 리더십》 중에서

다른 사람을 이해하는 법

협상의 리더, 제2차 세계대전에서 빛난 윈스턴 처칠의 협상력

윈스턴 처칠의 리더십은 어려운 상황을 현실적으로 잘 해결해낼 수 있는 실천력으로 요약된다. 복잡한 이해관계를 잘 중재하고 상황 판단에 빨라 융통성을 잘 발휘한다는 점은 협상의 리더가 가진 가장 큰 특징이다.

제2차 세계대전 당시 영국의 수상이었던 윈스턴 처칠(Winston Leonard Spencer Churchill)이 히틀러를 상대로 영국의 홀로 전쟁을 계속한 것은 뛰어난 현실 감각으로 타고난 교섭 능력을 가진 그였기 때문에 가능한 것이었다. 이 결정은 결과적으로 러시아와 미국을 상대로 전쟁을 벌인 히틀러에게 확실한 패배를 안겨 주었다.

협상의 리더는 환경에 대한 날카로운 관찰력으로 문제 상황을 해결하기 위해 이용할 수 있는 주변의 여건을 잘 활용한다. 바꿀 수 없는 것들에 대해 쓸데없이 고민하며 에너지를 낭비하지 않는다. 그들에게 있어 사람, 절차, 정책 등 변화시킬 수 있는 모든 것들은 위기 시에 협상 가능한 것들이다.

윈스턴 처칠은 빅토리아 시대 영국에서 사회적 지위가 높은 가문에서 태어났다. 하지만 그는 태어날 때부터 병약해 체격이 왜소하고 말까지 더듬는 낙제생이었다. 처칠의 아버지는 의욕도 없고 자기 물건도 챙기지 못해 놀림을 받는 아들을 항상 가문의 수치로 여겼다. 학생 시절 대부분 학과목에 뒤처졌던 그였지만 유독 역사와 영어 과목만은 뛰어났다.

열등감을 극복하기 위해 처칠은 육군사관학교에 입학하면서 강도 높은 체력 훈련을 통해 신체적인 허약함을 이겨내려 했다. 또한 하루 다섯 시간이 넘는 독서와 연구를 통해 자신만의 지식 체계를 만들기 위해 노력했을 뿐만 아니라 말더듬과 무대 공포증을 없애기 위해서 끊임없이 웅변 기술을 연습했다.

1893년 위스턴 처칠은 18세에 보병과 기병을 양성하는 샌드허스크 육군사관학교에 입학했다. 라틴어와 수학 과목 학점 때문에 두 번이나 실패를 거듭하고 나서야 비로소 얻은 결과였다. 샌드허스트를 졸업하고 기병 연대에 배속된 그는 입시에 연달아 실패한 탓에 같은 나이 또래에 비해서 지식을 많이 쌓지 못했음을 깨달았다. 동료들 수준으로 자신의 실력을 끌어올리기 위해 그는 스물두 살의 나이에 스스로 공부를 시작했다. 여가 시간을 활용해 세계사를 읽었으며, 균형 잡힌 문장과 인상적인 단어를 읽으면 그것을 본받아 글을 쓰려고 했다. 처칠은 어떠한 주제에 대해 식견 있는 발언을 하려면 직접 경험이 필요하다고 생각해 두루 여행을 다니기 시작했다.

윈스턴 처칠은 유머가 있고 사교성이 좋은 것으로 많은 일화를 남길 만큼 다른 사람과의 관계를 중시한 인물이었다. 난감한 상황에서도 여유를 잃지 않고, 재치 있게 자신의 주관을 표현할 수 있었던 것은 오랜 독서의 산물이기도 하다. 장교가 된 처칠은 자기 자신과 자신의 대의를 미리 알리기 위해 영국 사회의 상류층 사람들과 친분을 맺기 시작했다. 집요한 성격과 사회적 인맥으로 그는 군인으로, 또 언론인으로 유명세를 타게 되었다. 그는 인도에서도 복무했는데, 이때 사병들과도 친밀한 관계를 유지하며 신뢰를 쌓았다. 그가 남긴 말은 이 같은 그의 삶의 철학을 함축해서 보여 준다.

"남에게 무례한 짓을 하지 말고 남에게 무례한 짓을 당하지 말라. 모든 사람에게 예절 바르고, 많은 사람에게 붙임성 있고, 몇 사람에게 친밀하고, 한 사람에게 벗이 되고, 아무에게도 적이 되지 말라. 위에 있으면서 교만하지 않으면 아무리 지위가 높아져도 위태하지 않고, 예절과 법도를 삼가 지키면 아무리 재물이 가득해도 넘치지 않는다. 냉정한 눈으로 사람을 보고, 냉정한 귀로 말을 듣고, 냉정한 마음으로 도리를 생각하라."

인도에 있는 동안 처칠은 다른 장교들과 같이 클럽을 드나들고 폴로를 즐기는 대신 학교 생활 때문에 미뤄 두었던 독서를 시작했다. 기번(Edward Gibbon)의 《로망제국 쇠망사》는 그가 이 시기에 읽은 책 중 가장 대표적인 것이다. 훗날 그가 급박하게 전개되는 역사의 흐름을 읽어 내고 격조 높은 문장과 연설문을 쓸 수 있었던 것도, 역사서 탐독 덕분이었다고 할 수 있다.

낙천적인 성격의 전술적 지도자

1899년 보어전쟁(트란스발 전쟁)이 일어난 뒤 처칠은 〈모닝 포스트〉지의 특파원으로 파견되었다가 보어인의 포로가 됐지만 곧 탈출해 이듬해 7월에 귀환함으로써 유명해지기 시작했다. 그 여세로 1900년 10월에 올덤에서 보수당으로 하원 의원에 당선됐고 그때부터 그의 정치 인생이 시작된다.

처칠이 영국과 대영제국에 대해 가지고 있던 뜨거운 신념은 그의 군생활이 마무리 단계에 들어섬에 따라 정치로의 몰입을 가능하게 했다. 그리고 1901년 초선 의원으로 의회에 진출하면서 이렇게 표현했다. "파도는 지배할 수 있을지 모르나 정작 자신의 하수구 물은 처리하지 못하는 제국에게 영광은 없다." 처칠은 20세기의 열강들이 외교 정책을 의욕적으로 수행하기 위해서는 자국 내 사회적 힘을 길러야 한다고 생각할 정도로 통찰력 있는 사람이었다.

처칠은 그 시대 많은 사람들과 마찬가지로 서부 전선에서 전개된 군사적 위기에 대해 깊은 좌절감에 빠져 있었다. 그러나 다른 사람들과는 달리 그는 그러한 위기를 극복하기 위해 정도에서 벗어난 작전을 쓰며 한 사람의 리더로서 기꺼이 위험을 감수했다.

제1차 세계대전이 끝난 이후 윈스턴 처칠은 정치적인 공황기를 겪었다. 그가 속해 있던 토리당은 20세기 들어 사회주의와 노동당이 꾸준히 득세하면서 내리막을 탔으며 몇 년간 처칠 역시 영향을 받을 수밖에 없었다. 이 시기를 거치면서 그는 역사와 세계대전, 현 국제 정세에 대해 글 쓰는 일에 열중했다. 그러다 1930년대 히틀러의 승승장구에 처칠은 새롭게 초점을 맞추기 시작했다.

글을 통해 그는 앞으로 닥칠 세상의 위험에 대해 경고했지만 모두 헛일이었다. 제1차 세계대전 같은 무시무시한 전쟁이 또다시 발발하는 것을 막기 위해 여론은 회유책에 기울었다. 하지만 처칠은 강인한 성품으로 당시 여론에 맞섰다. 대중의 지지를 얻지는 못했지만 그는 매우 일관되게 히틀러에 대해 강경한 입장을 고수했다.

결국 처칠이 가장 우려했던 일이 현실로 나타나고 말았다. 1939년 히틀러의 폴란드 침공으로 전쟁이 발발한 것이다. 1940년 5월 무렵 히틀러의 군대가 이미 프랑스 깊숙이까지 들어오자 영국인들은 재야의 예언자 윈스턴 처칠에게 구원을 요청하게 되었다. 위기 상황에서 기꺼이 책임을 맡아 문제를 해결하는 데 탁월했던 처칠은 수상직을 수락했다. 당시 영국의 전략적 상황은 절망적이었다. 히틀러가 스탈린과 손을 잡으면서 러시아는 중립적인 입장을 취하고 있었다.

미국은 유럽의 전쟁에 또다시 참전하기를 원치 않았다. 이러한 상황에서 처칠은 전쟁을 하겠다는 결정을 내린다. 1941년 스탈린이 히틀러의 공격을 받게 되자, 처칠은 가능한 자신의 모든 외교적 수단을 동원해 스탈린을 지원했다. 그가 속한 토리당은 보수당이었음에도 불구하고 공산주의와 힘을 합치는 데 주저하지 않았다. 위기 상황에서도 냉정함을 유지하는 처칠에 비해 히틀러는 그러지 못했다. 위기나 심각한 도전에 직면했을 때 히틀러는 비이성적으로 격분하는 반면 처칠은 전쟁을 치르는 동안 줄곧 평정심을 유지했다. 처칠은 기꺼이 전선을 순방하며 폭격 당한 도시를 찾아가 연설로 사기를 북돋았으며, 시민과도 대화를 계속했다. 1940년부터 1941년까지 히틀러를 상대로 영국의 홀로 전쟁은 계속되었다. 그렇게 함으로써 그는 러시아와 미국을 상대로 전쟁을 벌인 히틀러에게 확실한 패배를 안겨 주었다.

리더십 테스트와
나의 리더십 스타일

리더십을 공부하면서 가장 중요한 것이 바로 자신의 리더십 스타일을 이해하는 것이다. 그렇다면 리더십 스타일은 어떻게 이해할 수 있을까? 이를 위해 흔히 성격 유형 검사라고 할 수 있는 MBTI 검사나 커시의 기질 이론 등을 통해 자신의 행동이나 사고방식 그리고 의사 결정 방향 등의 패턴을 예측해 볼 수 있다.

자신의 스타일을 인지하기 위해 자기 보고식 검사를 진행하는데, 이러한 과정에서 자신의 대체적인 스타일을 인지하는 것이다. 리더로서 자신이 처한 상황에 따라 판단 기준이나 행동의 유형은 다르게 나타날 수 있다.

나의 리더십 스타일은?

자신만의 리더십 스타일을 이해하기 위해서는 철저하게 분석하는 것이 필요하다. 특히 자신이 가지고 있는 장점이나 약점을 분석하는 방법을 통해 강점과 약점을 이해하는 과정이 필요하다. 강점과 약점은 성격적인 강점과 약점도 있지만 다른 사람들과 교류하는 상황에서 발생할 수 있는 판단력과 의사 결정력에 있어서의 강점과 약점도 있다. 예를 들어 끝 맺음을 잘 못하는 사람과 우유부단한 사람의 경우 성격적인 강점은 강하지만 상황적인 부분에서 약점이 많은 사람들의 유형이다. 이러한 강점과 약점 분석은 스스로를 판단하는 기준이 되고 자기 계발에 대한 동기를 부여한다. 여기서 자기 계발의 방향이 중요하다. 흔히 사람들은 가지고 있는 약점을 먼저 보완하는 것이 더 중요하다고 생각하지만 많은 교육학자들이나 전문가들의 생각은 다르다. 가장 중요한 것은 자신의 장점을 철저하게 더 살리는 것이 중요하다고 지적한다. 미국의 저명한 경영학자이자 리더십에 대한 자기 계발 저서를 다수 발간한 피터 드러커는 이렇게 말한다.

"자신의 약점을 보완해 봐야 평균밖에 되지 않는다. 차라리 그 시간에 자신의 강점을 발견해 이를 특화시켜 나가는 편이 21세기를 살아가는 방편이다. 무엇인가를 성취할 수 있는 것은 강점을 통해서만 가능하다."

한편, 리더십 스타일은 이러한 성격 유형 검사만으로 정확하게 구분되는 것은 아니다. 리더십이란 리더 개인의 성격 유형이 중요하게 작용하긴 하지만 그가 속한 공동체에서 상호 작용을 통해 만들어지는 것이기도 하기 때문이다.

따라서 자신의 강점과 약점 분석과 함께 자신이 속한 사회에서 강점을 최대화 할 수 있는 방법을 찾는 노력도 중요하다. 이러한 노력의 과정이 바로 자신의 리더십을 만들어 가는 과정이 된다.

아래의 사례 탐구는 G-SAP 1기 학생들이 자신의 장단점 분석과 리더로서의 경험을 요약한 내용이다.

● 초등학생 사례

사례 1

질문 1 자신의 리더십 스타일 분석을 바탕으로 자신의 성격적 장단점을 분석해 보시오.

나의 리더십 스타일은 배려의 리더이다. 나는 말을 가장 잘하는 스타일로 분석되었는데, 이 분석은 나의 성격과도 잘 맞는 것 같다. 사실 어릴 적에는 다른 사람에 비해 목소리가 작았던 면도 없지는 않았지만, 자라면서 의사소통이 확실하고 언어 분야에 능숙해졌다. 이런 점을 고려해 내 장단점을 말해 보겠다.

첫째, 나의 장점 중 하나는 언어를 능숙하게 표현할 수 있는 것이다. 말을 잘하는 스타일로 분석이 된 것처럼, 생각해 보면 지금까지 언어를 많이 배우고 잘 썼던 것 같다. 예를 들면, 영어와 한글을 능숙하게 사용할 수 있고, 중국어와 스페인어도 어느 정도 의사소통이 가능할 정도로 할 수 있다. 단점이 있다면, 말을 할 때 말 실수를 하거나 남에게 피해를 줄 수 있다는 마음 때문에 더듬거나 머뭇거릴 때가 있다. 선생님께서 배려의 리더 스타일인 사람들은 자기 자신도 챙길 줄 알고, 남에게 과하게 신경 쓰는 사례를 줄여야 한다고 말씀해 주신 것처럼 내 자신을 잘 챙기며 남을 생각하는 것도 잊지 않아야겠다.

둘째, 나의 장점은 남과 싸우지 않고 말로 설득할 수 있다는 것이다. 특히 다른 사람들이 서로 싸울 때 말이다. 학교에서 친구들끼리 싸우는 사례를 많이 보았는데, 말리다가 고래 싸움에 새우 등 터진 격도 있지만, 말로 타협을 하여 싸움을 말린 경우가 더 많다. 같은 리더십 스타일인 마틴 루터 킹 주니어와는 조금 다른 스타일 같지만, 말을 잘하는 것은 비슷한 점 같다.

질문 2 리더로서의 경험과 어려웠던 점, 배운 점 그리고 구체적인 성과를 써 보시오.

내가 리더로서 해본 역할로는 축구팀 주장 그리고 학급 회의 사회자가 전부이긴 하지만, 그 둘의 경험도 내겐 많은 도움이 되었다. 축구팀 주장은 약간은 캐주얼한 스타일의 리더였지만 이도 쉽지만은 않았다. 우리 팀의 반칙 결정이 났을 때 주심에게 항의를 하면 그에 대한 책임은 당사자에게도 가지만 대부분은 주장인 나에게 돌아온다. 그런 책임감이 무거울 때가 많았다. 항의를 할 때는 팀원들의 의견을 모아 심판에게 알리는 것도 끈기가 필요했다. 대체로 팀원들의 생각이 몇 명마다 달랐기 때문이다.

또한 학급 회의를 진행하는 것도 쉽지만은 않았다. 회의 도중 언쟁이 생겨 학급원끼리 말을 함부로 하게 될 때도 그들을 자제시키고 회의를 부드럽게 이어가고자 노력할 때면, 선생님들의 심정이 이해가 되기도 하였다. 그래도 2학기에는 학급 회의가 부드럽게 잘 이어졌다. 이렇듯 리더는 명성만큼 고생도 따르는 것 같다. 하지만 리더를 해본 경험은 힘들지만 또 그만큼 행복도 있는 것 같다.

● 중학생 사례

사례 1

질문 1 자신의 리더십 스타일 분석을 바탕으로 자신의 성격적 장단점을 분석해 보시오.

리더의 종류에는 분석, 배려, 규범, 협상의 리더 이렇게 네 가지가 있다. 검사 결과에 따르면 나는 협상의 리더라고 한다. 협상의 리더는 주로 사람을 부리는 위치에 있으며 일을 잘 벌이지만, 마무리를 잘 하지 못한다. 나는 협상의 리더의 성질을 일부 가지고 있다. 이것을 바탕으로 나를 분석해 본 결과, 나는 내게 맡겨진 일을 책임감 있게 잘 해내며, 옳다고 믿는 것은 끝까지 밀고 가는 성격이다. 그래서 선생님과 많은 사람들에게 신임을 받는 편이다.

반면에, 나는 무조건 내 식대로 밀고 나가는 스타일 때문에 모둠 활동이나 단체 활동에서 남의 말을 경청하지 않고, 그들을 인정하려 하지 않는다. 그런 생각으로 학교라는 공동체 속에서 살았으니, 학교생활이 순탄할 리 없었다. 어느 과학 수업 시간이었다. 그날도 어김없이 조별 수행 평가를 하고 있었다. 실험 보고서도 내 식대로를 고집하고 있던 나에게 우리 조 아이들이 본인들도 이 주제에 대한 생각이 있다며 여러 가지 의견을 내어 놓았는데, 그것이 정말 창의적이었다. 그래서 도박을 하듯 내 생각 대신 수행 평가지에 조원들의 생각을 다양하게 써넣기로 했다. 결국 그날 수행 평가는 우리 조가 최고 점수를 받았고, 그 수행 평가는 나의 좁았던 생각을 열어준 잊지 못할 기억이 되었다.

리더로서의 경험과 어려웠던 점, 배운 점, 그리고 구체적인 성과를 써 보시오.

나는 어릴 때부터 반장이나 부반장의 역할을 가지고 학교 생활을 했다. 그래서 표면적 리더라는 자리에서 조금이나마 어려웠던 점, 또 그것에서 배웠던 여러 가지를 알고 있다. 리더십이라는 것은 단지 표면적 간부들의 소유물이 아니다. 나는 이전까지 리더라는 것은 남을 통솔한다는 것으로 정의 내렸었다. 하지만 진정한 리더는 사람들의 존경으로 이루어지며, 우리가 자기 자신을 뛰어넘었을 때, 그 진정한 리더가 될 수 있다는 것을 알게 되었다. 진정한 리더에게는 남을 감싸 안을 수 있는 그릇이 있어야 한다. 하지만 많은 사람들을 수용할 만큼의 그릇을 만드는 것은 거의 불가능에 가깝다고 할 수 있다.

사람들은 다양한 개성을 가지고 다양한 의견을 표출하는데, 리더는 그 의견들을 어떻게 조합하여 화합으로 이끌어 나가는가 하는 점에서 많은 어려움을 느낀다. 이런 어려움 속에서 리더는 우리가 가야 할 목표가 어디이며, 그것에 도달하기 위해 어떻게 해야 하는지 고민하게 된다. 나는 학급의 오락부장이기도 했다. 그래서 반 행사를 주관하는데 아이들이 원하는 형식을 모두 만족시켜 다 함께 행사를 즐겨야 했다. 또한 아이들의 의견 차이에서 오는 갈등을 화합으로 잘 풀어 가야 했다. 그래서 다수결의 원칙과 더불어 개인적으로 하나하나 의견을 조정해 봄으로써 체육대회라는 행사를 즐겁게 마무리 한 적이 있다. 내가 이렇게 할 수 있었던 것은 최종 목표를 분명히 하고, 지금 어디에 있는지 잘 생각했 보았기 때문이다. 리더는 어느 자리에 있든, 그들이 그 자리에 있는 것만으로도 많은 것을 하게 된다. 이는 내가 리더로서 배운 좋은 경험이었다.

사례 2

자신의 리더십 스타일 분석을 바탕으로 자신의 성격적 장단점을 분석해 보시오.

나의 리더십 스타일은 배려의 리더이다. 배려의 리더의 장점은 창의력, 상상력, 사람에 대한 관심, 도전, 다양성, 이상수의 능이 있다. 그중에서 나에게 특히 두드러지는 성격적 장점은 사람에 대한 관심이다. 처음에는 낯가림이 심해 가까워지기 어렵지만 한 번 친해지기 시작하면 상대방에게 많은 관심을 갖는다. 그 사람의 말투, 행동과 같은 모든 것에 관심을 가지고 최대한 배려하려고 노력한다. 그래서 친구들도 내게 고민 상담을 많이 하는 편이다. 또한 나는 어떠한 목적 또는 가치 실현을 목표로 하여 노력하는 이상주의적인 면이 있다. 이러한 면은 목표를 정하고 그 목표 달성을 위해 끊임 없이 노력하게 해주는 원동력이 된다.

하지만 이런 이상주의적인 면은 단점이 되기도 한다. 현실을 생각하지 않고 미래의 좋은 것들만 생각해서 구체적으로 계획을 세우지 못하고 허황된 꿈만 꿀 때가 많다. 이렇게 되면 목표에 가까워지지 못하고 결국 포기하는 경우가 많다. 아주 사소한 것, 예를 들어 다이어트를 결심했을 때에도 나는 미래에 살이 빠진 뒤의 모습만 생각하고 구체적인 계획은 세우지 않고 무작정 다이어트를 하다가 실패한 적이 있다. 이런 사태가 나의 진로를 결정할 때에도 발생하면 큰 문제가 될 것이다.

배려의 리더의 단점으로는 우유부단함, 세부 사항 무지각, 비판 못함 등이 있다. 나의 단점은 남에게 비판을 못하고 표현력이 부족한 것이다. 나에게 부당한 일이 일어나도 남에게 비판을 하지 못하고 속으로 앓는 경우가 많다. 주위 사람들은 내게 '가만히 듣고 있지만 말고 너의 주장을 확실히 해라'라고도 한다. 그렇지만 표현을 하고 싶어도 '내가 이렇게 말하면 저 사람이 나를 어떻게 생각할까?'라는 걱정이 많아 말을 망설이게 된다. 현대 사회에서 살아남으려면 자신의 의사 표현을 분명히 하는 것이 중요한데 내게는 그 점이 부족한 것 같다.

질문2 리더로서의 경험과 어려웠던 점, 배운 점 그리고 구체적인 성과를 써 보시오.

초등학교 6학년 때 나는 학급 반장이었다. 매주 금요일에 학급 회의를 했었는데 반장인 내가 리더로서 회의를 주도했다. 반장을 선출하기 전에는 담임 선생님께서 회의를 이끌었는데 내가 회의를 하고 나서부터 아이들이 회의에 잘 참여하지 않고 딴짓을 하곤 했다. 참여하는 사람이 많이 없어 회의가 빨리 끝나면 몇몇 짓궂은 남자 아이들은 반장의 자질이 부족해서 회의 잘 이루어지지 않는다고 말해 나는 상처를 많이 받았다. 이런 말을 들은 뒤로 자신감도 떨어지고 심지어 반장을 하고 싶지 않다는 생각도 했었다. 다시 생각해 보니 이 문제의 원인은 나에게 있다고 생각해서 해결 방안을 찾기 위해 많은 노력을 했다.

먼저 나는 부반장에게 도움을 청했다. 부반장은 컴퓨터에 관심이 많고 컴퓨터를 잘 다루어서 학급 회의 시간에 아이들이 관심을 갖고 참여할 수 있도록 자료도 만들고 프로그램도 준비해 주었다. 그리고 선생님께도 어떻게 하면 회의가 지루하지 않고 유익한 시간이 될 수 있는지도 물어서 도움을 받았다. 이렇게 주위 사람들에게 도움을 받은 것을 바탕으로 학급 회의를 진행했다. 그 결과 모든 아이들이 회의에 적극적으로 참여해 주고 아이들은 반장이 회의를 잘 이끈다고 칭찬과 격려도 해주었다. 이렇게 우리 반 모두가 참여해서 결정된 사항이 전교 회의의 안건에 올라가 통과되어 전교생에게 이익이 되는 성과까지 이루었다.

그때 일로 깨달은 것은 모든 일은 리더 혼자서 하는 것이 아니라는 것이다. 오히려 일의 성과는 주위 사람들이 얼마나 도와주고 협조해 주는 것에 따라 결정되는 것 같다. 그러므로 리더는 자존심을 세우지 않고 조언을 구하며 자신의 단점을 고쳐 나가야 한다. 또한 주위 사람들도 리더가 부족한 점이 있으면 먼저 가서 도와주고 충고도 해주어야 한다.

● **고등학생 사례**

사례 1

질문 1 자신의 리더십 스타일 분석을 바탕으로 자신의 성격적 장단점을 분석해 보시오.

나는 배려의 리더, 즉 UN에서 사무총장을 맡고 있는 반기문과 미술의 천재 피카소와 같은 분류에 해당된다. 이 부류에 속하는 나는 인정이 많고 다른 사람들을 잘 이해하며, 다소 감성적인 면도 가지고 있다. 주위의 사람들은 자신을 잘 이해해 주는 나의 이런 성격을 좋아하고, 본받고 싶어 하기도 한다. 하지만 무엇이든지 완벽한 장점도 없고 완벽한 단점도 없듯이, 나는 다른 사람들이 좋아하는 내 성격을 별로 좋아하지 않는다. 인정이 많아서 나는 쉽게 내가 가져야 할 것을 다 가지지 못해 손해를 보기도 했고, 다른 사람들을 너무 의식하는 바람에 내 주장을 제대로 펼치지 못할 때도 많았다. 또 굉장히 단순한 말에도 쉽게 상처받곤 했다. 난 항상 내가 손해를 보고 있다고 생각했으며, 나를 당당히 내세울 자신이 없다는 게 부끄러웠다. 하지만 장점도 많은 내 성격이기에 나의 장점을 더 부각시켜 좀 더 당당해지기로 노력 중이다.

질문 2 리더로서의 경험과 어려웠던 점, 배운 점, 그리고 구체적인 성과를 써 보시오.

고등학교 2학년이 되면서 나는 학급에서 부반장을 맡기 시작했다. 점차 사회에서 리더십을 중요시하는 풍조가 돌면서, 나도 리더십을 기를 필요를 느꼈던 것이다. 용기를 갖고 시도한 일이었지만 여전히 내 성격에 뭔가 아이들을 통솔하는 역할을 맡는다는 것은 쉬운 일이 아니었다. 조사를 해오라던가, 보고서를 써 오라던가 등의 일이라면 쉽게 처리할 수 있었으나, '떠들지 못하게 해라'든가 '조용히 자습시켜라' 같은 일은 너무 어려웠다. 친구들은 왜 나를 뽑은 것일까? 분명 내가 아이들을 잘 다루는 아이처럼 보이지는 않았을 것이다. 그렇다면 나에게 다른 면으로 무언가를 기대하고 뽑았을 텐데……

거기까지 생각이 미치자 나는 내가 반드시 통솔하는 역할을 할 필요가 없다는 것을 깨달았다. 친구들에게는 친절한 도움이라든가, 너무 활발한 분위기를 막아주는 것 등 나에게만 바라는 것이 있었던 것이다. 덕분에 나는 내 나름의 리더십으로 우리 반이 잘 나아가는 것을 돕고 있다.

사례 2

질문 1 자신의 리더십 스타일 분석을 바탕으로 자신의 성격적 장단점을 분석해 보시오.

나의 리더십 스타일은 협동의 리더이다. 이를 바탕으로 나의 성격적 장점을 생각해 본 결과 나의 장점은 누구에게나 편히 다가갈 수 있고 항상 활력이 넘치며 모든 일에 자신감을 가지고 도전해 본다는 것이다. 나는 눈매가 날카로운 편이어서 첫인상이 그리 좋지만은 않다. 그럼에도 불구하고 나는 처음 만난 사람들과도 금방 친해지고 편하게 얘길 나누는 데 어려움이 없다. 또한 사람들과 함께 하는 것을 좋아하는 편이다. 이런 성격은 내가 인간관계를 중요하게 여기는 이유 중의 하나이고 나의 개방적인 성격을 만들어준 요소 중 하나이다. 몇몇의 친구들은 나를 '자양강장제'라고 부른다. 그들은 내가 자신들의 기운을 북돋아 준다고 한다.

무엇보다 나의 가장 큰 장점은 무언가를 처음 접하고 그것에 도전해 보는 데 망설이지 않는다는 것이다. 말보다는 행동으로 보여 주는 재빠른 스타일이라고나 할까. 말도 많은 편이지만 무언가를 결심하면 바로 실천하는 성격이라 오랜 시간이 드는 과제나 일 등을 다른 사람들에 비해 빨리 끝내는 편이라 '일 잘한다'는 소리를 자주 듣곤 한다.

내게는 이러한 장점들 말고 많은 단점도 있다. 먼저, 즉흥적으로 행동하는 것을 즐기는 탓에 계획성이 부족하다. 멋모르고 덤벼들었다가 분석하고 생각하며 계획하는 시간의 부족으로 인해 좀 더 좋은 성과를 내지 못한 적도 있었다. 물론, 장기적인 큰 틀 정도는 계획하지만 세부적인 사항들에 대해 꼼꼼하게 확인하는 세심함이 부족하다.

그리고 끈기가 부족해서 어떠한 일을 저질러 놓고 마무리를 깔끔하게 잘 하지 못한다. 심한 경우에는 무언가를 벌여 놓고 그 뒷수습을 하느라 바빠서 처음 그 일을 시작했던 목적을 잊은 적도 있다. 계획을 실천할 경우에 지나치게 편의적이고 노력을 최소화 하려는 경향도 있다. 실용적인 것을 추구하는 것이 지나쳐 그런 것이다. 또 실용성을 추구하다 보니 다른 사람의 생각이나 의견을 쉽게 지나쳐 버리는 경향이 있다. 사람들과 대화하는 것을 좋아하면서도 일을 하는 데 있어서는 그러한 소통 능력이 부족한 것 같다.

질문2 리더로서의 경험과 어려웠던 점, 배운 점, 그리고 구체적인 성과를 써 보시오.

중학교 3학년, 1년 동안 학생회를 맡아 이끌어 나간 적이 있다. 학교의 최고 학년인 학생들 중에서도 각 반의 반장들과 간부들로 이루어진 학생회를 이끌어 보면서 리더로서의 경험도 많이 쌓고, 많은 일들을 경험하면서 여러 난관도 거쳤으며, 그로부터 배운 점도 많았다. 학생회 활동을 해보며 느꼈던 어려웠던 점은 먼저, 조직원들의 지나치게 뚜렷한 개인마다의 색깔이었다. 각 학급에서 우수한 학생들만 모인 집단임에도 불구하고 개인마다의 능력 차이도 있었고, 활동에 참여하는 태도도 성격도 개인마다 달랐기 때문이다. 처음에는 학생회를 잘 이끌어 나갈 자신이 없었다. 하지만 어느 정도 그들과 함께 어울리고 난 후에 그들 각각의 장점들이 눈에 보이기 시작했고 누구에게 어떤 활동이나 일을 맡기면 더 효율적으로 해낼지 구별하는 눈도 생기기 시작하였다.

1년 동안의 경험 중 가장 힘들었던 부분은 후배들을 선도하는 것이었다. 한 번은 복장, 두발 등을 선생님이 아닌 학생회가 맡아야 했었는데 선도 활동을 할 때마다 여러 곳에서 마찰이 일어났다. 후배들로서는 같은 학생의 입장에서 단지 나이가 많다는 이유만으로 선배들이 자신들을 억압하려 든다고 생각했던 모양이다. 한 번은 학생회 간부 1명과 2학년 무리들 간의 충돌이 있었다. 다행히 몸싸움까진 번지진 않았지만 학교엔 큰 충격을 안겨 주었고, 나는 그 상황을 어떻게 수습해야 할지 당황했다. 하지만 그러한 충돌이 생겨난 근본적인 이유를 되짚어 보았고, 해결 방안으로 학생회가 각 반마다 방문하여 학생들을 설득시키자는 결론에 도달했다. 각 반마다 학생들에게 학생회의 활동 의도를 이해시키고 협조를 구한 후부터는 선도 활동 등 여러 학생회 활동이 좀 더 매끄럽게 진행되었고 학생들과 학생회와의 소통도 더 원활해졌다. 이 사건을 계기로 학생회는 매달 학생들의 생각과 의견을 더 적극적으로 수용하기 위해 '대화의 장'을 열었고, 많은 학생회 활동 등을 통해 그 공로를 인정받아 학교로부터 많은 지원도 얻었다.

이때의 경험을 통해 나는 모든 갈등은 그 근본을 찾아내어 고쳐야 한다는 것을 느꼈고 그것을 찾아내는 방법에 대해 좀 더 깊이 고민하게 되었다. 갈등의 해결이란 갈등 구조를 만든 상대에 반대하고 미워하기 전에 그 원인에 대해 깊이 생각해 보아야 한다는 것을 깨달았다. 마치 실이 엉킨 곳을 찾아 풀어 내야만이 실을 끊지 않고 사용할 수 있는 것처럼 말이다.

실천 과제

1. 나의 리더십 유형과 현재 나의 모습이 잘 맞는지 살펴보자.
2. 나의 장점과 단점을 분석해 보자.

Chapter **3**

리더십 역량 키우기

존경받는 리더의 조건

리더십은 바로 영향력이다. 만일 당신이 스스로 리더라고 생각한다고 하더라도 당신의 말과 행동이 누구에게도 영향력을 미치지 않는다면 당신은 진정한 리더라고 할 수 없다. 리더로서 구성원들에게 영향력을 미치는 사례를 살펴보자. 먼저 조직 전체에 영향력을 주는 사례이다. 그들이 가장 먼저 생각하는 일은 자신이 속한 조직이나 공동체의 방향을 설정해 주는 일이다. 흔히 비전과 미션을 설정한다고 말한다. 조직이나 공동체의 비전과 미션 수립은 리더에게 있어서 가장 먼저 할 일이다. 비전이란 앞으로 나아가야 할 목표점이며, 미션이란 비전을 달성하기 위한 구체적인 지향점이나 행동 강령을 들 수 있다.

삼성전자의 비전과 미션을 살펴보자. 삼성전자의 비전은 디지털 컨버전스 혁명을 주도하는 기업이다. 그리고 미션은 혁신적인 디지털 제품과 e-프로세스, 디자인-융복합화-네트워크화, 그리고 비즈니스 프로세스 혁신을 들 수 있다.

삼성전자의 비전과 미션

리더로서 비전과 미션이라는 두 가지 큰 목표를 설정하는 것도 중요하지만, 또 한 가지 중요한 것은 구성원들에게 영향을 미치는 것이다. 구성원들에게 영향을 미치는 것이 반드시 지위에서 가장 높은 위치에 있을 필요는 없다. 설사 자신이 조직에서 가장 말단의 위치에 있다 하더라도 다른 사람들에게 영향을 미칠 수 있다면 그에게는 리더십이 있다고 할 수 있다. 이처럼 지위에서 나오는 리더십과 인간관계에서 나오는 리더십은 구별된다. 따라서 존경받는 리더가 되기 위해서는 조직 전체의 목표를 분명히 이해하고, 조직 구성원들의 개인적인 특성을 이해하는 것이 출발점이 될 것이다. 그렇다면 다른 사람에게 영향을 끼치는 리더십의 5단계를 살펴보자.

리더십의 5단계

리더십, 즉 다른 사람에게 미치는 영향력에는 다섯 가지 단계(5 Levels of Leadership)가 있다.

첫 번째 단계는 지위(Position)이다.

당신이 특정한 지위를 가지고 있다면, 그 때문에 사람들이 의무감에서 당신을 따를 것이다. 당신의 지위가 당신에게 '권리'를 부여하는 것이다.

이 단계에서 당신의 영향력은 당신의 직무상 권한 이상을 뛰어넘지 못한다. 리더십이 이 단계에 오래 머무르면 머무를수록 조직원들의 이직률은 높아지고 사기는 떨어지게 된다.

두 번째 단계는 허용(Permission)이다.

이 단계에서 사람들은 당신의 지위 때문이 아니라 자신들이 당신을 따르는 것을 원하기 때문에 따른다. 이 단계에서 가장 중요하게 여겨지는 요소는 '관계'이다.

이 단계에 이르면 사람들은 당신의 지위 이상으로 당신을 따른다. 일하는 것이 즐겁다. 그러나 당신이 이 단계에 너무 오래 머무르고 더 이상 진보하지 않으면 동기 부여된 사람들은 불안감을 느낀다.

세 번째 단계는 성과(Production)이다.

사람들은 당신이 조직을 위해 이루어 놓은 일로 인해 당신을 따르게 된다. 여기에서는 '결과'가 가장 중요하게 여겨진다.

이 단계에서는 대부분의 사람들이 성공을 감지한다. 그들은 당신을 좋아하고 당신의 행동을 지지한다. 이러한 추진력 때문에 작은 노력으로도 문제가 해결된다.

네 번째 단계는 인물 계발(People)이다.

사람들은 당신이 그들을 위해 행한 일로 인해 당신을 따르게 된다. 당신은 다른 사람이 성장할 수 있도록 도와주어야 한다.

이 단계에서는 장기적인 성장이 일어난다. 당신이 조직 내 리더를 양성하기 위한 의지를 가지고 있기 때문에 조직과 구성원들의 지속적인 성장이 가능하다. 리더라면 이 단계에 오르고 유지하기 위해서 필요하면 무엇이든 해야 한다.

다섯 번째 단계는 인격(Person-hood)이다.

사람들은 당신의 인격과 당신이 대변하는 일을 통해서 당신을 존경한다. 만약 당신이 다른 사람들로부터 '존경'을 받고 있다면 당신의 리더십은 최고로 평가받을 것이다.

이 같은 '리더십의 5단계'에서 자신이 갖고 있는 리더십이 어느 단계에 있는지 알고 있다면 문제 해결의 실마리를 잡은 셈이다.

자신의 리더십의 단계를 알고 있다고 해서 모든 문제가 끝나는 것은 아니다. 왜냐하면 리더십의 단계는 나이처럼 세월이 지나면 저절로 높아지는 것이 아니기 때문이다. 그리고 한 가지 더 안타까운 사실은 2단계에서 바로 4단계로 뛰어넘을 수도 없다는 것이다. 순간순간 자신의 삶을 대하는 태도의 전환이 일어나지 않고서는 리더십의 성장은 있을 수 없다. 그렇다면 자신의 리더십을 성장시키기 위해 우리는 무엇을 해야 할까? 여기 몇 가지 방법이 있다.

리더십의 단계를 오르는 방법

첫 번째, 지위의 단계는 어느 누구에게나 자동적으로 주어지는 단계이다.

내가 선생님이 되면 당연히 내가 맡은 학급 내에서 리더가 되는 것처럼 말이다. 그러므로 2단계에서부터 리더십의 단계를 올라가는 방법을 이야기하고자 한다.

리더십의 두 번째 단계인 '관계(허용)' 단계에서는 사람들과 관계를 잘 맺는 능력이 매우 중요시된다.

사람들과 좋은 관계를 맺기 위해서는 첫째, 새로운 친구 만나기를 꺼리지 말아야 한다. 당신이 자주 새로운 친구를 만난다면 당신이 해야 하는 일에는 변화가 생길 것이다. 당신은 또한 새로운 친구들 때문에 새로운 관계를 만들게 되고 그 관계 안에서 이전과는 다른 리더십을 발휘할 기회를 얻게 된다.

둘째, 사람들과 관계를 잘 맺으려면 그 사람들과 의사소통(Communication)을 잘 해야 한다. 특히 사람을 만날 때 항상 'HOPE'를 가지고 사람들과 의사소통을 하라고 권하고 싶다. 'HOPE'란 희망(Hope), 사랑(Love), 상대에 대한 가치부여(Personal values), 격려(Encouragement)의 머리글자를 딴 것으로, 사람들을 만나고 이야기를 나눌 때 비관적인 이야기보다는 희망적인 말을 하며, 그 사람의 가치를 인정하고 격려하면서 사랑으로 헌신한다면 어느 누구와도 좋은 관계를 유지할 수 있다는 뜻이다.

리더십의 세 번째 단계인 '성과' 단계에서는 사람들과 조직을 이끄는 능력이 중요하다.

이러한 능력을 키우기 위해서는 우선 좋아하는 일부터 시작하라고 권하고 싶다. 모든 일은 좋아하는 데서부터 시작해야 한다. 그리고 나서 사람들에게 관심을 갖도록 설득하라. 둘째, 성장하기 위해 노력하고 성과를 내라. 리더십의 성장은 효과적인 변화가 있을 경우에만 가능하다. 사람들이 볼 수 있는 가시적인 성과를 내게 될 때 사람들이 그것을 보고 따르게 된다.

당신에게 기회가 왔다면 변화하는 것을 두려워하지 말고 당신의 영향력을 확장시키는 좋은 기회로 삼아라. 당신이 성장하면서 성과를 내게 된다면 사람들은 당신이 변화시키는 일을 허용할 뿐만 아니라 돕게 될 것이다.

리더십의 네 번째 단계인 '인물 계발' 단계에서는 다른 사람들을 계발하고 훈련시키는 능력이 중요하다. 이를 위해 우선 인간관계를 깊고 견고히 해야 한다.

앞에서 언급했던 리더십의 다섯 단계의 각 단계는 이전 단계의 성과 다음에 존재한다. 따라서 이전 단계가 소홀하면 붕괴될 수밖에 없다. 예를 들어 당신이 허용(관계)의 단계에서 성과(결과)의 단계로 이동할 때 당신을 따르면서 성과를 거두도록 도왔던 이들을 돌보지 않는다면 그들은 자신이 이용당했다고 느끼게 될 것이다.

하지만 당신이 더 나은 상황 혹은 같이 일했던 사람들을 떠나 다른 곳으로 가더라도 그들과의 관계를 지속적으로 유지한다면 당신의 리더십은 계속적으로 사람들에게 영향력을 미칠 것이다. 둘째, 당신은 팀에서 영향력을 미치는 사람을 자신과 동일한 리더 수준에 이르도록 돌봐 주어야 한다. 당신의 추종자들을 당신과 함께 최상의 수준에 이르도록 돌봐 주는 일이 반드시 필요하다.

당신과 다른 지도자들의 일치된 영향력은 나머지 사람들에게 일체감을 심어 준다. 그러나 그렇게 되지 못할 경우 모임 안에서의 관심도와 충성심에는 균열이 생기게 된다. 리더십은 결국 당신의 돈이나 직위 없이도 자발적으로 당신에게 헌신하길 원하는 추종자들을 모으는 능력이다. 나아가서는 당신과 같은 리더들을 양성하여 조직의 파워를 폭발적으로 확대시키는 능력이다.

당신이 아무리 뛰어난 능력과 지식을 가지고 있어도 타인에게 변화와 열정을 끌어 내는 영향력이 부족하다면 당신이 한 주에 60시간을 일한다 해도 당신의 팀의 성과는 머지않아 막다른 골목길에 도달할 것이다. 따라서 당신이 성공하고자 한다면 지금 당장 자신의 리더십의 단계를 점검하고 이를 발전시킬 방안을 찾아야 할 것이다.

만일 지금까지 한 이야기들이 어렵고 순서들이 잘 생각나지 않는다면 단

한 가지만 기억하라. "당신의 주변에 있는 사람들에게 가치를 부여하라. 그
러면 당신은 자연스럽게 성공할 것이다." 존경받는 리더의 전제 조건은 비
전과 설득력으로 요약된다.

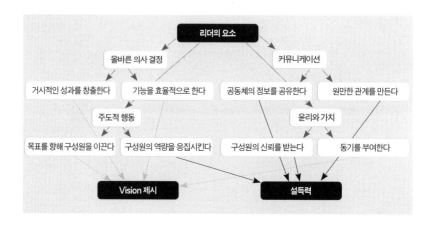

성격 유형별 핵심 역량 키우기

카리스마적인 리더십, 서번트 리더십, 설득적 리더십. 리더십의 종류를 나열할 때 많이 나오는 단어들이다. 지장, 용장, 덕장도 같은 맥락이다. 삼국지에 나오는 유비가 장비처럼 용장이 될 수는 없다. 반기문 유엔 사무총장이 박정희 전 대통령처럼 카리스마적인 리더가 될 수는 없다. 우리는 그들을 자세하게 알지는 못하지만 외부에서 풍기는 이미지와 책이나 관련기사를 통해서 리더들의 성격을 어느 정도 파악할 수 있다. 이러한 개개인의 리더십에 대한 평가는 그들이 가진 능력이나 지식보다도 그들이 평소에 보여 주었던 인상에서 찾아볼 수 있다. 사람들의 성격은 천차만별이다. 마치 지문처럼 누구 하나 같은 성격은 없다.

사람들은 각각의 성격에 따라 리더십의 발전 방향이 다를 수 있다. 특히 통섭의 시대에 살고 있는 우리에게 자신에게 맞는 리더십을 개발하는 것은 중요한 일이다. 왜냐하면 과거처럼 리더가 정형화되어 있는 것이 아니라 언제 어디서나 모든 사람들이 리더가 될 수 있는 가능성이 있기 때문이다.

앞서 소개한 리더십 스타일 분류에 대해 다시 한 번 설명한다. MBTI 검사나 커시의 기질 분류 검사를 통해 자신의 리더십 스타일을 파악해 보자.

첫 번째 유형이 NF(N은 Intuition의 약자이고, F는 Feeling의 약자이다) **유형이다.** 배려의 리더라고 정의한다. 배려의 리더는 도전적이며, 미래 지향적인 특성을 가지고 있다. 다른 사람들과의 관계성을 중시하는 유형이다.

두 번째 유형은 NT(N은 Intuition의 약자이고, T는 Thinking의 약자이다) **유형이다.** 분석의 리더라고 정의할 수 있다. 이 유형은 자신만의 독립적인 세계를 추구하는 유형이다. 탐구심이 강하고, 자아가 강한 유형이다. 사람과의 관계성보다는 자신이 좋아하는 일에 대한 관심이 큰 편이다. 미래 지향적이며 창조적인 일을 좋아한다.

세 번째 유형은 SP(S는 Sensitivity의 약자이고, P는 Perceiving의 약자이다) **유형이다.** SP 유형은 인간관계를 매우 중시하고, 나서기를 좋아하는 유형이다. 협상의 리더라고 정의할 수 있다. 협상의 리더는 특히 새로운 아이디어를 많이 내고, 조직에 활력을 불어넣는 일을 좋아하는 유형이다.

마지막으로 SJ(S는 Sensitivity의 약자이고, J는 Judgement의 약자이다) **유형이 있다.** 성실하고 사람들에게 신의를 중시하는 유형이다. 규범의 리더라고 정의할 수 있다. 규범의 리더는 현재 주어진 일에 충실한 유형이다. 주어진 과제를 충실히 수행하고 주위 사람들에게도 이를 주장하는 유형이다.

이러한 네 가지 유형 (NF, NT, SP, SJ)은 사람에게 특징지어지는 유형이지만 같은 NF 유형이라 하더라도 매우 다양한 스펙트럼으로 성향이 다르게 분포되어 있다는 것을 알아야 한다. 그러나 이러한 네 가지 유형 분류는 자신만의 리더십 유형을 분류하고 강점을 살리고 약점을 보완하는 잣대로 삼는 데 매우 유용한 자료가 된다. 그렇다면 유형별로 핵심 역량을 키우는 방법을 살펴보자.

1. 주도성 키우기 : 솔선수범, 실행력, 적극성

배려의 리더(NF)	솔선수범하는 리더로서의 장점을 가지고 있다. 사람들의 발전에 관심이 많기 때문에 남을 잘 인정하고 칭찬해 주기도 하지만 때로는 본인의 소망과 요구를 다른 사람에게 포함시켜 버리기도 한다. 때문에 많은 신경을 쓰게 되고 과로해 쉽게 지칠 수 있다. 목적과 우선순위, 의도 등을 정기적으로 검토하는 것이 좋다
중점 과제	1. 구체적 실천 방안 만들기 2. 의사 결정력 높이기
분석의 리더(NT)	공상가형 리더로 불리기 쉽다. 하지만 모든 것에 의문을 제기하고, 법칙이나 원리에 의거해 답을 내리는 등 지적으로 탁월하다는 장점이 있다. 특히 가능성과 변화에 초점을 두기 때문에 새로운 아이디어와 전략을 세워 공헌하는 장점을 살리는 것이 좋다.
중점 과제	1. 자신의 관심 분야에 대한 타인과의 공유 2. 자신의 의사를 객관적으로 표현하기
규범의 리더(SJ)	전통을 중시하는 관리자로서의 장점은 질서와 안정이다. 사회적 책임에도 독특한 감각이 있어 본인의 의무를 중요시 여기며, 근면한 태도로 신뢰를 받는다. 또 계획을 짜면 잘 실천하기도 하지만 종종 도를 넘어서 수단이 목적을 지배하는 Parkinson 법칙에 빠질 우려가 있다. 지나치게 형식과 절차에 빠지지 않도록 한다.
중점 과제	1. 자신의 신념을 설득하는 방법 익히기 2. 개개인에 대한 연구와 관찰을 통해 타인에 대한 이해력 높이기
협상의 리더(SP)	분쟁 조정자, 협조를 잘 하도록 하는 리더로서 탁월한 재능이 있다. 현실적이고 과거에 얽매이지 않기 때문에 융통성도 뛰어나다. 곤란한 상황을 잘 처리하지만 당면한 순간을 중시하기 때문에 과거의 약속이나 결정을 잘 잊어 버리기도 한다. 미리 계획된 일에 대해 마무리하려는 노력이 필요하다. 문제를 해결하기 위한 전략을 미리 짜서 우선순위에 맞게 실천하는 습관를 가져야 한다.
중점 과제	1. 실행의 우선순위 정하기 2. 마무리 잘하기

2. 커뮤니케이션 역량 키우기: 경청과 설득

배려의 리더(NF)	• 개개인의 개성이나 창조성을 격려하기 위해 칭찬을 활용한다. • 탁월하고 열정적인 의사소통자로 보이며, 종종 사람들의 문제를 경청한다. • 이들의 긍정적인 태도는 다른 사람들과 관계를 맺는 데 촉진제로 도움을 준다. • 말솜씨뿐만 아니라 경청하는 데 탁월하다. 그들은 종종 다른 사람들의 목소리를 바탕으로 마음 상태를 알아 내기도 한다. • 이들은 학생 및 동료나 직원이 자신과 자신의 의견을 표현하도록 격려하기를 좋아한다. • 개개인이 성공하기 위해 정서적으로 필요한 것들을 가장 정확하게 파악하는 재능을 가지고 있다.
중점 과제	1. 지나치게 남에게 신경 쓰는 것 줄이기 2. 문제를 덮지 말고 해결하려고 노력하기 3. 비평에 무덤덤해지기
분석의 리더(NT)	• 독립적이고 아이디어에 가치를 둔 사람들을 잘 리더한다. • 협동적인 팀워크를 인정하나, 성과보다는 통제가 유지되는 것을 선호한다. • 미래 도전의 모든 개연성을 토의하는 것을 선호한다. • 색다르고 가능성 있는 암시를 선호한다. • 큰 문제에 관한 보편적인 체계를 먼저 제시하는 것을 선호한다. • 간단하고 요약된 것을 선호한다. • 각 대안의 장단점이 열거되기를 원한다.
중점 과제	1. 쓸데없는 말 같아도 경청하기 2. 지적, 비판적, 객관적으로 될 수 있으므로 감정 건드리는 말 자제하기 3. 너무 급하게 결정해 버리고, 참을성이 없어 강압적으로 보일 수 있으므로 상대방의 가치를 이해하려고 노력해야 한다.
규범의 리더(SJ)	• 의사소통 과정을 만들고 일관된 방침을 취하는 데 능숙하다. • 증거(사실, 세부내용, 사례)를 먼저 제시하기를 선호한다. • 실제적, 현실적, 응용 방법의 제시를 잘한다. • 이야깃거리를 준비하는 데 있어 자신의 직접적인 경험에 의존한다. • 직선적이고 실현성 있는 암시를 선호한다. • 자신의 견해와 결정을 명확하게 표현하는 것을 선호한다. • 목적과 방향에 관해 이야기하는 것을 선호한다.

중점 과제	1. 남이 따라 줄 것을 기대하지 말자 2. 날카로운 비판 자제하기 3. 단정적이고 침울하게 만드는 분위기 자제하기
협상의 리더(SP)	• 긴밀한 유대감과 친밀함을 위해 유행하는 언어들을 사용하는 것을 선호한다. • 즐거움과 흥미를 더하기 위해 이야기(story telling)를 많이 사용한다. • 여러 대안과 기회를 이야기하는 것을 선호한다. • 자신의 견해는 임시적이며 수정 가능한 것이라는 말을 잘 한다. • 솔직하고 독단적인 스타일을 가지고 있다. • 행동과 즉각적인 결과를 추구한다.
중점 과제	1. 이론과 추상적인 업무에 대한 참을성 키우기 2. 진지하게 경청하기 3. 상황적 요구에 다른 사람들이 적응하기를 기대하지 말자

3. 의사 결정력 높이기: 정보 습득 및 판단력

배려의 리더(NF)	• 다른 사람들에게서 필요한 변화에 대한 열정과 몰입을 이끌어 내는 능력이 있다. • 언제 변화를 시도해야 하는지를 안다. • 변화를 필요한 것으로 인식하며, 새로운 아이디어, 비범한 것, 비논리적인 것에도 개방적이며, 전통의 구애를 받지 않는다. • 사실과 세부 사항들을 해석하여 보다 광범위한 사실로 수렴하는 능력이 있다. • 새로운 상황과 절차를 적용하고 개선시키는 능력이 있다. • 인간의 복지 문제를 해결하는 데 관심이 있다. • 다양한 방법과 탐색적인 방법으로 과제를 접근한다.
중점 과제	1. 문제를 현실적으로 다루기 2. 현재 해야 할 일을 잘 기억하기 3. 영감이 없는 업무에도 관심 갖기 4. 세부적인 문제에도 관심 보이기

분석의 리더(NT)	• 장기적인 계획을 세우고, 해야 할 일을 구조화하고 조직의 목표를 달성하는 능력이 있다 • 엄청난 양의 자료를 소화하고 분해하고 조화시키는 능력이 있다. • 변혁적인 접근이 능숙하다. • 문제를 명확하게 조직화하는 능력이 뛰어나다. • 책임 및 권한이 주어진 상황을 잘 리더한다. • 토의를 촉진하는 데 있어서 통찰력과 상상력에 의존한다.
중점 과제	1. 자신과 다른 사람들에게 긍정적이기 2. 다른 사람들의 욕구와 감정에 민감하기 3. 협동적으로 일해 보기 4. 자신과 같은 방식으로 일을 하지 않는 사람들을 인정하기 5. 다른 사람의 노력을 인식하고 인정할 필요가 있다.
규범의 리더(SJ)	• 결단력이 있으며 결정 내리는 과정을 즐긴다. • 일을 계획하고 그 계획을 추진하는 데 적격자이다. • 조직의 수많은 세부 사항들을 소화해 내고 기억하며 조정하고 관리를 잘한다. • 지시하고 명령을 내리는 것에 편안함을 느낀다. • 과업과 시간 중심적이며, 시간과 자원을 가장 효율적으로 활용하도록 촉진하기 위해 지시를 내린다. • 계층 구조를 존중하는 전통적인 지도자처럼 행동한다.
중점 과제	1. 무질서에 익숙해지기 2. 새로운 정보 받아들이기 3. 결단하기 전에 모든 측면을 배려할 필요가 있다.
협상의 리더(SP)	• 한가하게 게으름을 피우다가도 원하기만 하면 매우 빠른 속도로 일을 처리할 수 있다. • 예기치 않았던 기회를 재빨리 계획에 적용시키고, 실용적인 즉흥성이 반영되기도 한다. • 멋진 모험을 하는 듯 위기를 관리한다. • 직접 참여할 수 있는 기회가 많은 생동감 있는 일을 선호한다. • 종종 스타가 되는 것을 즐기며 학생, 직원들을 자신의 청중으로 여긴다. • 실패할 자유를 허용하고, 그럼으로써 성공할 자유 역시 부여한다.

중점 과제	1. 사전 준비 철저히 하기
	2. 조심성 키우기
	3. 자신의 독단성을 자제하고 타인의 감정 흐름에 민감해지기

4. 윤리와 가치 배양: 도덕성

배려의 리더(NF)	• 자신의 독특한 정체성을 존중하는 경향이 있다.
	• 개개인을 개별적 존재로서 자기 자신을 진정으로 표현할 수 있도록 격려하며 애쓴다.
	• 자신의 꿈과 목표의 실현에 대해 환상을 갖고, 가능한 최고의 미래를 상상한다.
	• 세상을 더 나은 곳으로 만들기 위해 공헌하는 데 그들의 의미를 발견한다.
	• 사람들이 의미 있고 가치 있는 것으로 가득 찬 삶을 사는지에 관심이 많다.
	• 정감이나 관계에 가치를 존중하는 경향이 있다.
	• 학생, 동료 및 직원의 잠재력을 확인하고 이끌어 내는 데 뛰어나다.
중점 과제	1. 감정적으로 주장하지 않기
	2. 추종자 조성하지 않기
	3. 현재 상황에서 무엇을 완수할 수 있는가에 대해 여유 있고 보다 개방적이 될 필요가 있다.
분석의 리더(NT)	• 전통적인 리더십을 싫어한다.
	• 독립성, 자유, 창조성을 촉진한다.
	• 열성적이고, 고집이 세고, 단호하고, 미래 중심적이다.
	• 추상적인 개념과 아이디어 중심적이다.
	• 냉정하고 인간적인 요소를 배제한 추론에 의한 확신을 얻는다.
	• 감정 차원보다는 지적 수준에서의 상호작용을 추구한다.
중점 과제	1. 반복되는 일상적인 일에 익숙해지기
	2. 인간적인 문제도 경청하기
	3. 현재 문제에도 관심 갖기

규범의 리더(SJ)	• 타인에게 봉사하고 타인으로부터 필요한 사람이 되고 자신의 의무를 이행하려는 강한 욕구를 지니고 있다. • 책임감과 의무감이 강해 자신이 매일매일 이어지는 모든 순간에 자신의 몫을 해야 한다고 믿는다. • 확고한 사실에 근거해서 조직이 운영되기를 원한다. • 반복적인 일상에 가장 편안함을 느끼고, 질서를 유지한다. • 안정성과 예측성이 확보된 환경을 선호한다. • 효율성을 추구한다.
중점 과제	1. 결정을 내리는 데 의견 일치가 되지 않아도 이해해 주기 2. 융통성 키우기 3. 관료적인 절차에 얽매이지 않기
협상의 리더(SP)	• 충동적으로 행동할 수 있는 자유, 즉 행동으로 실행할 수 있는 능력이 있다. • 용기를 갖고 모험하는 것을 동경한다. • 생동감 있는 존재의 기쁨을 경험하는 것을 즐긴다. • 과거와 미래에 대해 인식하고 있지만 '지금 여기'와 가장 밀접한 관계를 맺고 있다. • 관습적이지 않으며, 주변 사람들이 항상 활기 넘치도록 한다. • 상황적 요구에 다른 사람들이 적응하기를 기대한다.
중점 과제	1. 일상적으로 실시되고 있는 방법에도 익숙해지기 2. 흥미가 없는 일에도 관심 갖기 3. 전통, 정책, 과정에 흥미 보이기

실천 과제

1. 나의 성격 유형을 알고 리더로서의 장점과 단점을 분석해 보자.

2. 내가 가진 핵심 역량을 극대화한 사례를 써 보자.

3. 내가 가진 약점 때문에 어려움을 겪었던 사례를 써 보자.

비전 로드맵 잡기
〈댄싱 드림즈〉와 〈빌리 엘리어트〉

나는 인간이 어떻게 움직이는가보다, 무엇이 인간을 움직이게 하는가에 관심
이 있다. —피나 바우쉬(Pina Bausch), 독일이 낳은 위대한 무용가

영화 〈댄싱 드림즈〉와 〈빌리 엘리어트〉. 두 영화는 모두 청소년의 춤을
소재로 한 영화이다. 그러나 실제로 〈빌리 엘리어트〉는 실화를 배경
으로 만든 뮤지컬이고, 〈댄싱 드림즈〉는 독일 출신의 세계적인 무용가 피나
바우쉬의 〈콘탁트호프〉에서 출발한 다큐멘터리이다.

두 편의 작품은 청소년들의 꿈을 춤으로 승화시킨 모델이다. 〈빌리
엘리어트〉는 영국 북부 탄광촌 출신의 로열 발레단 댄서 필립 말스덴
(Philip Marsden)의 실화에서 영감을 얻어, 극작가인 리홀(Lee Hall)이
1970~1980년대 영국 북부에서 자란 자신의 경험을 토대로 영화를 탄생시
켰다. 2000년에 개봉하여 전 세계인의 마음을 사로잡은 동명 영화를 원작
으로 한 뮤지컬 〈빌리 엘리어트〉는 2005년 5월 런던에서 초연하여 10월에
1000회 공연을 넘기고 지금도 연일 매진을 기록 중인 영국 박스오피스 최고

흥행 뮤지컬이다.

〈빌리 엘리어트〉가 감동을 주는 이유는 바로 열악한 환경 속에서도 발레단 댄서로서의 꿈을 실현해 가는 빌리의 모습 때문이다. 사람들은 누구에게나 꿈이 있다. 그러나 이 꿈을 현실로 만드는 것은 쉬운 일이 아니다. 아직도 많은 사람들이 '죽기 전에 해야 할 101가지' 이야기에 집착하는 이유가 바로 하고 싶은 일을 하지 못한 것에 대한 아쉬움 때문일 것이다. 빌리의 경우도 마찬가지이다. 그는 환경적으로 그리고 부모님의 반대 속에서도 자신의 꿈을 설계해 나갔고 결국 발레리나로서의 성공을 이루어 냈다.

두 번째 작품 〈댄싱 드림즈〉에 관심을 갖는 이유는 피나 바우쉬라는 위대한 무용가의 실험 정신 때문이다. 그녀가 10대 청소년들을 대상으로 〈콘탁트 호프〉라는 공연을 만들기로 했을 때 출연하기로 했던 청소년들은 당시 피나 바우쉬를 알지도 못한 독일 부퍼탈의 마흔여섯 명의 10대 청소년들이었다.

피나 바우쉬의 〈댄싱 드림즈〉는 1978년 발표한 〈콘탁트호프〉를 무대에 올리기 위해 연습하는 장면을 담은 다큐멘터리이다. 〈댄싱 드림즈〉에서 열연하는 아이들은 아직 14~18세의 청소년들었지만 그들이 보여 준 열정, 좌절, 감성 등은 보는 이로 하여금 진한 감동을 가져다 준다.

이 두 편의 영화는 두 가지 시사점을 준다. 첫 번째는 꿈을 실현하기 위해서는 자신의 열정이 있어야 한다는 점이고, 두 번째로는 꿈을 실현하기 위해서는 위대한 스승을 만나야 한다는 점이다. 본인의 열정을 끌어내고 위대한 스승을 만나는 방법은 무엇일까? 가장 필요한 것은 우선 자신의 비전을 만드는 것이다. 비전을 만드는 것은 거창한 것이 아니다. '비전은 내가 가장 하고 싶은 그 무엇이다'라고 정의하면 된다. 어떤 이는 꿈이 될 수도 있고, 어떤 이는 지금 당장 내가 달성해야 할 목표가 될 수도 있다. 그러나 한 가지 분명한 것은 어떤 경우에도 실천 가능해야 한다는 것이다. 실천 가능한 비전 로드맵을 잡기 위해서는 혼자의 힘으로는 어려운 경우가 많다. 꿈에 대한 목표 역시 그렇다. 그 이유는 꿈을 설정하는 데 있어서는 많은 정보가 필요하기 때문이다. '단순히 어떤 일을 하니까 나는 이런 일이 좋아. 그래서 나의 꿈은 국제 변호사가 되는 것이야!'라고 하는 꿈에 대한 목표는 구체적이지 못하다. 꿈과 비전을 설정하는 데 있어서 구체적인 정보 획득은 가장 선행되어야 할 과제이다.

그렇다면 자신이 하고 싶은 일에 대한 정보 획득은 어디에서부터 나올 것인가? 네이버의 지식인 서비스, 구글의 검색 엔진 아니면 위키피디아 사전에서? 가능한 일이다. 그러나 청소년들에게 부족한 부분은 이러한 개방된 정보를 정제할 수 있는 힘이 부족하다는 사실이다. 따라서 정보의 획득만큼 중요한 것은 좋은 스승을 만나는 일일 것이다.

2009년 피나 바우쉬가 사망했다는 소식을 들었을 때 독일의 아이들은 슬픔에 빠졌다. 그들의 위대한 스승을 잃었기 때문이다. 우리 아이들에게 피나 바우쉬와 같은 위대한 스승이 있을까? 위대한 스승은 가깝게는 부모님이 그리고 학교 선생님이, 그리고 아이들이 책과 세미나에서 만나는 사람들이 될 수 있다. 이러한 스승들은 멀리 있는 것이 아니라 가깝게 있다는 것을 알아야 할 것이다.

다음 글을 읽고 비전의 필요성과 자신의 비전을 만들어 보세요.

전 숙명여대 이경숙 총장은 비전의 필요성에 대한 강연을 하면서, 자신이 가르쳤던 학생 중 기억에 남는 한 학생을 꼽았다. 숙명여자대학교 정치외교학과 86학번 신수진 학생이다. 강연의 내용을 살펴보자.

● 이경숙 전 숙명여대 총장 강연

'비전이라는 것은 잘 아시듯 미래의 청사진입니다. 즉 현재의 위치를 가늠하고 궁극적인 삶의 목적지를 가늠하는 혜안을 말하는 것입니다. 사실 인생의 성공 여부는 '바람직한 비전과 뚜렷한 목표 의식, 확고한 사명감'에 달려 있습니다. 지금 눈을 잠깐 감아 보세요. 본인이 미래의 청사진, 인생의 설계도라고 할까요? '비전'을 뚜렷하게 가지고 계신 분 손을 들어 보세요. 그 비전을 언제까지 달성하리라고 준비하고 계신 분 손 들어 보세요? 그 비전을 언제까지 달성하리라고 준비하면서 그 내용을 문자로 써 갖고 계신 분 손 들어 보세요?

이런 똑같은 질문을 세계 아시아, 북미, 남미, 아프리카, 유럽에서 약 1,500명에게 했어요. 그랬더니 87%가 비전이 없어요. 10%는 비전은 있는데 써놓질 않았고 3%는 그것을 써놓고 갖고 다녀요. 그런데 세계를 움직이는 사람들은 써놓고 다니는 그 3% 안에 들어가 있다는 이런 이야기입니다. 학생들한테 이 꿈을 한번 써 보게 하는 것이 참 좋습니다. 20대 아이들에게는 자신이 하고 싶은 일을 100가지 써 보라고 합니다.

제가 오늘 이곳으로 오는데 떠나기 전에 GPS에서 길을 안내해 줘서 헤매지 않고 한 번에 왔습니다. 하다 못해 한 건물을 찾아오는데도 미리 연구를 하고 오는데 하물며 인생이라는 한 번밖에 못 사는 자기 인생을 살면서 목표도 없이 그냥 매일매일 열심히만 살고 있다는 것은 문제가 있다고 봅니다. 방향도 없이 열심히 사시다가 방향이 잘못되면 어떻게 돼죠? 한참 갔다가 다시 돌아와야 합니다. 우리 학생들에게 이것을 초등학교 때부터 확실하게 심어 주면 자기 동기 부여가 돼서 공부를 하는 이유를 알게 될 것이고, 부모나 선생님 때문에, 점수 따기 위해서 공부하지는 않을 거라고 생각합니다.

숙대에 학생들이 들어오면 전공 과목에 들어가기 전에 리더십 교양학부로 모두 집어 넣습니다. 그래서 14학점을 리더십과 관련된 학점을 따야 전공 과목을 택할 수 있게 합니다. 첫 시간부터 내가 누구인지를 스스로 생각해 보는 힘을 키우게 하는 것이죠. 그래서 1년 동안 최소한 2학년에 올라갈 때는 자기 인생 목표를 준비해 놓게 됩니다. 사람이 70세까지는 활동한다고 가정하고, 70세 때의 자기의 모습을 어디에서, 언제, 무엇을, 어떻게 하고 있는가를 그려서 시나리오를 써 오라고 합니다. 그리고 10년 단위로 해서 그것을 위해서 무엇을, 어떤 준비를, 그 시기에, 얼마나 해야 하느냐. 그러니까 언어는 무엇을 공부해야 하고, 어떤 분야의 공부를 더 해야 하고, 어떤 사람들을 만나야 하는지 구체적으로 쓰도록 합니다.

이렇게 만든 프로그램에서 가장 기억에 남는 학생이 신수진 학생입니다. 저는 첫 시간에 아이들의 꿈을 물어봅니다. 그 학생의 꿈은 조종사였습니다. 그 학생이 86학번인데 당시에는 민주화항쟁이다 뭐다 해서 아주 어지러운 시기였고, 자신의 꿈을 자신있게 이야기하는 분위기는 아니었습니다. 또한 1986년도에 우리나라에는 여자 정식 비행사가 없었습니다. 그러니까 다른 학생들이 신수진 학생이 비행사가 된다고 하니까 웃더라고요. 그런데 진지하게 "넌 할 수 있다."고 격려했습니다. 그런데 그 학생이 몸이 굉장히 약해요. 그래서 "넌 꿈을 이루려면 건강부터 관리해서 운동을 하고 준비를 하는 것이 좋겠다." 했더니, 정말 운동을 매일 하면서 준비하더라고요. 그런데 나중에 진짜 비행사가 돼서 찾아와서는 울더라고요. "선생님의 그 격려 한마디가 오늘의 저를 만들었습니다." 하고.

● 신수진 조종사 스토리

2008년 우리나라에 최초의 여성 기장이 탄생했다. 신수진 기장이다. 1948년 국내 첫 민간 항공사인 대한민국 항공사가 미국산 소형 비행기 세 대를 도입해 운항에 나선 지 꼭 60년 만에 처음으로 여성에게 기장이라는 자리를 개방했다. 4,000시간 이상의 비행 경력과 부기장으로서 5년간의 경험을 쌓은 후에 닿을 수 있는 자리인 비행기 기장은 남자에게도 쉬운 일이 아니다. 여성으로서 처음 기장이 된 신수진 기장의 이력을 살펴보면 의외이다. 그녀는 항공 운항과나 공군사관학교를 나오지 않았다. 신수진 기장은 숙명여자대학교 정치외교학과를 졸업했다.

신수진 기장이 비행기 조종사로서 꿈을 가지게 된 계기는 미국 여행에서 경험한 경비행기 조정사의 한마디 때문이라고 한다. 미국 여행길에 우연히 관광용 소형 비행기를 탔을때 "비행기 조종이 정말 어려울 것 같다"고 기장에게 묻자 "당신도 쉽게 배울 수 있다"는 말을 들었고, 그때부터 비행기를 조종하고 싶다는 꿈을 버릴 수 없었다고 했다. 신수진 기장은 대한항공 등 국적 항공사에서 여성 조종사를 뽑지 않는다는 것을 알면서도 비행을 공부했다. 그녀는 이듬해 샌프란시스코로 건너가 비행학교에 다녔고, 그러던 중 대한항공의 조종사 훈련생 모집 소식을 듣고 1996년 입사하게 되었고, 1997년 6월에는 국내 최초의 여성 부기장이 돼 주목을 받았다.

신수진 기장의 도전은 꿈을 향한 열정이 있었기 때문에 빛났다고 생각한다. 무엇보다 가장 힘들고 고된 길을 자신의 꿈을 이루고자 하는 열정으로 개척해 냈기 때문에 그 자리가 더 빛날 수 있었다. 우리가 흔히 착각하는 것이, 이렇게 도전을 통해 새로운 길을 개척한 사람들은 뭔가 특별한 것이 있을 거라 생각하는 것이다. 그러나 특별한 능력을 가졌다기보다는 단지 꿈을 위해 도전했고, 그 열정이 지속되었기 때문에 가능한 일이었을 것이다.

실천 과제

1. 사례를 통해 자신이 '죽기 전에 해야 할 일 101가지'를 만들어 보자.
2. 70세까지의 비전 로드맵을 작성하고 10년 단위로 구체적인 실천 계획을 만들어 보자.

Theme 21

실천하는 리더십
글로벌 리더가 돼라!

자신만의 비전이 만들어졌다면 이제 실천해 나가는 것이 중요하다. 롤 모델 탐구를 통해 실천의 로드맵을 그려 보자. 2011학년도 국가수학 능력시험을 치른 학생의 숫자는 72만 명이다. 우리 아이들이 가고 싶어 하는 대학인 서울대, 연세대, 고려대학교의 입학 정원은 겨우 10,800명 정도. 경쟁률로 보면 상위 2% 미만의 학생만이 갈 수 있다.

하지만 최근 서울대, 연세대, 고려대 졸업생들의 취업률을 보면 더 암담해진다. 그나마 이공계는 나은 편, 인문사회 계열 출신 졸업생들 중에서 실제 취업률은 50%를 넘지 못한다. 이러한 상황을 보면서 학생들에게 비전 로드맵을 그리라고 한다면 현실성이 너무 떨어진다. 핵심은 게임의 룰을 바꾸어야 한다는 것이다. 자신의 꿈을 성취할 확률을 높이기 위해서는 현재의 한국 상황만을 고려해서는 안 된다. 입시 경쟁과 취업 경쟁이 낙타가 바늘구멍 들어가기와 같은 현실에서 우리에게 새로운 돌파구란 바로 글로벌 시장을 의미한다. 한국에서 별 볼일 없다가 해외에서 자신의 재능을 발휘하여 글로벌 리더로 자란 사례는 얼마든지 있다.

그러나 과거 이러한 현상은 매우 제한적이었다. 하지만 이제는 한국의 많은 젊은 인재들이 글로벌 시장에서 두각을 나타내고 있고, 그만큼 많은 사람들에게 기회가 주어지고 있다.

한류의 핵이 된 아이돌 그룹의 성공 사례를 보아도 그렇다. 1만 시간, 이상 3년 이상의 꾸준한 연습을 통해 국내 가요계뿐만 아니라 해외 가요계를 석권하고 있는 아이돌 그룹은 단지 한 명의 배우의 이미지로 한류를 견인했던 1세대 한류하고는 판이 다르다. 이러한 한국 젊은이들의 경쟁력은 어디서 나온 것일까? 바로 어렸을 때부터의 치열한 경쟁 환경과 부모 세대로부터 물려받은 근면성, 그리고 성공에 대한 열정일 것이다. 이러한 경쟁 의식과 근면성, 그리고 열정의 무대가 이제 한국이라는 좁은 공간이 아니라 세계로 열려 있다.

세계의 영 파워로서의 입지를 다지고 있는 사례 연구를 통해 미래 글로벌 리더로서의 실천 방향을 끌어 내는 힘을 키워 보자.

실천하는 글로벌 영리더

사례 1 게임의 룰을 바꾼 광고 천재 이제석

2011년 1월 뉴욕 유엔 본부. 광고 천재 이제석은 유엔공보국 NGO 기관인 국제뇌교육협회 (IBREA) 주최로 뉴욕 유엔 본부에서 개최된 뇌교육 세미나에 초청받았다. 그는 '광고를 통한 소셜 캠페인'을 주제로 발표했다. 이번 뇌교육 세미나에는 미국, 독일, 이탈리아, 헝가리, 카타르, 시리아, UAE, 엘살바도르, 에콰도르, 필리핀 등 21개국 유엔 대표부 외교관들과 40여 명의 NGO 관계자들이 참석했다. 이날 이제석 씨는 소리 없는 언어로서 평화의 메세지를 전할 수 있는 광고를 통한 소셜 캠페인에 대한 주제 발표를 통해 반전, 기아, 지구 환경을 실천하는 캠페인 이미지들을 제시하며 참석자들의 탄성을 자아냈다.

이제석 씨가 각종 세계 광고 대회의 대상을 휩쓸면서 광고 천재라고 불리기 전까지의 삶을 보면 그의 신념과 열정 없이 이러한 성공을 기대하기는 어려웠을 것이라는 생각이 든다. 그는 대구에 있는 계명대학교 시각디자인학과를 졸업했다. 수석으로 졸업했지만 그가 가고 싶어 했던 '제일기획'을 비롯해 한국의 유명한 광고 회사는 지방대 출신인 그를 주목하지 않았다. 그가 처음 택한 직장은 동네에 있는 간판집. 하지만 그는 좌절하지 않았다. 바로 스스로 게임의 룰을 바꾼 것이다. 그가 선택한 게임은 세계 광고 시장의 중심지인 뉴욕으로 진출하는 것. 그는 뉴욕의 School of Visual Arts(SVA)에 편입하여 공부를 하는 한편, 세계적인 광고제에 그의 작품을 출품했다.

그 결과 최고 권위의 뉴욕 원쇼 페스티벌 최우수상, 광고계의 오스카상이라 불리는 클리오 어워드 동상, 미국광고협회가 수여하는 애디 어워드 금상 등 세계 유수의 국제 광고제에서 수상하며 '공모전 신화'를 이룬다. 이후 JWT NEW YORK, BBDO 등 세계 최고의 광고 대행사에서 아트 디렉터로 일하며 오레오 캠페인 등 수많은 히트작을 만들어 냈다. 귀국 후 2009년 아름다운 가게 캠페인, 신문사들과 한 공익 광고 캠페인 등 세상을 바꾸는 광고를 만들기 위해 '이제석 광고연구소'를 세워 운영하고 있다.

사례2 73개의 꿈을 가진 꿈쟁이 김수영

그녀는 《멈추지 마라 다시 꿈부터 써봐》라는 책을 펴낸 주인공이다. 이 책은 전라남도 여수에서 자란 김수영 씨의 꿈에 대한 이야기를 담고 있다. 그녀의 현재 직업은 세계적인 정유 회사인 '로열 더치 쉘' 직원이다. 우리가 그녀에게 관심을 갖는 이유는 꿈을 하나씩 하나씩 실천해 가는 그녀의 실천력 때문이다. 어려운 가정 환경에서 실업계 고등학교 진학, 그리고 연세대학교 영어영문학과에 입학하기까지는 많은 사례는 아니지만 누구에게나 있을 수 있는 이야기이다. 그러나 우리가 김수영 씨 이야기에 주목한 것은 단지 대학 입학이 끝이 아니다라는 것 때문이다. 그녀는 인생에서 이루어야 할 73가지 목표를 구체적으로 정하고 이를 실천해 나가고 있다. 얼마 전 그녀는 그녀의 34번째 꿈인 아프리카의 최고봉 킬리만자로 등반에 성공했다. 그녀의 도전은 대학 입학에서 멈춘 것이 아니라 바로 거기에서 시작되었던 것이다.

그녀의 블로그를 들여다보자.(http://blog.naver.com/cyberelf00). '쾌락주의자 유목민의 지구 이야기'라는 타이틀이 눈에 들어온다. 현재 영국에 머물고 있는 그녀에게 블로그는 소통의 공간이다. 이밖에도 트위터, 유튜브 등을 통해 사람들과 만나고 있다. 그녀의 이력을 살펴보면 중학교 자퇴, 검정고시, 실업계 고등학교 진학, 퀴즈 프로그램 우승, 연세대학교 진학, 세계적인 금융사인 골드만 삭스 근무 등 이력 자체가 성공의 사다리이다. 하지만 그녀의 성공 사다리는 단지 한 번 이룬 꿈이라기보다는 아직 끝을 알 수 없는 진행형이라는 것이 더욱 값지다.

그녀가 73개의 꿈을 설정하게 된 계기는 취업 후 발견된 암 때문이었다. 암 진단 후 김수영 씨는 '내가 하고 싶고 나를 행복하게 만드는 일' 73가지를 정했다. 김수영 씨는 첫 번째 꿈을 '인생 3분의 1은 한국에서, 3분의 1은 전 세계를 돌아다니면서, 나머지 3분의 1은 가장 사랑하는 곳에서 사는 것'으로 정했다. 그리고 실천에 옮기기 시작했다.

그녀는 계획한 꿈을 차례차례 이뤄 나갔다. 아마추어 뮤지컬 무대에도 서봤고, 살사 댄스와 스페인어를 익혔다. 책을 쓰고 인세 10%를 청소년 단체에 기부했다. 그녀가 2011년 2월 블로그에 공개한 계획을 보면 아주 구체적이라는 생각이 든다.

김수영 씨의 2011~2012년 계획

06월 런던, 프랑스, 이탈리아-사르디니아에서 요리 배우기
07월 그리스에서 세일링 배우고 이스탄불에서 밸리댄스 쇼 준비
08월 에게 해의 한 섬에 있는 친구 호텔 개업 도운 후 터키 동부권, 그루지아, 아르메니아 여행
09월 이란을 거쳐 파키스탄 난민촌의 자원 봉사
10월 인도 북부 히말라야 및 네팔-에베레스트 등반
11월 인도(지역 미정) 요가 강사 과정
12월 뭄바이에서 발리우드 영화 출연 도전
01월 방글라데시를 거쳐 미얀마에서 함께 '하늘을 만드는 사람들' 영화 촬영진과 재회
02월 방콕에서 타이마사지 배운 후 라오스
3, 4월 중국 횡단 및 중국어 연수

김수영 씨의 블로그에 담겨 있는 글을 보면서 인간의 열정과 도전 의식은 끝이 없다는 생각을 했다. 그만큼 무한한 가능성을 가지고 있다는 것을 의미한다. 15년 전 그녀의 모습을 상상해 보자. 그저 평범한 대한민국의 학생이었던 그녀는 이제 대한민국의 모든 청소년들에게 감동과 도전 의식을 심어 주는 글로벌 리더가 되어 있다.

얼마전 조선일보의 글로벌 영리더에 두바이 호텔 최연소 부장으로 근무하는 강아연 씨의 기사가 실렸다. 내가 강아현 씨의 이야기에 주목한 이유는 두 가지였다.

한 가지는 지극히 사적인 이유다. 3년째 대학에서 국제경영을 가르치고 있는데 가르치는 학생들이 바로 강아현 씨가 나온 경희대학교 호텔경영학과 학생들이기 때문이다. 가끔 학생들에게 글로벌 기업뿐만 아니라 글로벌 리더들의 성공 사례를 소개해 주곤 하는데 마땅히 경희대학교 출신을 소개할 만한 자료가 없었는데 좋은 자료로 사용할 수 있다는 생각 때문이었다.

두 번째 이유는 강아연 씨 스토리가 역시 대부분의 학생들이 충분히 꿈을 꿀 수 있고 달성이 가능한 커리어 로드맵을 가지고 있다는 이유 때문이었다. 2002년 강아현 씨가 대학을 졸업하고 처음으로 취직한 직장은 노보텔. 당시 노보텔 초임 임금은 150만 원 수준. 그녀가 게임의 룰을 바꾸어야겠다고 마음 먹은 이유는 어릴 적 인도네시아에서 부모를 따라 거주했던 경험과 아빠에게 물려받은 영업맨으로서의 역량이었다. 그녀는 한국의 호텔보다는 아시아의 호텔에 주목했다. 처음 나간 곳은 싱가포르의 한 호텔. 그곳에서 그녀는 여성으로서의 차별과 많은 문화적인 어려움을 겪었지만 성실하게 견디어 냈다. 이후 그녀에게 찾아온 기회가 바로 중국의 아코르 호텔이었다. 중국 소주에 위치한 아코르 호텔은 프랑스계 다국적 기업으로 당시 중국에서 지속적인 확장을 하고 있었다. 그곳에서 그녀는 능력을 인정받기 시작했다.

그러나 그녀의 아시아에서의 실험은 중국에서 멈추질 않았다. 업무가 익숙해질 무렵 그녀는 다시 일본의 한 호텔로 자리를 옮겼다. 그녀가 자리를 옮기게 된 사유는 먼저 일본에서 스카우트 제의가 왔다기보다는 강아현 씨 스스로 인터넷 서치를 통해 자신의 이력서를 보낸 것이 계기가 되었다. 한 자리에 안주하지 않고 끊임없이 도전하는 그녀의 도전 정신이 다시 한 번 빛을 발한 것. 일본의 6성급 호텔 중에서 콘라드 호텔에서 지배인으로 채용하고 싶다는 연락이 왔고, 그녀의 일본 생활이 시작되었다. 26세에 영업부 차장으로서 경험은 나이 많은 부하 직원들과의 소통의 기술을 익히는 데 그만이었다.

그리고 2년 후 그녀는 다시 두바이로 향했다. 현재 근무하는 두바이의 하얏트 호텔. 그녀의 도전은 현재 진행형이다. 아시아 최고의 호텔리어가 되겠다는 꿈을 가진 그녀에게서 배울 수 있는 가장 큰 교훈은 머무르지 않고 이동하는 노마드 정신이다. 유목민 정신이야말로 21세기 글로벌 인재가 되고자 하는 사람들에게 요구되는 정신이다. 한국이라는 좁은 사회에서 벗어나 우리는 얼마든지 넓은 세계를 경험할 수 있고, 그들과의 경쟁에서 이길 수 있다. 멈추지 않는 도전의 실천 정신을 보여 주는 대표적인 사례를 강아현 씨에게서 볼 수 있다.

실천 과제

1. 세 명의 사례 연구를 통해 글로벌 리더로서 각각의 핵심 성공 요소를 정의해 보자.

2. 글로벌 시장에서 요구되는 경쟁력과 자신의 장단점을 분석해 보자.

3. 10대와 20대에 할 일 30가지를 구성해 보자.

Chapter **4**

변화하는 세계와 리더십

변화하는 세계의 리더십
〈슈퍼맨〉의 시대에서 〈아바타〉의 시대로

급변하는 환경과 복잡화, 글로벌화에 적응하기 위해선 단편적 지식보다 종합 사고력과 문제 해결 능력, 통찰력, 국제적 감각이 중요하게 대두된다. 오늘날 리더에게 요구되는 자질은 창의적인 능력이다. 창의적인 능력을 갖춘 리더란 네 가지의 역량을 갖춘 리더라 할 수 있다.

첫 번째는 문제 해결력이다.

문제 해결력은 리더가 속한 조직이나 국가 또는 공동체 등이 직면한 문제를 파악하는 데서 시작한다. 문제란 가야할 곳과 현재 위치의 차이에서 비롯된다. 즉 목표와 현실 사이의 GAP에서 비롯된다는 것이다. 문제 해결력이 뛰어난 리더는 바람직한 방향과 현재 모습 사이의 차이를 명확히 인식하고 이 차이를 좁히는 노력을 해나가는 리더이다. 문제 해결력을 높이기 위해서는 끊임없이 WHY를 가져야 한다. 문제 원인의 분석에서 문제 해결 방안에 이르기까지 적어도 5번의 물음과 해결 방안의 탐구를 통해 문제를 해결해 가려는 노력을 해야 한다는 것이다.

두 번째는 변화 관리력이다.

변화 관리력의 힘은 미래를 예측하는 힘에서 나온다. 안주하는 것이 마치 안정적이라고 생각하는 리더가 있다. 변화를 읽지 못하면 실험실의 개구리처럼 물이 뜨거워진다는 사실을 모른 체 서서히 데워진 물에서 죽어갈 수가 있다. 변화란 갑자기 오는 것이 아니라 계속해서 오는 것이다. 따라서 리더는 이러한 변화에 대처할 수 있는 역량이 요구된다. 변화 관리력을 높이기 위해서는 끊임없이 외부와 소통을 해야 한다. 새로운 정보를 받아들이는 데에도 개방성을 가져야 한다. 그리고 정보를 해석할 수 있는 직관력도 가지고 있어야 한다.

세 번째는 공감 능력이다.

과거의 권위주의 시대와 비교해서 가장 필수적으로 요구되는 역량이다. 공감 능력은 상대방을 이해하는 곳에서부터 출발한다. 과업 지향적 리더들이 소홀히 하기 쉬운 부분이지만 미래의 리더십에서 가장 중요한 요소 중 하나이다. 공감 능력은 이해-논리-설득의 과정을 통해 완성이 된다. 조직 구성원들의 다양한 요구 사항을 이해하는 한편 서로 다른 이해 관계를 조정하기 위해 스스로 논리성을 갖추고, 조직이나 공동체가 추구하는 방향으로 구성원들을 설득해 나가야 한다.

그리고 마지막으로 필요한 역량이 글로벌 시민 의식이다.

글로벌 사회가 급속히 진행되면서 글로벌 시민 의식은 필수적인 요소로 등장했다. 글로벌 시민 의식은 도덕성과 문화에 대한 이해력으로 요약할 수 있다. 도덕성의 출발은 자신의 가치관 확립에서 시작된다. 종교적 신념이건 평소 가지고 있던 생각이건 일관된 모습에서부터 출발하고 이를 자신의 가치관으로 연결하는 힘을 가지고 있어야 한다. 하버드 대학 마이클 샌델 교수의《정의란 무엇인가》의 강의에서 보여지는 것처럼 자신의 확고한 가치관이 없을 때 도덕성은 흔들릴 수 있다. 또한 이러한 도덕성은 다양한 세계 문화에 대한 개방적인 태도와 함께 있어야 한다. 다른 나라의 문화를 이해하려는 노력과 능력은 글로벌 시대에 새롭게 요구되는 도덕적 가치가 된다.

그렇다면 이러한 네 가지 역량을 갖추기 위해서는 어떤 노력을 해야 할 것인가? 네 가지 역량의 원천은 창의력이다. 창의력의 원천은 상상력이며, 상상력을 풍부하게 하는 것은 바로 인문학이다. 어디서나 원하는 지식을 얻을 수 있는 오늘날, 지식을 연결해 부가가치를 만들어 내는 상상력에 인문학은 자양분을 제공한다. 제임스 카메론 감독의 〈아바타〉는 인문학의 종합판이다. 아바타에는 시가 있고 철학이 있고, 역사가 있고, 예술이 있다. 또한 그곳에는 미래를 예측하는 통찰력과 인간 본연의 모습을 존중하는 인본주의가 있다.

따라서 새로운 글로벌 리더십을 만들어 나가기 위해, 청소년들의 근본적인 역량 강화에 필요한 첫 번째 작업은 인문학에 대한 탐구이다.

빌 게이츠는 가끔 '인문학 없인 나도, 컴퓨터도 있을 수 없다'라는 말을 한다. 스티브 잡스 역시 젊은 시절 인도에서 수행한 종교적 직관에서 신제품의 상상력을 배출한다고 고백한다. 〈아바타〉에서 보여지는 스토리텔링은 인문학을 꿈과 이야기, 감성으로 제품에 반영하는 대표적 마케팅 기법이다. 리더에게 요구되는 또 하나의 능력이 인문학적 상상력에 기반한 스토리텔링에 있다. 이처럼 오늘날의 경영자들은 인문학적 지식을 가미해 리더십을 발휘하는 것이 중요하다.

변화하는 경영의 리더십
잭 웰치 vs. 마크 주커버그

경영의 리더십이 변화하고 있다. 중심에는 젊은 IT 전문가들이 있다. 페이스북의 마크 주커버그와 구글의 래리 케이지가 있다. 과거 경영의 리더십의 대표 주자는 잭 웰치였다. 과감한 결단력, 무자비한 구조 조정, 그리고 실패를 모르는 불굴의 추진력으로 대표된다. 그들의 이야기를 비교하며 변화하는 경영의 리더십을 탐구해 보자.

파워 플레이어 잭 웰치의 불굴의 리더십

- 1935년 11월 보스톤 인근에서 출생
- 1960년 일리노이 대학에서 화공학 박사 학위 취득 (24세)
- 1960년 GE의 매사추세츠 주 플라스틱 공장에 첫 출근 (24세)
- 1968년 최연소 플라스틱 사업본부장으로 승진 (32세)
- 1981년 GE의 8번째이자 최연소 회장으로 취임 (45세)
- 1983년 크로톤빌 연수원을 기업 혁신의 메카로 개혁 (47세)
- 1985년 RCA를 합병함으로써 NBC를 소유 (49세)

- 1987년 톰슨사와 빅딜을 성사(의료 기기 ↔ TV 생산)(51세)

- 1994년 웹 기반의 디지털 전략 준비 (58세)

- 1995년 전사적 6시그마 운동 전개 (59세)

- 2001년 허니웰 인수 실패 (66세)

- 2001년 GE 최고 경영자에서 퇴임

잭 웰치의 리더십은 네 가지로 요약된다.

첫째, 그는 GE라는 대형 회사에 '강한 소기업' 즉 '강소기업'의 마인드를 심었다.

세계에서 가장 큰 회사에 강소기업의 기업가 정신을 심는다는 것은 쉬운 일이 아니다. 그러나 그는 GE의 회장으로 근무할 때 GE의 모든 사업부를 쪼개서 독립채산제 형태의 사업부를 만들었다. 따라서 모든 직원들의 급여나 보상 체계는 각 사업부의 수익에 연동이 되었다. 아무리 GE 전체로 수익을 많이 냈다 하더라도 수익이 없는 사업 부서는 보너스를 받을 수 없었으며 심지어는 구조 조정을 통해 해고를 감내해야 했다. 처음에는 GE 직원들의 반대의 목소리가 컸으나, 그는 이를 과감히 단행해 여러 사업 부분의 문을 닫아 버렸다. 그의 목표는 GE를 해당 분야에서 1위 또는 2위로 만드는 것이었다. 이것이 바로 잭 웰치 회장의 트레이드 마크인 '1등 또는 2등 전략(원칙)'이다.

월스트리트의 애널리스트들을 상대로 하는 연설문에서 "나는 진정한 성장 산업을 찾아내고 그 산업에 뛰어들어 1등이나 2등이 되는 기업, 즉 1등이나 2등 수준의 군살 없는 조직 구조에서 가장 낮은 원가로 고품질의 제품과 서비스를 세계 시장에 공급하는 기업만이 미래의 승리자가 될 수 있다고 생각합니다. 그렇게 하지 못한 1980년대의 경영자들과 기업들, 즉 잘못된 전통이나 정신 혹은 경영상의 약점 등과 같은 이유로 1등이나 2등이 되는 데 실패한 자들은 1990년대에는 더 이상 살아남기 힘들 것입니다.”라고 말했다. 그는 시장에서 경쟁력이 1위 또는 2위가 아니거나 독특한 비교 우위가 없는 퇴출 대상 사업은 모두 처분하여 조직을 작게 만들었다.

둘째, 그는 GE의 많은 직원들이 세계 최고의 실력을 가진 직원들임에도 불구하고 더 열심히 일할 수 있도록 독려하는 시스템을 만들었다.

잭 웰치는 신상필벌의 원칙에 따라 보상 구조를 만들어서, 실적이 있는 직원에게만 보상이 있게 만들었다. 또한 직원 간의 경쟁을 부추겨서 직원들이 끊임없는 경쟁을 통해 더욱 실력을 연마하도록 만드는 데 탁월한 재주가 있었다. 그의 이러한 경쟁 심리 자극은 운동을 통해 다져온 승부욕이 있었기 때문에 가능했다. 그는 스포츠를 좋아했다. 야구, 미식축구, 아이스하키, 농구 등 그는 모든 분야에서 강한 승부욕을 보였다고 한다. 또한 그만두어야 할 때를 정확히 알았고, 새로운 것을 찾아 다시 시작하는 걸 두려워하지 않았다. 운동을 하다가 신장의 문제라든지 체력의 문제와 같은 쉽게 해결되지 않는 선천적인 문제가 닥치면 바로 그 운동을 그만두고 다른 운동을 찾아 또다시 노력했다. 어렸을 때 이러한 경험들에서 승리의 기쁨과 실패를 딛고 일어서는 자세의 중요함을 깨달았고 이는 삶의 방향을 잡아 나가는 데 큰 힘이 되었다. 승부욕, 사람을 관리하는 방법, 시작과 끝을 구분할 줄 아는 경영자로서의 기본에 해당하는 모든 것을 운동을 통해 배웠다고 할 수 있다.

셋째, 그는 말단 직원부터 최고 경영층에 이르기까지 모든 직원들에게 끊임없이 코치하고 독려하고, 도전할 수 있도록 기업 문화를 만들어 갔다.

또한 그는 신분이나 출신 대학에 관계없이 실력이 있으면 GE의 최고 경영층까지 올라갈 수 있는 장치를 만들었다. 이러한 잭 웰치의 리더십은 자신의 배경과도 연관이 있다. 가난한 철도원의 아들이었던 잭 웰치는 천재도 아니었고, 집안이 좋은 것도 아니었다. 그는 명문 대학이 아닌 일리노이 대학을 졸업했고, 전공도 경영학이 아닌 화공학이었다. 그러나 그는 이러한 약점을 극복했고, GE의 최고 경영자에 오를 수 있었다. 그가 도전할 수 있었던 것은 그의 긍정적인 사고방식과 불굴의 의지에 있다고 할 수 있을 것이다.

마지막으로 그의 'Show-and-Tell' 전략이다.

그는 거대한 GE에서 모든 직원들이 가장 최적의 경영 성과를 경험하기 위해서는 경영 성과를 공유하는 시스템이 필요하다고 생각했다. 뛰어난 직원들의 아이디어가 사업부 하나에서 사장되는 것이 아니라 모든 사업부에서 이를 벤치마킹하도록 만들자는 것이었다. 그런 의미에서 그의 'Show-and-Tell' 전략은 유효했다. 그는 뛰어난 경영 성과를 이룩한 직원의 경험담과 실천 전략을 모든 직원들이 공유할 수 있는 지식 관리 시스템을 만들었고, 이를 적극적으로 전파했다. 또한 기대하지 않았던 엄청난 보너스는 물론 GE의 연수원인 스크랜턴 연수원을 통해 모든 직원들이 뛰어난 업적을 지닌 직원의 업적을 배울 수 있도록 만들었다. 이러한 전파 전략을 통해 새로운 아이디어가 끊임없이 회사 내에서 나올 수 있도록 장려했다.

마크 주커버그

페이스북의 창업 스토리를 담은 영화 〈소셜 네트워크〉를 본 적이 있는가? 전 세계 5억 명 이상이 이용하는 SNS 대표 기업 페이스북을 다룬 영화가 있다. 2004년 하버드대 재학생이던 19세의 창업자 마크 주커버그가 페이스북을 창업하는 과정을 다룬 영화이다. 오늘날처럼 조직이 발달하고 기술이 발달한 시대에 마크 주커버그라는 애송이 대학생이 만든 작은 회사가 세계 최대 기업 중 하나로 성장할 수 있다는 사실이 경이롭다. 여전히 신선한 아이디어와 패러다임의 변화가 사업의 기회를 제공하고 있다고 할 수 있다. 페이스북의 스토리를 보면 영화처럼 한 편의 드라마와 같다.

페이스북은 2004년 하버드 대학생인 마크 주커버그와 두 명의 친구가 함께 시작했다. 이 사이트는 사용자 등록을 하려면 실명과 이메일만 넣으면 된다. 그러면 이용자들의 현재 그리고 과거의 친구들이나 동료들을 놀라울 정도로 쉽게 연결할 수 있도록 해준다. 2007년 여름 페이스북이 소셜 네트워크 시장에서 광풍을 일으키자 블로거들은 주커버그를 애플의 카리스마 넘치는 보스인 스티브 잡스에 비유하면서 그의 회사도 주식 시장에 상장할 날이 임박했을 거라는 판단에 '넥스트 구글'이라고 부르기도 했다. 2010년 페이스북의 가입자 수가 5억 명을 넘어섰다. 그렇다면 페이스북의 성공 요인은 무엇일까?

먼저 주커버그가 누구인지 살펴보자.

주커버그는 유복한 유대인 가정에서 태어났다. 아버지는 치과 의사, 어머니는 정신과 의사인 의사 집안이다. 그는 이미 중학교 때 처음 컴퓨터 프로그래밍을 시작했다. 처음 적용한 프로그램은 아버지의 병원에서 사용되는 사무용 프로그램이었다. 관심사나 배경이 비슷한 사람들끼리 친구를 맺어 교류하는 일종의 인맥 관리 사이트인, 페이스북의 역사는 주커버그가 하버드 대학에 다닐 때 시작된다. 주커버그는 2004년 친구 더스틴 모스코비츠, 에두아르도 새버린, 크리스 휴즈와 함께 하버드대 학생들끼리 연락처를 공유하고 인맥을 관리하는 사이트 페이스북을 처음 만들었다. 교내에서 인기를 끌자 가입 조건을 스탠포드대와 콜럼비아대 등 미국 전역의 대학교 학생으로 넓혀 나갔다. 비록 몇 번의 소송을 통해 페이스북이 그의 아이디어가 아니었다는 논란은 있지만 결국 페이스북은 SNS의 대표 사이트로서 자리매김했다.

페이스북의 성공 요인에는 마크 주커버그의 소통의 경영이 자리잡고 있다. 주커버그는 페이스북을 운영하면서 첫째, 변화의 방향을 정확하게 파악하여 적용하였고, 고객과의 소통을 적극적으로 했다. 두 번째 그는 기존 서비스의 단점을 정확하게 파악하여 대안을 마련해 주는 데 있어서 최선을 다했다. 그리고 SNS 서비스들이 친분 교류를 위한 커뮤니케이션 매체로서 부족했던 점을 개선하여 대화 형태를 갖춘 서비스를 제공하였고 모바일 환경에서도 원활한 접속을 위한 환경을 제공했다. 마지막으로 스마트한 방향으로 비즈니스 모델을 구축하면서 안정적인 수익원을 확보하도록 노력했다.

또한 그의 인재 선발 방식을 눈여겨볼 필요가 있다. 화제를 구글로 잠시 돌려보자. 많은 사람들이 구글의 근무 환경을 보고 놀란 적이 있다. 실리콘밸리에 자리잡은 구글의 본사는 직장의 개념을 사무실이 아닌 놀이터의 개념으로 바꾸었다. 그러나 구글의 직장 문화도 페이스북에 의해 도전을 받고 있다. 페이스북이 추구하는 기업 문화는 구글 그 이상의 개방성과 자유로움을 제공하고 있기 때문이다. 구글은 설립 초기 개방된 직장 문화로 마이크로소프트와 야후의 직원들을 대거 영입했었다. 그러나 구글의 성장세가 둔화되고 더 매력적인 근무 환경을 찾는 신세대 인재들에게 페이스북의 근무 환경은 더 매력적으로 보였다. 따라서 페이스북은 구글이 가졌던 강점으로, 세계에서 가장 우수한 인재들을 영입하고 있다. 그렇다면 마크 주커버그의 페이스북과 잭 웰치의 GE의 기업 문화를 비교해 보자.

잭 웰치 VS. 마크 주커버그

잭 웰치의 GE는 한마디로 독일의 전차군단 같은 이미지를 갖고 있다. 엄격한 질서, 신상필벌의 원칙, 무한 경쟁, 냉엄한 구조 조정 등이 떠오른다. 개인의 자유보다는 조직의 논리가, 개방성보다는 내부에서의 무한 경쟁이 자리잡고 있는 기업 문화이다.

반면 페이스북은 창의성과 자율성이 보장되는 조직 문화, 성공과 비전을 제시하는 롤 모델, 그리고 많은 금전적인 보상과 성장 기회 제공 등이 기업 문화의 기저에 흐르고 있다.

GE와 페이스북, 잭 웰치와 마크 주커버그를 보면서 기업 문화 변화와 그에 따른 경영 리더십 변화의 패러다임을 읽을 수 있다. 경영 환경이 변하면서 기업 CEO들의 리더십도 변화하고 있다. 잭 웰치식의 불도저 경영이 과거 경영 리더십의 아이콘이었다고 한다면, 마크 주커버그의 소통의 리더십이 현재를 살고 있는 디지털 경영 시대의 리더십의 아이콘이라 할 수 있다. 이러한 리더십 패러다임의 변화는 리더십의 성격을 이해하는 데 도움을 줄 것이다.

변화하는 전쟁의 리더십
칭기즈칸 vs. 미국 정부

전쟁의 리더십이 변하고 있다. 과거 역사에서 전쟁의 리더십의 핵심은 용맹과 솔선수범이었다. 직접 병사들을 이끌고 전장을 누비면서 적들과 싸우는 장면이 눈에 선하다. 적과 싸우다 전사한 장수는 항상 역사적으로 뛰어난 평판을 받는다. 장군의 업적이란 전쟁터에서 나왔고, 전쟁터에서만이 의미가 있었다.

그렇다면 현대 전쟁의 리더십은 어떤 것을 요구할까? 과거에도 그랬지만 오늘을 살고 있는 우리에게도 전쟁은 여전히 진행 중이다. 아프간 전쟁이 그렇고, 이라크 전쟁이 그렇고, 얼마 전 우리가 경험했던 연평도 해전이 그렇다. 현대의 전쟁에서 가장 필요한 것은 전략이다. 전쟁의 리더십이 변하고 있다. 용맹과 전략의 리더십의 차이를 분석하고 이를 통해 미래 전쟁에서 필요한 리더십은 어떤 것인지를 예측해 보자.

칭기즈칸 – 최대의 영토를 지배한 정복자
몇 해 전 TV 광고에서 '칭기즈칸에게 열정이 없었다면 이름 없는 양치기에 불과했을 것이다'라는 광고 문구가 인상적이었다. 1995년 워싱턴 포스트지 송년호에 실린 글 중 세계에서 가장 영향력을 준 인물 1위에 꼽힌 사람이 칭기즈칸이다. 세계 최초로 지구촌 성립의 서막을 연 인물이자, 유라시아 대륙에 걸쳐 가장 오랫동안 세계를 지배했던 인물이 바로 그이기 때문이다. 칭기즈칸이 몽골을 지배할 당시 몽골 인구는 1백만 명, 그중 20만 명이 기마 군단이었다. 칭기즈칸과 그의 아들 그리고 손자가 정복한 세계 인구는 약 1억 명이었다. 당시 세계 인구의 1/3을 지배한 셈이다.

유목민에 불과했던 칭기즈칸이 이처럼 세계를 정복할 수 있었던 이유는 무엇일까? 가장 큰 이유는 그의 군대 활용의 효율성에 있다고 할 것이다. 그의 군대는 큰 군대도 아니었고, 최신식의 무기를 가지고 있는 것도 아니었다. 바로 칭기즈칸의 솔선수범과 용맹이 자리잡고 있었다. 칭기즈칸의 용병술은 크게 2가지로 나뉜다.

첫째는 강한 군대 양성이다.

그의 군대는 대부분 가마병으로 구성되어 하루에도 약 80km를 행군할 수 있었다. 몽골의 기마병은 기예가 뛰어났고, 뛰어난 사수이기도 했다. 그들의 복식 활은 3km 이상까지 화살을 발사할 수 있었다. 칭기즈칸은 포위와 위장 퇴각의 기술을 완벽하게 쓸 줄 아는 전문가이기도 했다. 적을 겨누어 장전을 하고는 이내 퇴각을 하는 방식으로 그는 적군이 과신을 한 나머지 덫에 빠지게 만들었던 것이다. 도망치던 몽골 기마병들이 예정된 우회를 하여 취약해진 적군을 포위하는 것이었다.

몽골의 군 작전이 성공을 거둔 최종적인 비결은 세계 어떤 군대도 버텨내지 못할 역경을 견뎌낸 몽골 군대의 능력이었다. 몽골의 기마병들은 생계를 위해서 자신들이 타던 말의 핏줄을 조심스럽게 두드려 그 피를 마시며 연명하기도 했다. 또한 강인한 몽골의 조랑말은 충분히 지급되는 보급품의 풀이 필요 없을 정도로, 척박한 풀만으로도 생명을 유지했다.

또한 실력이 있는 장수는 언제든지 최고의 지위에 오를 수 있도록 개방적인 시스템을 구축했다. 이처럼 그의 기병들은 항상 단련이 되어 있었으며, 그는 항상 전쟁에서 솔선수범의 모습을 보여 주었다.

두 번째는 동기 부여 전략이다.

그는 부하들에게 끊임없이 비전을 심어 주었다. 그의 비전은 현장에서 구체적으로 실현이 되었으며 부하들은 비전이 완성되는 것을 눈으로 목격하였다. 그는 몽골 기병뿐만 아니라 정복 국가들 국민들에게도 비전을 심어 주었고, 예를 갖추었다. 그의 용맹성과 개방성은 오랜 기간 동안 유라시아 대륙을 지배할 수 있는 힘을 갖게 해주었다.

칭기즈칸은 궁극적으로 유목민의 리더였다. 그는 평생 동안 역사상 최대의 영토를 지배한 제국의 초석을 놓았다. 그 제국은 전성기에 러시아와 중동의 여러 지역, 인도, 아프가니스탄, 중국을 통합했다. 1206년, 마침내 그는 몽골에서 '세계의 지배자'로 인정받게 된다.

칭기즈칸의 리더십

1. 몽골 족을 동기 부여시킬 만한 '웅대한 비전'

2. 명분과 정당성 확보

3. 자신의 부하를 훌륭한 리더로 키워 낸 슈퍼 리더십

4. 끊임없는 상무 정신 고취

5. 스피드를 중시한 전략의 구사

6. 통합적 패러다임과 거시적 안목

7. 모계 중심의 성 개방 의식

8. 자신을 정점으로 하는 효율적인 조직 구성

9. 과학 기술과 교역의 장려

10. 유능한 참모의 기용

미국의 전략적인 리더십

현대의 전쟁은 더 이상 장군의 이름을 기억하지 않는다. 전략만이 있을 뿐이다. 현대의 전쟁에서 요구하는 리더십은 용맹이나 군사들을 다루는 기술이 아니라 전략에 핵심이 있다. 〈D-13〉이라는 영화를 본 적이 있는가? 바로 케네디 정부의 쿠바 침공을 다룬 영화이다.

1962년 10월 16일, 미국 U-2 비행기가 쿠바 항공을 정찰 중, 핵미사일 기지가 건설되고 있음을 포착한다. 이 미사일은 미국 전역을 단 5분 만에 전멸시킬 수 있는 소련제 핵탄두였다. 발사될 경우, 전 미국의 파괴는 물론 제3차 세계대전은 피할 수 없는 상황에 이른다. 대통령 존 F. 케네디는 동생인 로버트 F. 케네디와 보좌관 케네스 오도넬을 중심으로 비상대책위원회 ExComm(Executive Committee of the National Security Council)을 소집해 대책을 강구하지만 내부에서조차 의견이 엇갈린다. 군부는 이러한 소련의 태도를 명백한 도전 행위로 간주하고 강력한 군사적 행동을 취하자고 주장한다. 하지만 자칫 제3차 세계대전으로 몰아넣을 수도 있는 전 세계인의 생존을 건 문제 앞에 케네디 형제를 중심으로 한 온건파는 신중한 고심 속에 냉정을 유지한다. '선전 포고인가, 아니면 외교 협상인가'라는 치열한 논쟁 속에 강경파와 온건파의 대립은 커져만 가고 한 치 앞을 알 수 없는 막막한 현실 속에 전 세계인들은 제3차 세계대전의 공포에 휩싸이게 된다.

영화의 줄거리는 마치 현대 경영에 있어서 시나리오 경영 방식을 연상 시킨다. 시나리오 경영이란 개별 회사의 독립된 의사 결정이 아니라 주변 환경과의 유기적인 관계와 미래 변화의 상호성을 감안하면서 의사 결정을 하는 경영 전략의 기법을 말한다. 이처럼 1962년 케네디 대통령의 의사 결정은 전쟁에서의 새로운 리더십이 필요하다는 것을 보여 준 첫 번째 사례가 됐다.

당시 급속하게 변화하는 국제 정세에서 전쟁이란 침략과 보복이라는 단순한 논리에서 이미 벗어나 있었다. 현대의 전쟁이란 국지전이 아니라 세계 전체의 패권이나 질서와 관련성이 깊기 때문에 지엽적인 문제만으로 접근하게 되면 실리를 잃게 될 여지가 크다. 만약 과거의 관점에서 이 문제를 해결하려고 했다면 영화에서의 미국 군부의 주장처럼 바로 쿠바를 침공하는 것이 옳았을 것이다. 그러나 이 문제는 칭기즈칸이 유라시아 대륙을 정복할 당시하고는 아주 다른 양상이다. 여기에 케네디의 고민이 있었다. 소련이 쿠바에 미사일 기지를 왜 만들려고 하는 것일까? 터키에 미사일을 가지고 있는 미국에 대한 협상 카드는 아닐까?' 하면서 수많은 추측과 가정이 전개된다. 강경한 군부의 시각은 한낱 의견에 불과할 뿐이다.

전쟁에서 전략의 중요성이 등장한다. 흥미로운 사실은 이러한 전쟁의 전략을 짜는 데 있어서 군사학 전문가들뿐만 아니라 경제학자와 심리학자가 함께 등장하고 있다는 점이다. 최근 경제학이나 경영학에서 많이 쓰이고 있는 게임 이론의 개념이 응용되어 적용되는 시기가 이 시기이다. 쿠바에 미사일 기지를 설치하려는 움직임에 대한 미국의 대응과 소련의 재대응을 통해 미국은 여러 가지 가설을 설정하고 시나리오를 만들어 나간다.

이때 등장하는 게임 이론이 이른바 '치킨 게임(Chicken Game)'이다. 치킨 게임이란 미국의 뒷골목 깡패들이 서열을 정하기 위한 '용맹성 증명 게임'에서 유래한 것이다. 마치, 영화에서처럼 두 대의 차를 서로 마주보게 하여 달리게 한 뒤, 먼저 핸들을 꺾어서 충돌을 피한 쪽이 '겁쟁이(Chicken)'가 되는 게임(Game)이다. 즉, 이 상황에서는 상대방의 전략을 읽는 것이 중요하다. 아무도 자동차를 부딪힐 만큼 어리석지는 않지만 먼저 차에서 뛰어내리는 사람이 지는 게임이기 때문에 상대방의 의사와 전략을 이해하는 것이 게임에서 승리하는 것이다.

쿠바 문제도 마찬가지이다. 소련이든 미국이든 아무도 제3차 세계대전을 원하진 않는다. 그러나 서로의 기싸움을 통해 협상력을 확보하려는 전략을 가지고 있는 것이다. 따라서 게임 이론에서 나오는 pay-off matrix를 통해 이 문제를 해결하자는 의견이 최종적으로 도출되었다. 결국 소련이 쿠바에서 미사일 기지를 철수했고 미국도 터키에서 미사일 기지를 철수하게 된다. 그 이후 세계에서의 전쟁이란 과거처럼 현장에서 싸워 이긴 장군이 영웅이 되는 것이 아니라 전쟁의 전략가들이 영웅이 되는 시대가 등장한 것이다.

특히 무기의 디지털화가 진행될수록 전쟁은 현장 중심이 아니라 전쟁을 지휘하는 지휘부에 있게 된다. 얼마 전 소말리아 해적을 소탕하기 위해 아덴 만에 출동한 해군 UDT 대원들의 작전 역시 한국에 있는 지휘부에서 진행되었다. 이제 전쟁에서 필요한 리더십은 칭기즈칸식의 용맹과 솔선수범의 리더십이 아니라 전략의 리더십이 필요하게 된 것이다.

변화하는 정치의 리더십
넬슨 만델라 vs. 오바마

정치의 리더십이 변화하고 있다. 과거 정치의 리더십은 이념의 리더십이었다. 넬슨 만델라가 흑인 최초의 남아프리카 공화국의 대통령이 되었을 때 그를 지지하는 대부분의 국민들은 그가 가진 피부색과 그의 이념에 동조한 국민들이었다. 그의 리더십은 그들의 이념 성향을 자극했고 뿌리에 대한 향수를 자극했다. 지구상의 수많은 정치 지도자들의 리더십 승리의 가장 큰 이유가 바로 그들이 추구하는 이념의 색깔이었다. 반면 현재 지도자들의 리더십의 원천은 무엇일까? 이념의 색으로 설명하기에는 부족한 부분이 많아 보인다.

미국 대통령 오바마의 예를 들자. 그가 추구하는 미국 민주당의 이념적인 색이 있는가? 아니면 그의 뿌리가 정치적인 지지를 받을 만큼 탄탄했던가? 어떤 적당한 이유도 찾아보기 힘들다. 과거 정치 리더십의 패러다임으로는 설명하기가 어렵다는 뜻이다. 오바마 정치 리더십의 원천은 마케팅에 있다고 해도 과언이 아니다. 이제 정치란 과거의 이념이 아니라 얼마나 이슈를 잘 설정하고, 국민들의 감성을 자극하고 변화의 키워드를 잘 만들어 가는가의 문제로 다가선다. 넬슨 만델라와 오바마 리더십의 비교를 통해 정치 분야에서의 리더십의 키워드가 어떻게 변화하고 있는지를 살펴보자.

신념과 믿음의 정치인 넬슨 만델라

넬슨 만델라는 남아프리카 트란스케이의 템 부족 추장의 아들로 태어났다. 그의 어렸을 적 이름은 '로하바'였으며, 부족 말로는 '문제를 일으키는 사람'이라는 뜻이었다. 만델라는 왕자에 준하는 신분이었지만 한 사건을 계기로 운명이 뒤바뀌게 된다. 당시 그의 나라는 추장 제도가 있었지만 실질적인 지배자는 백인이었다. 부족의 모든 일들을 백인 집정관이 통제하는 형태였다. 우연한 사건을 계기로 추장이었던 그의 아버지는 백인 집정관의 눈 밖에 나고 그의 재산과 지위 등 모든 것을 잃었다. 그 이후 아들인 만델라는 물려받을 재산도 교육받을 기회도 상실했다.

그러나 다행히 주위의 도움을 받아 만델라는 교육을 받을 수 있었다. 그는 명문 학교인 클라크뷔리에서 중·고등학교를 마쳤고 대학에서 법학을 공부했다. 만델라는 이때까지 백인들이 가하는 억압의 무게를 느끼지 못하고 있었다. 이 시기에는 아직 아파르트헤이트(Apartheid, 인종 차별 정책)가 제도화된 형태로 출범하지 못한 시기였다. 그는 그저 나라를 위해 일하리라는 충성심으로 영어를 배우고 남아프리카의 법제를 지배하고 있는 네덜란드 법을 공부했다. 그런데 포트 헤어 2학년 때, 만델라는 처음으로 카피르(Kaffir: 깜둥이, 흑인을 가리키는 모욕적인 말)라는 자신의 조건을 인식하게 된다. 그해 겨울, 만델라는 친구 폴과 함께 트란스케이의 한 우체국에 들렀다. 그런데 60대의 한 백인이 폴에게 돈 몇 푼을 건네주며 우표를 사 오라고 했다. 당시 백인이 흑인에게 잡일을 시키는 것은 아주 일상적인 일이었다. 이 때 폴은 돈을 받지 않았다. 그러자 그 백인은 얼굴이 새빨개지도록 화를 내며 폴을 모욕했다. 이 우표 사건을 계기로 만델라는 인간의 존엄성이 짓밟히는 것을 그대로 감수해서는 안 된다고 자각한다.

그 이후 넬슨 만델라는 남아프리카 공화국의 흑인 분리 정책인 아파르트헤이트(Apartheid)를 철폐하기 위해 싸우다 투옥되었다. 그는 종신형을 선고 받고 무려 27년이라는 세월을 감옥에서 보냈다. 그가 감옥에서 풀려났을 당시 그의 나이는 71세였다. 꿈에 그리던 풀밭을 다시 밟으며 그는 이렇게 말했다고 한다. "나는 위대한 변화가 일어나리라는 희망을 한 순간도 잊은 적이 없습니다." 그는 감옥에서도 희망을 잃지 않았다. 감옥에 있을 당시 14년 동안이나 보지 못한 맏딸이 자식을 낳았다고 찾아와 아이의 이름을 지어달라고 했다. 그때 그는 딸에게 손녀딸의 이름을 지어서 보냈다. 그때 지었던 이름은 바로 아즈위(Azwie) 즉 '희망'이라는 뜻이었다.

만델라의 리더십을 이해하기 위해서는 우선 남아프리카 공화국의 정치적인 상황을 이해할 필요가 있다. 남아프리카 공화국은 350년 동안이나 백인들에게 지배를 받고 있었다. 그가 감옥에서 나왔을 때 그는 인종 차별 철폐를 정치적인 시험대로 삼았다. 1991년 7월 ANC 의장으로 선출된 뒤 실용주의 노선으로 선회하여 드 클레르크의 백인 정부와 협상을 벌였다. 이러한 공로로 1993년 드 클레르크와 함께 노벨평화상을 받았다. 1994년 4월 27일, 350여 년에 걸친 인종 분규를 종식시킨 민주 남아프리카 공화국에서 모든 인종의 남성과 여성이 참여하는 선거가 치러졌다. 그리고 5월 10일, 전 세계의 텔레비전 시청자들이 지켜보는 가운데 넬슨 만델라는 대통령에 취임한다. 그는 프리토리아의 거대한 대통령 집무실에 들어서면서 예의 그 거부할 수 없는 미소를 지으며 백인 직원들과 악수를 나누고, 단 한 사람도 해고되지 않을 것이라고 약속했다. 그들은 자신의 이름과 가족에 대해서까지 알고 있는 이 친절한 노신사를 위해 헌신적으로 일했다. 프레데릭 데 클레르크가 자신의 비망록에서도 언급했듯이, 만델라는 자신과 접촉하는 사람들로 하여금 그를 특별한 존재로 느끼게 만드는 천부적인 재능을 지녔다. 이 재능이 바로 카리스마라고 불리는 자질이다. 그는 특히 중대한 일에서 이 능력을 잘 발휘했다.

아부의 물결이 도처에서 밀려오는데도 만델라가 진정한 민주주의자로 남을 수 있었다는 것은 그의 영웅적인 면모이다. 만델라가 여타의 정치 지도자와는 다른 행보를 보인 점은 정적에 대해 관대했다는 점이다. 그는 보복을 하지 않았다. 정적이었던 프레데릭 데 클레르크가 제2부통령이 되었고, 제1부통령은 아프리카 국민회의를 이끌었던 외교관이자 경제학자였던 나보 음베키가 임명되었다. 그리고 이 다인종 국가 의회의 의장은 훌륭한 재능을 갖춘 여성 변호사인 프린 진왈라가 되었다. 의회는 사형 제도를 폐지했고, 아파르트헤이트 체제를 이끌었던 아프리칸더(Afrikander 남아프리카에 살고 있는 네덜란드계 백인)의 언어와 문화에 대한 보장도 승인했다. 또한 헌법재판소는 대통령의 초기 결정 가운데 두 가지에 대해 불신임 결의를 할 정도로 아주 독립적인 모습을 보여 주었다.

만델라는 아프리카인들의 화해에도 특별히 신경을 썼다. 그는 자신을 수십 년 동안 감옥에 가둔 장본인인 옛 대통령 피터르 빌렘 보타를 방문하고, 자신을 교수형에 처하려 했던 검사 퍼시 유타를 식사에 초대했다. 일각에서는 이러한 태도에 대해 만델라의 정치적 전략이라고 평가하지만, 여하튼 만델라는 용서를 통해 권력을 공고히 했으며 모두에게 바람의 방향이 바뀌었음을 상기시켰다.

아파르트헤이트 체제에서 일어난 범죄는 너무나 많고 잔학해서 독일인들이 나치를 청산했듯 그 범죄를 정리할 방법을 찾아야만 했다. 그런데 새롭게 탄생한 남아프리카는 용서와 관용에 기반을 둔 과거 청산으로 전 세계에 평화와 상생의 메시지를 전파하게 된다. 만델라는 법학 교수인 카데르 이스말의 제안을 받아들여, '국민 통합의 증진과 화해를 위한 법'을 국회에 제출했다. 그것은 인권의 유린이나 범죄를 저지른 사람들이 사면을 요청할 수 있도록 규정하되, 단 철저히 고백한다는 조건이 따르는 것이었다. 투투 대주교는 일종의 청문회라고 할 수 있는 이 공적 고백을 성공시켜 많은 사람들의 상처를 치유했다. 범죄의 행위자와 희생자들의 만남은, 범죄자들에게는 자신이 무슨 일을 저질렀는지를 자각하는 기회를 제공했고, 희생자들 특히 수많은 사형수들의 부모들에게는 과거의 상처를 딛고 마침내 다시 살아갈 수 있는 계기를 마련해 주었다.

넬슨 만델라의 인생을 보면 그의 정치적인 리더십이 강한 이념 의식을 가진 정치적인 신념과 관용적인 태도에 있다는 점을 발견할 수 있다. 이러한 정치적인 리더십은 한국의 김대중 대통령과 닮아 있다. 김대중 대통령의 행보 역시 만델라의 인생과 비슷한 역경의 연속이었다. 박정희라는 정적에 의한 탄압, 오랜 감옥살이, 그리고 민주화에 대한 실험과 대통령 당선 등이 그것이다. 김대중 대통령 역시 대통령 당선 이후 화해의 정치를 실현한 인물이다.

이러한 이념과 정서적 뿌리에 바탕을 둔 정치의 리더십이 미국의 오바마 대통령 이후 강한 도전에 직면하고 있다. 그는 더 이상 정치도 이념의 실험대가 아니라는 것을 보여 주었고, 인종이나 출신지의 뿌리에 근거한 정치가 아니라는 것도 보여 주었다. 그렇다면 오바마 리더십의 원천은 무엇일까?

오바마 리더십은 마케팅에서부터 나온다고 한다. 그 이유는 오바마의 당선을 분석해 보면 알 수 있다.

오바마 마케팅의 승리

오바마는 1961년 하와이에서 케냐인 아버지 버락과 미국 캔자스 출신 어머니 사이에서 태어났다. 두 사람은 당시 하와이대 학생이었다. 오바마가 두 살 때 아버지가 석사 공부를 하러 하버드대로 떠났고 부모는 이혼했다. 어머니는 인도네시아 출신 남자와 재혼했고, 그는 6~10세까지 인도네시아에서 살았다. 당시 인도네시아에서 목격한 빈곤과 불평등은 그에게 깊은 인상을 남겼다. 그는 이후 하와이로 다시 돌아와 유명 사립학교인 포나후 아카데미를 다녔다. 그는 자서전에서 고등학교 시절 인종적 정체성 때문에 혼란을 겪었다고 털어 놓았다.

오바마가 세상에 알려진 계기는 2004년 민주당 당원 대회였다. 오바마는 당시 대통령 후보 존 케리의 지지 연설자로 등장해서 4분여짜리 연설 후 일약 스타가 되었다. 그의 목소리는 어느 연설자보다 호소력이 있었고 눈빛은 젊은 JF 케네디를 떠올리게 했다. 그 자리에서 남긴 유명한 말 중에 '하나의 미국'이라는 말은 2008년 대권 도전에서 미국의 통합이라는 오바마의 강력한 브랜드로 작용했다. 그의 어두웠던 성장 배경에서 현재 자신의 모습, 그리고 그가 바라는 미국을 말하고 있는 모습은 아메리칸 드림을 꿈꾸는 많은 미국인들의 뇌리에 깊게 남았다.

그러나 유권자의 기억은 그리 오래가지 못했다. 오바마의 대통령 만들기 팀조차 빨라도 2012년에나 대권 도전의 해로 생각하고 있었다. 2004년 연방 상원 의원이 된 오바마는 미 상원에서 100명 중 99위에 랭크된 신참 의

원이었을 뿐이었다. 그러나 오바마는 2007년 5월, 고향 일리노이 스프링필드에서 대권 도전을 선언한다. 경쟁자들은 이미 세상에 알려진 유명 인사였고, 대선 준비도 앞서 시작했다. 그러나 오바마는 무서운 저력을 보여 주며 2008년 6월 경선에서 강력한 대선 후보였던 힐러리를 이기고, 11월 대선 투표에서 맥케인을 차례로 이기며 미국 44대 대통령에 당선되었다.

역사적 사건과 그 영광의 뒷자리에는 많은 수식어가 붙는다. 오바마에게는 미국 최초의 흑인 대통령이라는 타이틀이 붙게 되었다. 그러나 오바마는 대통령직과는 전혀 관계 없는 타이틀을 하나 더 얻었다. '위대한 마케터, 버락 오바마'가 바로 그것이다.

애드버타이징 에이지즈(Advertising Age's)는 버락 오바마를 마케팅 전문가들이 뽑은 2008년 '최고의 마케터'라는 타이틀을 주었다. 아이팟과 아이폰의 애플과 나이키가 그 뒤를 이었다. 정치와 무관한 프로 마케터들이 왜 그를 올해의 마케터로 선정했던 것일까? 그 이유는 오바마가 역대 대통령 중에서 가장 놀라운 마케팅 실력을 보여 주었기 때문이다.

현재 정치에서 마케팅 전략은 가장 중요한 선거의 무기가 되어 간다. 과거처럼 이념 논쟁이나 지역에 대한 호소 같은 이슈도 진정성보다는 마케팅 이슈로 변해 가고 있는 것이다. 그렇다면 오바마의 마케팅 전략은 무엇이며 어떻게 이러한 성공을 거두었을까? 그 이유를 알아보자.

미디어의 발전과 함께 정치와 마케팅은 점점 상호 관련성이 높아져서 대선의 전 과정은 마케팅 게임과도 매우 흡사한 모습을 보인다. 모든 후보에게 공략해야 할 시장이 있고, 소비자들로부터 브랜드 인지도를 높일 수 있는 시간이 주어지며. 커뮤니케이션을 위한 미디어 그리고 조직력이란 요소가 주어진다. 이 요소들을 어느 선거 캠프가 어떻게 활용하는가에 따라 결과는 큰 영향을 받게 된다. 과연 오바마 캠프는 어떤 특별한 강점이 있었을까? 유권자들로 하여금 오바마를 최고의 상품으로 인정하게 한 이유는 무엇이었을까? 이유는 바로 그가 최고의 마케터였다는 것이다. 그에게는 뛰어난 언변 능력, 미디어 활용 능력 그리고 시장 상황에 따라 카멜레온 같은 변신을 하면서 보여 준 뛰어난 개방성이 있었다. 그렇다면 오바마 리더십의 핵심인 마케터로서의 그의 능력을 살펴보자.

첫 번째, 뛰어난 언변 능력

2004년 오바마는 일리노이주 연방 상원 의원 자리에 도전한다. 현역 의원인 피터 피츠제럴드가 출마를 포기했기 때문에 공화당과 민주당 양쪽에서 모두 열다섯 명이 출사표를 냈고 그중 일곱 명이 백만장자였다. 오바마는 경선 레이스에 두 번째로 뛰어든 후보였다.

초기에 오바마는 흑인과 부유층 주택가 거주 진보 계층을 묶어 연합 전선을 형성하는 데 힘을 쏟았다. 특히 시카고 북쪽 주택가와 남부 대학가가 공략 지역이었다. 이라크 개입에 반대하는 오바마의 뛰어난 연설에 감동받은 반전 운동가들이 그를 지지했다. 경쟁자인 하인스가 민주당 조직의 도움을 받은 반면 오바마는 스스로 흑인 공직자층을 중심으로 네트워크를 구성했고, 당의 진보 계층 인사들도 조직화했다. 선거 운동이 진행될수록 그의 지지 계층은 넓어져 갔다.

다른 후보들처럼 오바마도 약점과 장점을 모두 지니고 있었다. 약점은 그가 한 번도 고위직에 걸맞은 후보임을 증명한 사실이 없다는 점이었다. 그가 흑인에게 어필하는지에 대해 의문을 제기하는 목소리도 있었다.

"저소득 노동 계층 흑인들은 오바마에 대해 '흑인스럽지 않다'고 생각했다. 이는 백인 권력 구조와 가까이 있는 흑인에 대한 불신에서 파생된 것이다. 흑인 민족주의자 일부는 오바마가 완전한 흑인이 아니라고 수군댄다. 어머니가 백인이며 백인 진보층의 지지를 받는 후보이기 때문이다. 그리고 전통 흑인 기득권 당 세력들이 버티고 있다. 그들은 오바마가 먼저 높이 올라가는 것을 원하지 않는다."

거기에 더해 이름 또한 도움이 되지 못했다. 성과 이름이 모두 희한한데다 성은 9.11 테러의 총 지휘자였던 오사마 빈 라덴과 한 글자 차이였다. 잠깐 동안 공화당 측이 오바마의 얼굴을 빈 라덴의 몸에 붙인 이미지를 올린 웹사이트를 만들었다가 사과하고 이를 내린 일도 있었다.

그러나 오바마는 다른 후보가 갖추지 못한 장점을 가지고 있었다. 우선 약점인 자신의 이름을 강점으로 만들었다. 유세 중에 그는 사람들이 종종 자신을 '알라바마'나 '요마마'로 부른다며 자신의 이름을 농담의 주제로 삼았다. 여기에 그의 이름은 미국에서 태어난 흑인보다 아프리카 이민자 출신에게 더 우호적인 일부 유권자에게 어필하는 효과를 발휘했다. 거기에 〈하버드 로 리뷰〉 최초의 흑인 편집장을 지냈다는 성취적 이력을 강조하는 선거운동을 펼치면서 이름이 알려지자 오바마는 흑인들과 중산층, 노동자층 백인들에게 점점 더 인기를 끌 수 있게 되었다. 경쟁자들은 돈과 조직을 갖고 있었지만 오바마는 개인적 카리스마와 연설 능력의 덕을 보았다. 오바마의 개인적 매력은 애초부터 정치에 별로 관심이 없던 층을 열성적 지지자로 바꾸어 놓았다.

두 번째, 미디어 활용 능력

그의 TV 광고 전략은 선택과 집중 전략이었다. 후보자들이 무차별적으로 TV 광고를 낼 때 그는 때를 기다렸다. 그리고 가장 선거에서 분기점이 되는 시점과 상대 후보의 부정적인 이미지가 가장 크게 부각되었을 때 집중적으로 TV 광고 등 미디어 전략을 만들어 갔다. 2004년 2월 말 상대방 후보의 이혼 스캔들이 터지면서 오바마가 1위로 나섰다. 오바마는 마지막 3주 동안 TV 광고를 흑인 밀접 지역에 집중했다. 광고는 오바마의 피부색과 성공 사례를 보여 주며 흑인 진보 계층과 중도파 백인 모두를 공략했다. 경선에서 53%의 지지율로 압승한 직후의 연설에서 오바마는 선거 초기에 던졌던 테마를 다시 언급했다.

"남부에서 온 깡마른 남자, 버락 오바마라는 희한한 이름을 가진 남자가 선거에서 이길 가능성은 없었다. 하지만 16개월 뒤 일리노이 민주당원 전체, 흑인이든 백인이든 히스패닉계이건 아시아 인종이건 상관없이 우리는 함께 서서 '우리는 할 수 있다'고 큰 소리로 선언할 수 있게 됐다."

세 번째, 시장 친화적인 개방성

그의 이념적 배경은 중도이다. 민주당 후보가 중도적인 입장을 강조하는 것은 자칫 민주당의 전통적인 지지표를 잃을 수 있었다. 그러나 그는 미국인을 통합할 수 있는 중도적 가치를 강조했다. 오바마는 "민주당 사람도 위대한 신을 숭배하고 공화당 사람도 연방 요원들이 인권을 침해하며 돌아다니는 것을 반대한다. 이라크전을 반대하는 사람도 애국자이며 찬성하는 사람도 애국자다. 우리는 같은 나라 국민이다."라고 말했다. 연설은 뜨거운 호응을 얻었고 그는 하룻밤 사이에 스타로 부상했다.

갑자기 몰리는 언론의 관심 덕을 보면서도 오바마는 그가 미국 최초의 흑인 대통령이 될 거란 전망 등 갑자기 높아진 기대 수준을 낮추는 데 주력했다. 하지만 전당 대회 후 오바마의 유세 현장을 취재하던 한 기자는 오바마 열풍이 "펄펄 끓는 정도"라고 표현했다. 이러한 그의 중도적인 색채는 항상 그런 것만은 아니었다. 때때로 필요에 따라 그는 이념적인 성향이나 정치적인 뿌리를 강조하기도 했다. 그러나 이러한 변신은 충분히 인정받을 수 있는 분위기에서의 연설로 제한했다. 따라서 선거 기간 중 돌발적으로 발생할 수 있는 상황을 만들지 않았다.

흑인 후보들은 대개 두 가지 전략 가운데 한 가지를 사용한다. 하나는 흑인과 진보적인 유권자의 연합을 도모하는 것이고 다른 하나는 인종을 무시하고 정치적으로 중도 성향을 보이는 사람들을 끌어들이려고 시도하는 전략이다. 흑인 후보들의 성과가 좋지 않은 이유는 그들이 딜레마에 빠져 버리기 때문이다. 흑인 기반을 강화하려는 노력은 중도적인 백인들의 이탈을 가져온다. 중도적인 백인들에 맞추려고 노력하면 흑인과 진보적인 사람들의 지지가 약해진다. 따라서 흑인 정치인들은 여러 인종을 아우른 연대가 이루어졌을 때도 자신들이 흑인 사회를 저버린 것이 아님을 증명해야 한다. 또한 그러면서도 더 이상 인종적 불만이나 민권 문제에만 몰두해서도 안 된다.

오바마는 이 상반된 견해 사이에서 균형을 유지해야 했다. 오바마 자신은 이렇게 말한다. "우리 정치에는 일종의 규약이 있는데, 흑인 정치인에 대한 규약 가운데 하나는 진정 흑인으로 자처하고자 한다면 어떤 식으로든 백인을 공격해야 한다는 것이다. 그러나 좀 속된 표현을 쓴다면 우리는 규약을 날려 버렸다."

선거 과정에서 오바마는 자신의 아버지는 케냐 출신이고 어머니는 캔자스 출신이라는 점을 언급하면서 자신의 출신 배경을 모든 인종의 사람들에게 호소력을 가질 수 있게 사용했다. 또한 자신의 독특한 성을 사용하여 다른 흑인 후보들이 겪어야 했던 차별을 비껴 나갔다. 그리고 비록 자신은 사립학교를 포함해 많은 중상류층 혜택을 누렸지만 그는 자신의 삶을 도전을 이겨 내고 우뚝 선 미국인의 성공담으로 그려 냈다.

변화하는 문화의 리더십
스티븐 스필버그 vs. 제임스 카메론

제 임스 카메론 감독의 영화 〈아바타〉가 상영되었을 때 많은 평론가들
이 〈슈퍼맨〉의 시대는 가고 〈아바타〉의 시대가 도래했다는 말을 했
다. 문화의 리더십도 변하고 있는 것이다. 한 세대를 풍미하면서 문화계의
최고 리더로 자리잡았던 스티브 스필버그 감독류의 작품이 제임스 카메론
감독류의 작품으로 급속히 대체되고 있다는 의미이기도 하다.

1970년대 〈슈퍼맨〉 시리즈와 2000년대 〈아바타〉 영화
를 비교해 보자. 1970~1980년대 〈슈퍼맨〉은 가장 강하고
정의로운 영웅을 등장시켜 관객들의 선망 심리를 자극했
다. 1978년 1편이 개봉된 이후 1987년까지 4편의 시리즈로
미국 내에서만 3억 달러 이상의 수입을 올렸다.

반면 〈아바타〉의 경우 과학 문명을 등에 업은 인간의 이기심에서 비롯된
반자연 반생명적 행태를 극복하고 자연과 더불어 살아가려는 주인공들의
모습을 통해 관객들을 매료시킨 영화이다.

구분		슈퍼맨(1970~1980년대)	아바타(2009년)
현실	정치	냉전(이념 대결, 군비 경쟁)	탈냉전(국가 간 상호의존성 증대)
	경제	무한 성장 추구, 자원 전쟁	지속 가능 성장, 자원 보존
	문화	서구 중심적 가치 지배	발리우드, 한류 등 다양성 분출
영화	주인공	초능력자, 영웅	장애인, 외계인
	스토리	초능력으로 악을 제압	자연적, 도덕적 삶 추구

이렇게 두 영화는 한 시대를 풍미한 대표적인 영화였고, 문화계의 다른 장르나 다른 영화 작품에도 많은 영향을 미치게 된다. 이는 두 영화에서 동시대인들의 심리와 가치관을 크게 반영하고 있기 때문이다. 스티븐 스필버그와 제임스 카메론 감독은 이러한 시대적인 요구와 사람들의 정서를 훌륭하게 읽어 냈고 이를 영화라는 거대 매체를 통해 표현했다. 특히 〈아바타〉의 경우 환경과 고객 취향이 급변하는 오늘날 무엇보다 고객의 니즈와 라이프 스타일에 대한 지속적인 연구를 통해 전달의 키워드를 잡아 냈다는 점에서 큰 의미를 가질 수 있을 것이다.

−삼성경제연구소 〈슈퍼맨의 시대에서 아바타의 시대로〉 중에서

첨단을 싫어하는 영화 제작자 − 스티븐 스필버그

"나는 기계 혐오자야!" 2002년 12월 영화 〈Catch Me If You Can〉 시사회를 마친 직후 스티븐 스필버그가 한 말이다. 이미 2002년이면 디지털 시대가 도래하였고 디지털 미디어의 대대적인 등장을 예고하고 있었다. 그러나 스필버그는 여전히 과거의 가치를 중시했고, 과거의 패러다임을 존중했다.

〈ET〉, 〈죠스〉, 〈라이언 일병 구하기〉 등 스필버그 감독만큼 꾸준하게 히트 작을 만든 사람도 없을 것이다. 스필버그는 할리우드의 거물답게 미래의 영화 관람 경향에 대한 두 가지 뚜렷한 입장 중에 한쪽 축을 형성하고 있다. 그는 개별화된 관객들이 홀로 자기 집에서 노트북 버튼을 눌러서 보고 싶은 영화를 요청하게 될 것이라는 말에는 동의하지 않는다. 영화에서의 개인화와 상호 교환성을 인정하지 않는다는 것이다. 그는 철저하게 자신의 방식대로 영화를 해석했고 관중에게 자신의 메시지를 강력하게 전달하는 것을 고집했다. 스필버그는 자신이 좋아하는 주제인 판타지, 현실 도피, 탐험 그리고 구원 등등의 이야기를 담은 영화들을 서로 모르는 사람들이 컴컴한 영화관에 여기저기 뒤섞여 깜박이는 스크린 이미지를 함께 보는 낭만적인 측면을 선호하는 사람이다.

디지털 영화 시대가 도래했다고 해도 스필버그의 할리우드에서의 영향력이 떨어지는 것은 아니다. 다만 스필버그 같은 복고주의자들에게 디지털은 영화를 만드는 예술적 재미를 빼앗는 것에 지나지 않는 것이다. 스필버그 본인도 컴퓨터로 만든 여러 가지 특수 효과들을 엄청나게 활용하기는 하지만 여전히 셀룰로이드 필름의 영상과 느낌을 선호하고 있기 때문이다. 실제 그의 작품 중 〈AI〉, 〈마이너러티 리포트〉 등에서 그는 기술 변화에 대해 회의적이지는 않지만 대단히 애매모호한 입장을 드러내고 있다.

점점 더 많이 디지털화 하고 있는 엔터테인먼트 산업의 추세에 대해 스필버그처럼 영향력이 있는 사람이라고 해서 그 흐름에 맞서기는 힘들 것이다.

〈아바타〉의 감독 제임스 카메론
〈아바타〉 열풍은 이미 지나갔다. '3D 입체 영화의 신기원', '미래 영화의 선구자' 등 갖가지 호평이 쏟아지면서 〈아바타〉에 대한 관심은 전 세계적으로 새로운 문화 현상을 만들어 냈다. 이 영화는 리더십 관점에서도 생각할 점이 꽤 많다. 〈아바타〉에서 리더십의 키워드를 살펴보자.

첫 번째, 자연 친화성

영화 속에서 자연은 인간이 영원히 몸담고 살아가야 하는 환경으로서 가장 소중한 가치이자 선악을 판단하는 기준이 된다. 영화 〈아바타〉는 판도라 행성의 대자연과 그 속에서 살아가는 동식물들의 아름다움을 부각하고 있다. 이에 비해 인간이 채취하려고 하는 자원은 판도라 행성의 거대한 자원이 지니는 가치에 비해서는 하잘 것 없이 느껴진다. 이러한 대비법을 통해 자연을 소중히 여기며 살아가는 나비족에 대해 관객은 자연스럽게 동조 심리를 갖게 된다. 이러한 자연 친화성은 일상을 살아가는 현대인에게도 점차 중요하다고 느껴지는 것들이다. 따라서 디지털 영화임에도 불구하고 자연의 친화성을 강조한 것은 관객들의 감성의 키워드를 읽은 카메론 감독의 탁월성을 엿볼 수 있는 대목이다.

두 번째, 소통과 참여

소통은 연결과 직결되는 개념이다. '연결'은 이 영화를 이해하는 가장 중요한 키워드다. 〈아바타〉의 배경이 되는 판도라 행성은 모든 생태계가 서로 연결돼 교감을 주고받는 것으로 묘사된다. 행성 전체가 하나의 유기체와 같이 작동한다. 이곳에 거주하는 나비족은 실제로 자신들이 자연의 일부라고 생각한다. 이는 단순한 믿음이나 신앙이 아니다. 그들은 머리끝에 촉수 같은 것을 이용해 동물이나 나무와 접속해 교감한다. 행성의 가장 크고 신성한 나무와 접속해 역사와 조상의 숨결을 느끼고 하늘을 나는 이크란 등 동물과 연결해 그들을 마치 손과 발처럼 이용하기도 한다. 판도라 행성의 생태계는 전기화학적으로 모두가 서로 연결된 것처럼 묘사된다. 나비족 여전사인 네이티리가 주인공을 전사로 교육하면서 가장 먼저 가르친 것도 역시 교감이란 의미를 가진 '샤헤일루'였다. 나비족이 보여 준 친밀한 소통과 그에 기초한 참여적 삶의 모습은 인터넷을 기반으로 소통과 참여의 의미와 그 중요성이 새롭게 인식되는 현 세대의 니즈를 반영하고 있다. 특히 쌍방향적인 소셜 미디어(SNS)가 소통의 주류로 부상하면서 일방적인 의사소통보다는 쌍방향 의사소통을 적극적으로 즐기는 신세대들에게 많은 호감을 가져다주는 대목이다.

세 번째, 창조적인 역발상

〈아바타〉는 내용 면에서 역발상적 스토리 전개를 통해 관객의 관심을 끌고 있다. 〈아바타〉는 외계인인 나비족이 인간을 물리치고 승리를 거두는 과정에서 일반적인 영화에서는 찾아볼 수 없는 줄거리로 관객의 흥미를 자극하고 있다. 특히 원시 장비를 가진 나비족 군대가 과학 문명으로 무장한 인간의 군대를 격파하는 장면은 역발상의 창의성을 보여 준다. 제임스 카메론 감독은 〈터미네이터〉와 〈타이타닉〉에서도 이와 같은 독창성을 자주 보여 주었다. 그가 사용한 3D 기술은 첨단의 기술임에는 틀림이 없지만 그는 절대로 영화의 이미지가 기술적인 면에 치우치지 않도록 노력했다. 이러한 기술적인 부분의 자제를 통해 영화 전반에 흐르는 시나리오의 반전과 인간적인 모습, 그리고 창조적인 발상들을 구성하기 위해 노력했다. 카메론 감독은 "영화의 기술이 결코 창의력이나 인간의 감정, 스토리 등을 압도하지 말아야 한다"고 주장한다.

Chapter **5**

리더십 발휘하기

리더십 포트폴리오

리더십 포트폴리오란 자신의 적성과 진로를 고려하여 봉사와 동아리 활동, 그리고 독서 활동 등을 주도적으로 하면서 기록해 온 내용의 결과물을 말한다. 최근 입학사정관제와 자기주도학습 전형이 입시의 대세가 되면서 리더십 포트폴리오에 대한 관심이 많아졌다. 과거 학교 교육 내에서는 성적만 있을 뿐 학교 생활기록부의 기록에 필요했던 진로 활동, 봉사 활동, 체험 활동 등의 기록이 다분히 형식적인 것에 그쳤다. 그러나 최근 교과부에서 학교 교육 내에서 창의 체험 활동 기록을 중요한 입시의 판단 기준으로 삼겠다는 의지를 표명하면서 이에 대한 관심이 높아지고 있다. 그렇다면 자신만의 차별화된 생활기록부를 어떻게 만들 것인가?

해답은 바로 리더십 포트폴리오에 있다. 왜냐하면 자신의 관심 분야나 활동 그리고 독서의 기록 등이 자신의 모습을 나타내지 못한다면 더 이상 차별화를 할 수 있는 방법이 없기 때문이다. 이는 모든 사람에게 공통적으로 적용된다. 따라서 자신의 생활기록부를 차별화하기 위해서는 반드시 자신의 모습을 충분히 그려낼 수 있는 내용을 채워야 한다. 따라서 생활기록부의 모든 내용들이 유기적인 연관성을 가지고 자신의 활동이 일관성과 균형성, 유의미성, 그리고 지속성을 가지고 있다 것을 나타내도록 해야 한다. 그렇다면 구체적으로 어떤 전략이 필요할까? 우선 자신의 리더십 스타일을 보여 줄 수 있는 내용이 반영되어야 한다.

예를 들어 방송반 활동을 하는데 자신의 역할이 아나운서일 수도 있고, 엔지니어일 수도 있고, 방송반의 여러 행사를 기획하는 역할일 수도 있다. 자신의 모습을 나타내기 위해서는 아나운서나 엔지니어, 그리고 기획자 중에서 어떤 역할이 중요한가를 보기 전에 자신이 어떤 위치에서 자신의 모습을 잘 드러낼 수 있느냐를 판단해야 한다. 비록 방송반 동아리의 회장이 아니라 하더라도 자신이 엔지니어로서 역할을 할 수 있고 동아리 구성원들이나 후배들에게 영향을 줄 수 있는 역량이나 특별한 기술이 있다면 엔지니어로서의 활동이 본인만의 리더십을 훨씬 더 많이 보여 줄 수 있는 역할일 것이다.

봉사 활동의 경우도 마찬가지이다. 봉사 활동에서 가장 중요한 것은 일관성과 지속성이다. 일관성을 유지하기 위해서는 자신의 관심 분야나 사회에 대한 관심의 방향이 어떤 곳인가를 분명히 나타낼 필요가 있다. 사회적인 약자에 관심이 있다고 했을 때, 사회적인 약자에도 싱글맘, 다문화 가정, 외국인 노동자, 고아, 노숙자, 노인 등 다양한 계층이 존재할 수 있다. 이때 자신의 관심 분야가 어느 곳에 있는지를 분명히 할 필요가 있다. 이렇게 관심 있는 곳이 생겼을 경우 그 다음 요구되는 것은 지속적인 활동이다. 지속적인 활동이란 2년 이상의 활동을 의미한다. 이러한 지속적인 활동 속에서 자신만의 리더십을 보여 주는 것이 중요하다.

리더십이란 자신과 교류하는 사람들에게 미치는 영향력을 의미한다. 따라서 봉사 활동 모임의 회장이라든가 아니면 임원이라는 역할보다는 자신이 봉사 활동을 다니면서 상대방에게 미쳤던 구체적인 영향을 생활기록부나 활동기록부에 기록하는 것이 중요하다.

교회에 다니는 한 학생이 있다. 그는 교회에 부쩍 늘어난 외국인 노동자들에게 한국어를 가르치는 일을 시작했다. 성격상 나서거나 활발하게 사람들과 교류를 하지 못했지만 그 학생에게는 사람들을 가르치는 재주가 있었다. 특히 끝까지 남아서 뒤처지는 학생을 가르침으로써 그들을 인간적으로 감동시키는 데 탁월한 역량이 있었다.

그 결과 10명의 외국인 노동자들에게 가르쳤던 한글 교실이 입소문을 타고 회원 수가 늘어나기 시작하면서 70명 이상으로 숫자가 늘어난 사례가 있다. 이 학생의 경우 평소 나서는 것에 자신이 없어 한 번도 학급 반장을 해 본 적이 없는 학생이었지만 그의 리더십을 훌륭하게 보여 준 사례가 되었다.

독서 활동의 경우도 자신의 관심 분야와 자신의 리더십을 키울 수 있는 독서 활동이 되는 것이 좋다. 리더십이란 단순히 인격 형성이나 성격을 개조하는 것이 아니라, 궁극적으로 자신이 하고 싶은 분야에서 주도적으로 활동하는 것을 의미한다. 새박사로 유명한 윤무부 선생님의 예를 들어 보자. 그가 새박사로 불리게 되고 새와 관련된 모임이나 단체에서 최고의 영향력을 행사할 수 있었던 것은 바로 그의 새에 관한 지식 때문이다. 새에 관한 지식은 많은 관찰 활동에서도 나오지만 독서를 통한 지적 탐구도 한몫을 차지한다. 그런 의미에서 자신의 관심 분야에 대한 꾸준한 독서는 자신이 속한 단체나 동아리에서 리더로서 자리매김을 하는 데 중요한 디딤돌이 된다.

다음은 리더로서 역량을 갖추는 데 필요한 몇 가지 인위적인 노력에 대한 전략이다. 이 전략은 중요한 의미를 가진다. 왜냐하면 타고난 리더십을 갖고 있는 사람들도 있겠지만 결과적으로는 의식적인 노력도 중요하기 때문이다.

1. 행사에 적극적으로 참여하라

학급의 주요 행사, 동아리, 학생회 활동 등 여러 행사에 적극 참여하라. 교내외에서 접할 수 있는 각종 경험들은 물론 기획 단계부터 참여해 프로그램을 구성하고 이를 진행하다 보면 조직 사회에 대한 간접 체험을 할 수 있다.

2. 단체에서는 나서서 임원을 맡아라

이왕 단체 활동을 하려면 일반 회원보다는 임원이 좋다. 학급과 학생회 그리고 동아리 모임에서 적극적인 역할을 대외적으로 보여 주는 데는 임원을 맡는 것이 유리하다. 특히 조직에서 장을 해보면 보는 시야나 경험이 넓어짐은 물론 선후배, 선생님 그리고 외부 인사와의 교류 폭이 커지면서 인적 네트워크도 넓어져 도움을 얻을 수 있다.

3. 동아리를 직접 만들어라

최근 학교에서 창의 체험 활동이 중요해지면서 학교 내 동아리를 만드는 것을 장려하는 분위기이다. 따라서 이미 만들어진 동아리나 모임에 가입하는 것도 좋지만 스스로 개설하는 것이 더 유용하다. 학교 내의 동아리 활동은 물론 인터넷 카페, 스터디 그룹 등 외부와 연계된 동아리를 개설하면 여러 가지 이점을 동시에 얻을 수 있다.

4. 간접 체험이 중요하다

성공한 사람들이나 CEO들의 리더십을 배우기 위해 노력해야 한다. 관련

서적을 읽어 리더십이 어떻게 발현되는지, 리더십을 효과적으로 발휘하는 방법은 무엇인지 배워야 한다. 세미나를 통해 간접 경험을 쌓는 것도 바람직하다. 타고난 리더십은 1%이고 학습된 리더십은 99%라는 사실을 명심하자.

5. 스피치 연습은 필수다

리더십 학습을 위해서는 꾸준한 스피치 연습을 해야 한다. 남과 타협하거나 설득할 수 있는 언변도 중요하다. 명강사의 테이프를 듣고 적으면서 화법을 줄을 치면서 분석하라. 대화에서 상대방을 인정하거나 호감 가는 말을 해주면 상대방을 설득할 때 유리하다. 언행일치와 솔선수범의 태도를 갖추려는 노력도 중요하다.

6. 스스로 자신을 PR하라

지금은 자기 PR 시대이다. 자신의 장점을 남에게 알리지 않으면 남들은 당신이 무엇을 잘하는지 모른다. 리더십을 드러내려면 기회가 있어야 한다는 사실을 깨달아라. 자신의 능력과 성공 경험을 다른 사람들에게 직간접적으로 알리는 것도 의식적인 노력을 해야 한다. 자신을 PR하기 위해 자기소개서나 미리 써 보는 이력서를 만들어 보는 것도 좋다.

독서에서 배우는 리더십

독서와 리더십의 관련성은 무엇인가? 바로 자신의 관심 분야에 대한 전문 지식을 의미한다. 끝장 토론이란 프로그램이 있다. 토론이 전개되었을 때 처음 토론을 주도하는 것은 소위 말을 잘하는 사람들이다. 이 사람들의 특성은 편승 효과를 잘 이용한다는 점이다. 한마디로 다른 사람의 지식을 자신의 지식으로 활용하는 능력이 뛰어난 부류이다. 그러나 시간이 지날수록 이 부류의 토론 주도력을 떨어진다. 왜냐하면 끝장 토론의 특성상 시간이 지날수록 지식의 깊이가 요구되기 때문이다. 이때 등장하는 부류가 바로 내공, 다시 말해 전문 지식이 있는 부류의 사람들이다. 날을 새면서 토론을 할 경우에도 이런 현상을 자주 목격한다. 내공이 있는 사람들의 공통적인 특성은 독서력이 있다는 것이다.

독서력을 기반으로 하는 전문성는 리더로서 조직을 이끌고 동아리를 이끄는 데 있어서 필수적인 요소가 된다. 따라서 진정한 리더가 되기 위해서는 독서를 게을리해서는 안 된다. 그들에게 있어서 독서는 단순히 책을 한 권

읽는 차원이 아니라 자신의 관심 분야나 전문성을 키우는 데 있어서 가장 기본적인 출발점이 되고 있음을 알 수 있다. 독서를 통해 리더십을 키울 수 있는 방법론을 살펴보자. 독서를 하기 위해서 필요한 것은 자신만의 독서 나무(Reading Tree)를 그려 보는 것이다. 독서를 하는 데 있어서도 자신만의 전략이 필요하다. 소위 말해 필독서라고 불리는 책을 모두 읽을 필요는 없다. 자신만의 차별화된 독서를 하기 위해서는 자신과 연관성을 갖는 독서를 하는 것이 중요하다. 연관성 있는 독서를 살펴보기 위해서 네이버의 '지식인의 서재'를 한번 살펴볼 필요가 있다.

'지식인의 서재'를 들여다보면 청소년들이 좋아하는 한비야 선생님부터 물리학자 정재승, 경제학자 장하준, 건축가 승효상에 이르기까지 다양한 분야의 지식인들이 자신의 독서 경험과 서재를 소개해 준다. 지식인의 서재를 보면서 느낀 점은 다양한 분야의 전문가들답게 추천하는 도서의 종류가 모두 제각각이다. 그러는 한편 공통점은 어느 한 분야에 치우쳐서 독서를 했다기보다는 균형 잡힌 독서를 하고 있다는 것이다. 특히 이들이 추천한 책들 중에는 다양한 인문학 고전들이 눈에 띈다. 문학, 역사, 철학, 예술 분야의 다양한 도서들은 그들의 전문 분야와 관계없이 추천하는 책들이다. 이러한 인문학 분야의 독서는 자신들의 전문 분야와 관계없이 그들의 전문성과 균형성을 높여 준다는 점에서 의미를 가질 수 있다.

그렇다면 체계적인 독서를 하기 위해서 만들어야 하는 리딩 트리 전략은 무엇인가? 우선 자신의 관심 분야와 진로 관련성 그리고 인격 형성과 관련된 분야의 책을 분류하여 리딩 리스트를 작성해야 한다. 그리고 하나씩 채워 가는 방법을 선택한다. 이렇게 해서 일정 기간이 지나면 자신의 독서에 있어서 편식 현상 등을 쉽게 파악할 수 있다. 두 번째로 독서 활동도 중요하지만 독후 활동이 더 중요하다. 특히 책의 선택 이유, 계기에서부터 책 내용에 대한 내면화, 비판적 해석, 그리고 다음에 읽을 책과의 관련성 등을 메모하는 습관을 길러야 한다. 사실 입학사정관제 전형이나 자기주도학습 전형에서 독서에 대한 평가 내용이 독후 활동에 대한 충실성 여부가 대부분을 차지하고 있기 때문이다. 독서를 하는 데 있어서 책에 대한 선정도 중요하지만 책을 읽고 나서의 내면화, 비판적 수용 태도, 가치관 형성에 도움이 되는가의 여부 등이 중요한 평가 기준으로 인식된다. 다음 자료는 독서 활동을 평가하는 평가표 예와 자신의 리딩 트리를 만드는 데 있어서 참고할 자료이다.

독서 활동 평가표 예

수험 번호	성명	평가 항목	확인/ 질문사항	인정 정도	평가 점수	비 고
		① 선정 도서				
		② 독서 동기				
		③ 이해도(분석적 이행 정도)				
		④ 내면화 주제에 대한 창조적 이해 작품 세계와 현실 상황의 관련성 인식				
		⑤ 견해(문제 제기와 비판적 관점)				
		※ 특기 사항				
		※ 평가 방법	자기 소개서에 제출된 2권 중 우수하게 평가된 1권의 성적을 반영함.			

점수 합계	평가 점수
14점 이상	30.0
12~14점	29.5
9~11점	28.0
6~8점	27.5
3~5점	27.0
1~2점	26.5
0점	26.0

나만의 독서 나무 가꾸기(My Reading Tree)

목적 의식을 뚜렷하게 만들어 준 책   **미래 직업 목표**

롤모델을 찾게 한 책

나의 전공 분야에서 학술적 의의가 큰 책   **전공**   **진로**

나만의 공부법을 일깨워 준 책(학문의 근원적 이해 마련)

나의 흥미를 끈 책   **적성**

크게 공감을 얻어 자신감을 준 책

사고력

책을 읽고 나만의 비판적 관점에서 새로운 대안을 제시했던 경험

창의력(독창성)   **체**

작품 속의 현실과 오늘을 비교하여 나만의 관점으로 해석한 책

잠재력(발전 가능성)

책을 면밀히 분석하여 새로운 사실을 도출해 낸 책

	인격	나를 변화시키거나 감동시킨 책
		나에게 삶의 보편적 진실을 일깨워 준 책
치관	미래관	새로운 세계와의 조우를 마련해 준 책
		나에게 희망과 용기를 마련해 준 책
	성숙도	자아와 세계와의 갈등, 인물의 성격 등을 통해 다양한 관점을 갖게 한 책
		하나의 책을 여러 번 읽으면서 다른 감상을 끌어 내게 한 책
	사회관(시민의식)	책이 쓰여진 배경이나 동기에 관심을 갖게 한 책
		사회사적 의미를 되새기게 만든 책
사	실천력(자발성)	실천하도록 계기를 마련해 준 책
		내가 사회에 관심을 갖게 된 후 찾아서 읽은 책

독서 활동에 대한 사례를 탐구해 보자.

사례1 ○○ 외고 합격

내가 읽은 책 중 중요하다고 생각하는 첫 번째 책은 렌세이 나미오카의 《큰발 중국아가씨》이다. 이 책은 중국의 근대화 속에서 살아가는 당찬 여성의 이야기로, 주인공은 귀족 집안 출신의 여성 '아이린'이다. 그 시대의 여성들은 시집을 잘 가기 위해 전족을 해야 했는데, 아이린은 자유로운 삶을 원하여 전족을 거부한다. 즉, 아이린은 사회가 요구하는 것들을 거부하고 자신만의 삶을 다채롭게 꾸며 나갈 것을 원했던 것이다. 이 책을 읽고 나서 남들이 모두 '예'라고 할 때 과연 나는 '아니오'라고 말할 수 있을지 생각해 보며 주인공의 의지를 본받아야겠다고 느꼈다.

다른 한 권은 이정용의 《피스 보트》이다. 책의 내용 중에서 싱가포르에 대한 일화가 기억에 남는데 싱가포르는 다문화가 공존하는 나라임에도 불구하고 서로를 인정해 주고 존중해 주며 조화롭게 살고 있기 때문이다. 이처럼 세계가 보다 빨리 평화의 길을 찾으려면 무엇보다 서로를 인정해 주고 존중해 주는 자세가 필요하다는 생각이 들었다. 성인이 되면 직접 피스보트를 타고 세계 각국을 돌아다니면서 아이들에게 각국의 정세를 보다 생생하게 알려 주고 세계가 해결해 나가야 할 문제들을 함께 풀어 나가고 싶다.

사례2 ○○ 국제고 합격

한국의 법조인에 관한 책을 찾는 나에게 선생님께서 《가인 김병로 평전》을 추천해 주셨다. 초대 대법원장을 지낸 가인 김병로 선생은 일제의 박해에 신음하는 동포들에게 도움이 되기 위하여 변호사가 되었고 독립 운동을 하다 붙잡힌 의사들을 위하여 무료 변론을 하며 독립 운동에도 참여하였다. 이 책은 그동안 많은 보수가 최대 장점인 줄 알았던 변호사라는 직업에 대해 다시 한 번 진지하게 생각해 보는 계기를 주었다. 또한 '나도 김병로 선생님처럼 나 자신의 이익보다는 다른 사람들과 세상을 위해 일하는 법조인이 되고 싶다'고 생각하게 되었다.

도서관에서 데릭스위트라는 저자의 《100퍼센트를 살아라》라는 책을 접하게 되었다. 읽을 수록 나의 지난날이 떠오르면서 '나는 나에게 꼭 필요한 일을 미루고서 나에게 도움이 되지 않는, 하고 싶은 일만 하고 살지 않았나' 하고 나를 돌아보게 되었다. 또한 매 순간은 지나가면 절대 돌아올 수 없으므로 후회 없이 시간을 보내는 것이 중요하다는 것을 깨닫고 '오늘을 잡아라 (Carpe Diem)'라는 격언을 좌우명으로 만들었다. 그래서 매 순간 최선을 다하고 열정적인 삶을 살기 위해 노력하고 있다.

내게 가장 인상 깊었던 책 두 권은 《수레바퀴 아래서》와 《스타벅스 감성 마케팅》이다. 《수레바퀴 아래서》는 제도권 교육을 비판하고 있다. 한스는 다른 학생들에게 뒤처지지 않기 위하여 공부하다가 자기 의지대로 하던 것들을 하나씩 포기하고 두통까지 앓는다. 자신이 원하지도 않는 학업에 대하여 회의를 느낀 그는 결국 친구 하일러의 영향을 받아 자신의 삶을 포기하고 자살한다. 이 책을 읽고 자기주도적인 학습의 중요성을 다시 한 번 느꼈다. 나도 수레바퀴에 깔리지 않기 위해 꿈과 목표가 있는 공부를 해야겠다고 생각했다.

그러던 중 《스타벅스 감성 마케팅》을 읽게 되었다. 이 책에서는 마케팅 기본 요소 4P와는 또 다른 P 요소, People에 대해 이야기한다. 이 책을 읽고 사람들의 감성을 자극할 것이 무엇인지 조사하고 그에 맞춘 제품을 기획하는 감성 마케팅이라는 분야에 매력을 느꼈다. 그래서 현재 나의 미래 목표는 마케터이다. 목표가 생겼으니 외고에 진학해서도 학과 공부를 게을리하지 않겠다고 다짐했다. 이렇듯 이 두 책은 내가 수레바퀴에 깔리지 않게 해주었고, 이유 있는, 목표 있는 공부를 할 수 있는 바탕을 만들어 주었다.

나에게 영향을 준 첫 번째 책은 《닥터 노먼 베쑨》이다. 이 책은 제2차 세계대전 중 중국 인민 속에서 사람에 대한 사랑을 몸으로 실천한 의사 노먼 베쑨의 일대기를 다루고 있다. 노먼 베쑨은 스페인과 중국에서 백구은(白求恩)이라는 별명으로 유명하다. 그는 부유한 생활을 할 수 있었지만 전쟁 중 부상병들을 치료하는 등 어려운 선택을 하는 용기를 보여 주었다. 또한, 이동식 수혈 장치를 개발하여 의학 분야에 새로운 지평선을 열었다. 노먼 베쑨의 용기와 끊임없는 도전 정신, 몸을 사리지 않는 봉사 정신을 본받아야겠다는 생각을 했다. 나만의 행복을 위해 사는 삶보다 주위를 돌아보고 봉사하며 현실에 안주하지 않는 도전 정신을 배우고 싶다.

두 번째 책은 《평역 삼국지》이다. 이 책은 위·촉·오 삼국에 관한 역사서 삼국지를 나관중이 편집하여 소설화한 《삼국지연의》를 바탕으로 쓰여진 역사 소설이다. 수많은 인물이 등장하지만 내게 가장 인상 깊었던 사람은 유비이다. 그는 어떠한 목표를 세우면 그것을 이루려는 집념이 대단한 사람이다. 집념과 끈기가 부족한 나는 유비의 집념을 보고 무슨 일이든 반드시 목표를 세우고 행동해야만 끊임없이 노력할 수 있다는 것을 알게 되었다.

사례 5 ○○ 국제고 합격

나는 《엘 시스테마》를 읽고 '음악의 힘으로 한 나라까지 변할 수 있다는 것이 과연 기적의 오케스트라'라고 할 만하다는 것을 느꼈다. 게다가 음악으로 정신적 풍요감과 행복을 느낄 수 있다는 것이 더욱 인상깊었다. 요즘 세상은 물질적 풍요가 중시되는데 정신적 가치가 얼마나 중요한지를 알게 해준 책이었다. 단순히 저소득층 아이들을 구제하고 음악으로 보듬는 것이 아니라 꿈과 비전을 갖기 위해 활동하는 엘 시스테마를 보며 내가 삶에서 가치 있게 여겨야 하는 순위를 정신적으로 바꾸어 주었고 미래의 아름다운 세상도 내다볼 수 있게 되었다.

또 한 권의 책 《영혼을 위한 닭고기 수프》는 많은 에피소드들로 구성되어 있는데 가장 인상 깊었던 것은 '인도 여행' 편이다. 여행을 하는 외국인이 인도인들의 범죄 습관을 의심하는 것을 보며 처음엔 당연히 그럴 수 있다고 생각했다. 그러나 마지막을 읽는 순간 뒤통수를 얻어맞은 기분이었다. 아주 짧은 이야기였지만 내가 주인공이 되어 직접 벌을 받는 느낌이었다. 소수의 사람들의 일을 모든 사람으로 확대하여 의심해 버린 얕은 생각과 그릇된 의심이 틀렸다는 것을 알려준 아주 매운 닭고기 수프였다.

사례 6 ○○ 국제중 합격

제인 구달의 《희망의 이유》를 읽고 제인 구달의 열정과 긍정이 나의 성격과도 비슷하다는 생각이 들었다. 또 그녀의 실천력을 본받고 싶었다. 제인 구달은 오직 침팬지 연구를 향한 열정 하나만으로 오지인 아프리카 곰베로 떠났다. 지난 9월 29일 그녀가 참가한, 국립수목원에서 열리는 생물 다양성의 해 행사에 참여했을 때 "여자로서 아프리카에서 일하는 것이 두렵지 않았나요?" 하는 내 질문에 그녀는 "내 꿈이 그곳에 있었기 때문에 전혀 그렇지 않았어"라고 대답해 주었다. 열악한 환경과 많은 사람들의 비난에도 굴하지 않는 그녀의 용기와 열정을 존경한다.

또한, 제인 구달의 꿈과 삶은 점차 확장되고 있다. 처음에 동물은 그녀의 개인적인 관심사였다. 하지만 80세가 다 되어 가는 지금은 동물과 인간이 함께 살아가는 아름다운 지구를 만들기 위해 '뿌리와 새싹'이라는 환경 보호 단체를 만들어 환경 보호에 앞장서고 있다. 나도 국가와 세계를 위해 일하는 기후 변화, 에너지 자원 전문 외교관이 되어 제인 구달처럼 꿈과 삶이 확장되어 가는 인생을 살고 싶다.

이 책에서 제인 구달은 우리가 환경을 보호하기 위해 노력할 때 비로소 '희망'이 존재한다고 말하고 있다. 나는 희망은 언제나 존재한다고 생각한다. 어떤 어려움이 닥쳐도 언제나 그 어려움을 벗어날 수 있는 방법과 희망이 존재한다. 그러므로 현재 지구 온난화, 기후 변화, 환경 파괴와 같은 일들이 많이 일어나고 있어도 여전히 그것을 늦추거나 멈출 수 있는 방법과 희망은 언제나 존재하고 그것을 위해 노력한다면 그 희망은 더욱 더 커질 것이라고 생각한다.

봉사 활동에서 배우는 리더십

봉사 활동에서 배우는 리더십이란 개인의 인격 형성과 관련이 깊다. 우선 입학사정관제나 자기주도학습 전형에서 이야기하는 봉사 활동의 평가 기준을 알아볼 필요가 있다. 봉사 활동의 평가 기준에서 가장 많이 평가하는 항목은 봉사 활동의 일관성, 지속성이다. 얼마나 일관성 있는 활동을 했고, 얼마나 지속적으로 활동했느냐이다. 단순히 실적을 쌓기 위해서 하는 봉사 활동은 일관성이나 지속성을 갖기가 어렵다. 봉사 활동에 관련한 면접 평가 기준을 살펴보자.

봉사 활동에서의 면접 문항 예시

● 교내 봉사 활동 중 가장 기억에 남는 활동과 내용을 구체적으로 설명하시오.

● 자신의 진로에 적합했다고 생각되는 봉사 활동 사례와 이유를 구체적으로 설명하시오.

● 특정 과목(교과) 활동 및 교내 동아리 활동 등을 통해 봉사 활동을 한 내용과 방법을 말하시오.

● 1, 2, 3학년 중 2개 학년 이상에 걸쳐 지속적으로 봉사 활동을 한 내용과 방법을 말하시오.

- 학교에서 전체 학생에게 실시하는 봉사 활동 중 긍정적인 영향을 끼친 사례와 이유를 설명하시오.
- 외부 봉사 활동 기관에서 실시하는 봉사 활동 중 긍정적인 영향을 끼친 사례와 이유를 설명하시오.
- 교내 봉사 활동 중 자신의 진로 설정에 긍정적인 영향을 끼친 사례와 이유를 설명하시오.
- 교외 봉사 활동 중 자신의 가치관 변화에 긍정적인 영향을 끼친 사례와 이유를 설명하시오.
- 학생들에게 긍정적인 자기 변화를 가져오게 할 수 있는 봉사 활동 내용과 방법을 제시하시오.

이처럼 봉사 활동의 경우 일관성, 지속성, 그리고 자기 변화에 대한 질문을 많이 하는데 이 질문에서 진정으로 알아보고자 하는 항목은 얼마나 인격 형성에 도움이 되었는가 하는 점이다. 다시 말해 지속적인 봉사 활동은 자신의 리더로서의 자질과 인격 그리고 도덕성을 심어 주는 데 있어서 큰 도움이 될 수 있다는 전제를 가지고 있다는 뜻이다. 봉사 활동은 그 활동 자체로서도 의미가 있지만 사회에 나가기 전 봉사 활동을 한다는 것은 미래 리더로서의 자질을 쌓는 데에도 도움이 되기 때문이다.

따라서 봉사 활동에 관한 포토폴리오를 만든다고 할 때 활동 중심이나 실적 중심보다는 자신의 인격 형성과 관련된 중심 단어를 가지고 포트폴리오를 만들어 나가는 것이 좋다. 예를 들어 한 학생이 학교 가까운 곳에 있는 지체 부자유자들을 위한 봉사 활동 시설에 대한 봉사 활동을 기획하고 실천했다고 해보자. 이 학생의 경우 봉사 활동 동아리를 직접 만들고 실천하는 과정에서 자신의 성격적인 단점으로 지적되어 왔던 '주도성 부족'을 획기적으로 향상시킬 수가 있다는 점을 강조하는 것이 좋다. 이 외에도 봉사 활동은 나 아닌 다른 사람에 대한 이해력을 높이는 데 도움을 준다. 자신이 속한 조직이나 공동체가 아닌 다른 사람들을 만나는 것이 쉽지만은 않다. 그런 의미에서 봉사 활동에서 만난 많은 사람들을 이해하는 노력을 통해 리더로서 필요한 공감 능력, 즉 설득력과 사람들에 대한 다양성을 이해하는 데 도움이 될 수 있을 것이다. 다음은 학생들이 쓴 봉사 활동의 사례이다.

학생들의 봉사 활동

사례 1

교육자가 되기 위해선 가르침에 익숙해져야 한다는 생각에 교육 봉사를 하기로 마음먹었다. 이왕이면 도움이 절실하게 필요한 곳에서 봉사를 하고 싶어 혼자 교회 내의 지원 아동 센터에 찾아갔다. 그곳에서 한 학생에게 수학을 가르쳤는데 한 살 터울이라 학교 생활에 대한 고민도 털어 놓고 생각하는 것도 비슷해 가르치는 동안 화기애애한 분위기를 유지할 수 있었다. 가르친 시간이 짧아 시험의 성과는 보지 못했지만, 속도나 정확성에서 실력이 향상되었다. 또한 나는 사회 경험이 적어 교육 봉사를 했던 교회가 작은 사회가 되었다. 먼저 다가갈 수 있는 용기를 내는 것이 어려웠지만, 웃으며 헤어질 수 있어서 좋았다.

사례 2

청소년의 사회 참여 장려와 지역 문화 시설의 발전을 위해 봉사하는 ○○시 청소년 운영위원회에서 3년째 활동 중이다. 지난 5월 15일, 시민들 대상으로 양초 제작 체험을 진행하던 도중 외국인 부부의 참여를 도우며 그간 열심히 쌓아온 영어 실력을 발휘할 기회를 갖게 되었다. 영어로 참여 방법을 설명한 후 일상 대화까지 나누니 외국인과의 자유로운 의사소통의 기쁨을 느낄 수 있었다.

사례 3

가장 인상 깊었던 봉사 활동은 '선배 튜터링'이다. '선배 튜터링'이란, 학교 선배들이 후배들을 책임지고 가르쳐 주는 봉사 활동이다. 비록 내가 가르치고 싶던 영어가 아닌 수학 과목이었지만, 누군가를 가르친다는 것 자체가 의미 있을 것 같아서 기대하며 신청했다. 그렇게 만난 내 후배가 나를 잘 따라오길 바랐지만 가끔은 지루해 하기도 하고 딴전을 부리기도 했다. 당시엔

속상했지만 이런 경험을 통해 나는 학생을 머리가 아닌 마음으로 가르쳐야 한다는 것과 무엇보다 가르치는 학생에 대한 애정이 있어야 한다는 것을 느꼈다. 또 선생님이 되려면 어떤 마음가짐과 자격을 갖추어야 하는지 배울 수 있어서 가르친 것보다 배운 점이 많았던 봉사 활동이었다.

이번 여름 방학 때 다문화 가정 아이들의 멘토 봉사를 했다. 여러 아이들을 만나고 그들의 고민도 들을 수 있었다. 그중 마음을 가장 먹먹하게 했던 고민은 어떻게 해야 사람들이 자신을 이상한 눈으로 보지 않겠냐는 것이었다. 아직도 그런 사람이 있다는 생각에 미안함에 고개를 들 수가 없었다. 그리고 혹시 나는 말로만 다문화 사회를 이해한다고 한 것은 아닌지 되돌아보게 되었다. 비록 짧은 시간이긴 했지만, 아이들의 고민을 들어 주며 상대와 공감하는 방법을 조금은 알게 되었고, 아동 심리 치료사라는 꿈에 조금 더 가까워졌다고 생각한다.

멘토 봉사 이후에 우리나라에 외국의 문화가 얼마나 들어와 있는지 궁금해졌고, 마침 클럽 활동으로 이태원을 방문하게 되었다. 이국적인 상점과 건물들을 보며 한국이 아닌 것 같아 신기했는데 그중에서도 이슬람 사원을 방문한 것이 가장 기억에 남는다. 터번이나 히잡을 쓴 사람들을 많이 볼 수 있었는데, 조금 낯설었지만 종교를 삶의 일부분으로 여기며 생활하는 모습에서 엄숙함을 느낄 수 있었다. 이태원 방문을 통해 더 이상 다른 나라의 문화를 생소하게, 경계하며 바라보아서는 안 되고, 다문화 아이들이 겪을 심리적인 압박감을 덜어 줄 수 있는 아동 심리 치료사가 되어야겠다고 생각했다.

한 달에 한 번 복지관에서 할머니, 할아버지들과 부채도 만들고, 송편도 만들고, 말동무도 되어 드리는 봉사 활동을 했다. 그곳에서 노인분들을 만나면서 삶의 지혜를 통한 따뜻한 가르침을 배웠다. 송편 하나를 만들 때도 나는 대충대충 만들었지만 어르신들은 하나하나 꼼꼼하게 만드시는 모습을 보았다. 그 경험을 통해 무언가를 할 때는 정성들여 해야 한다는 것을 깨달았다. 3학년 때는 학급 회장으로 일했다. 처음에는 임원으로서 많은 일을 하는 것이 짜증스러웠다.

하지만 임원 수련회를 통해 진정한 리더십을 깨달았다. 임원 수련회로 갔던 해병대 리더십 캠프에서 리더는 앞에 나서기만 하는 것이 아니라, 다른 사람을 위해 배려할 줄도 알아야 한다는 것을 알게 되었다. 그 후 학교 운동회 응원 준비, 학급 회의 등 여러 학교 행사들을 거치면서 인내심, 책임감과 배려를 배웠다. 힘든 일도 있었지만 오히려 그 경험이 나의 리더십을 더 발전시켰다. 그리고 항상 싸우기만 했던 동생과 의견을 조율하는 방법을 배웠다. 이제는 동생을 더 챙겨주고, 앞에서 이끌어 주는 언니가 되려고 노력한다. 체험 활동과 봉사 활동은 내게 여러 모로 정말 많은 도움이 되는 경험이었다.

사례 6

블로그에서 알게 된 '컴패션'은 전 세계 가난한 아이들이 빈곤에서 벗어나 희망을 갖도록 매달 얼마씩 후원하는 국제 어린이 구호 단체이다. 나도 참여하고 싶었지만 학생으로서 경제적으로 부담되는 일이었다. 다른 도울 방법을 찾아 검색하던 끝에 도움을 받는 외국 아이들에게 영어로 쓴 편지를 한국어로 바꿔 주는 영한 메이트가 있다는 것을 알게 되어 봉사하게 되었다. 가장 인상 깊었던 일은 타밀 지역에 사는 아이가 한국인의 도움으로 흰 티셔츠를 입게 되었다며 감사해 한다는 편지였다. 한 번의 작은 도움에 감사하는 모습이 나에게 겸손을 알게 해주었고, 부족한 실력이지만 나의 번역으로 주변 사람들이 행복할 수 있다는 것도 알게 되었다.

평소 다큐를 즐겨 보는 나는 최근 EBS에서 열린 EIDF 국제 다큐 영화제를 관심 있게 보았다. 거기서 〈달팽이의 눈〉이라는 영화는 시각장애인의 삶을 그리고 있는데 바로 내가 찍고 싶었던 그림의 다큐였다. 그래서 이승준 감독님의 블로그에 쪽지를 보내 보았다. 그런데 감독님께서 답장을 해주셨고 공부에 대한 격려를 해주셨다. 처음으로 시도해 본 다큐 제작자와의 소통을 통해 멀게만 느껴지던 꿈이 가까이 다가오는 걸 느낄 수 있었다.

사례 7

외동딸로 자라 배려가 서툴다는 점을 극복하고자 아이 돌보는 봉사를 했다. 1학년 때 민우회에서 초등학생들을 가르쳤고, 2학년 말부터 '여성의 전화'에서 다문화 가정 아이들을 돌보았다. 하루는 지각을 했는데 한 아이가 장난감을 준비해 놓고 기다리고 있었다. 이 일은 내게 죄책감과 감동을 동시에 안겨 주었다. 이후 적극적으로 봉사하면서 이주 여성과 다문화 가정의 아이들이 나와 다르지 않으며 똑같이 존중받아야 한다는 것과 봉사란 일방적인 베풂이 아니라 서로 도움을 주고받는 것임을 알게 되었다. 그래서 앞으로 'KOICA'나 '나눔의 집' 봉사를 지속적으로 할 예정이다.

한편으로는 영어 말하기 실력 향상을 위해 유명 영어 연설을 찾아 듣고 모의 재판, 영어 토론 등의 활동에 참여했다. 평소 모의 UN에 관심이 많았기에 용인외고 동아리 개최 MIMUN에 지원을 했다. 하지만 희망하지 않았던 ECOSOC의 인도 대표가 되어 준비가 힘들었다. 많은 사람들 앞에서 말할 때 말을 더듬는 버릇이 있었지만 이때 꾸준히 연습한 덕분에 개막 연설을 차분하게 발표했고, 로비와 토의 세션 때도 적극적으로 참여하였다. 이 경험을 통해서 영어 말하기 실력에 자신감을 가지게 되었고, 단순히 '나'라는 개인이 아니라 '국가'를 대표한다는 것에 대한 책임감과 보람을 느끼게 되었다.

연수로 간 캐나다에서의 1년 중, 진로 찾기 프로그램은 내 꿈을 정하는 데에 아주 중요한 역할을 했다. 그 당시만 해도 치과 의사라는 직업에 대해 자세하게 알지 못했는데 자신이 흥미 있는 분야의 직종에 대해 소개시켜 주는 이 프로그램은 나의 의사에 대한 관심을 높여 주었다. 그곳에 외국인 의사를 만나게 되었는데 그는 무엇보다 의사가 되기 위한 자질은 환자를 생각하는 마음이라고 했고, 그는 환자를 치료하면서 보람된 삶을 살고 있다고 했다. 그 이야기를 들으면서 의사에 대한 관심도 가지게 되었고 나도 그와 같은 치과의사가 되어서 사명감으로 환자들을 치료해야겠다는 마음을 가지게 되었다.

또한 주어진 주제를 바탕으로 30분 안에 내용을 작성하여 진행하는 토론에 참가하게 되었다. 처음에는 다른 아이들과 실력 차이가 많이 날까봐 두렵기도 했지만 할 수 있다는 마음을 가지고 토론에 임하다 보니 좋은 결과를 얻게 되었다. 치과 의사라는 직업을 가지기 위해서는 8~12년의 공부를 거쳐 쉬지 않고 노력해야겠지만 이 대회에서처럼 정말 이루고 싶다는 마음을 가지고 노력한다면 어려운 고비들을 넘기고 환자들을 돌보는 치과 의사가 될 수 있을 것이라고 생각한다.

Theme 30
체험 활동에서 배우는 리더십

제인 구달은 침팬지 연구 분야에서 세계적으로 가장 유명한 침팬지 박사이며, 윤무부 교수는 우리나라의 대표적인 새 연구의 대가이다. 이들의 전기를 보면 어려서부터 동물과 새를 좋아했다는 이야기가 나온다.

 영국에서 태어난 제인 구달은 10세 무렵에 아프리카를 방문하면서 동물들과의 삶을 설계할 정도로 동물을 사랑했다. 그녀는 23세 되던 해 드디어 아프리카의 탄자니아로 건너가 고생물학자인 리키(Louis Leakey)와 함께 침팬지 연구를 시작하였다. 그리고 3년 후 탄자니아 곰베(Gombe)에서 야생 침팬지들과 함께 지내며 침팬지 연구를 시작하면서 본격적으로 침팬지 연구의 길로 들어섰다.

새박사로 유명한 윤무부 박사 역시 어린 시절부터 새에 관심이 많았다. 초등학교 4학년 때 집 뒤에 있는 '후투티'라는 새를 만나기 시작하면서 그의 새에 대한 체험 활동이 시작된다. 특히 그가 어린 시절을 보낸 거제도는 철

새들의 이동 경로나 바다새를 관찰할 수 있는 최적의 조건
을 가진 섬이었다. 그는 새를 통해 섬을 만났고, 새에 대한
관심을 통해 장래 자신의 직업을 만났다. 그 이후 서울에
서 중학교를 다니면서 그는 항상 생물반 동아리 활동을 했
고, 우연한 기회에 찾아간 경희대 새 전시회를 통해 자신이 공부해야 할 대
학을 정했다. 그리고 경희대학교 교수로서, 한국의 대표적인 새박사로서 명
성을 쌓게 된다.

제인 구달과 윤무부 교수의 공통점은 어릴 때의 개인의 관심 분야를 직업
으로 선택했고 그 분야에서 세계적인 리더의 자리에 올랐다는 점이다. 어린
시절부터의 다양한 체험 활동은 자신의 미래를 설계하고 리더로서의 자질
을 함양하는 데 큰 도움을 준다. 흔히 리더라는 것을 자리, 즉 학교나 조직을
대표하는 장의 자리로 인식하는 사람이 있다. 그러나 이러한 인식은 리더십
의 범위를 매우 제한하는 인식이다. 체험 활동도 마찬가지이다. 흔히 체험
활동 중 리더십 활동을 이야기해 보라는 질문이 주어졌을 때 많은 사람들이
학급 반장이나 학교의 임원 활동만을 이야기하는 것으로 생각하는 사람들
이 있다. 그러나 이러한 인식은 리더십을 자리로 인식하기 때문에 나오는 오
류이다. 체험 활동을 통한 리더십 경험은 크게 두 가지로 나눌 수 있다.

첫 번째는 본인의 인격 형성과 관련한 리더십이다.

리더십에서 나타나는 인성의 특징은 스타일로 규정한다. 다시 말해 자신
의 스타일이 앞장서서 솔선수범하는 리더십 스타일을 가지고 있는가? 아니
면 묵묵히 다른 구성원들을 도와주는 역할을 하는 스타일인가? 아니면 끊임
없이 자신이 속한 조직이나 동아리에 새로운 생각이나 아이디어를 주는 스
타일인가에 따라 체험 활동에 참여하는 방법도 다양하다. 대부분 사람들이

리더라고 생각하는 주도적인 리더의 경우 자신의 주도성 향상이나 조직을 이끌어 가는 노하우를 배우는 데 있어서 좋은 경험을 제공할 것이다.

그러나 반대로 나서기를 싫어하는 유형의 경우도 자신의 장점을 살려 리더십을 기를 수 있는 방법이 있다. 예를 들어 나서기를 좋아하지는 않지만 남을 배려하고 도와주는 데 있어서 성격적인 장점을 가졌다면 조직이나 동아리 내에서 이를 최대한 살리는 방법을 만드는 방법이 있다. 흔히 말해 서번트 리더십이 이런 유형에 속한다. 서번트 리더십이란 짧은 기간 내에 나타나는 리더십 유형이 아니다. 그러나 시간이 지남에 따라 빛을 발하는 리더십 유형이다. 따라서 서번트 리더십을 가지고 있는 사람의 경우 인내하면서 자신의 성격적인 장점을 구성원들에게 심어 주는 역할을 하면 된다.

두 번째로 체험 활동을 통해 얻을 수 있는 리더십은 본인의 역량과 관련한 리더십이다.

역량과 관련한 리더십은 논리적이고 전략적인 사고를 얼마나 가지고 있는가? 또는 조직이나 동아리의 구성원을 얼마나 효과적으로 설득할 수 있는 역량을 가지고 있는가를 평가한다. 따라서 리더로서의 역량을 발휘하기 위해서는 스스로 전략적이고 논리적인 사고를 가지고 있어 다른 조직원이나 구성원들보다 훨씬 높은 차원의 사고 역량을 가지고 있어야 한다. 체험 활동을 통해 이러한 사고 역량을 기르는 방법은 체험 활동과 관련한 풍부한 지식을 쌓는 것이다. '아는 것이 힘이다'라는 말이 있다. 이처럼 체험 활동과 관련한 다양한 상식과 깊은 지식을 가지고 있다면 다른 사람을 이끌어 가고 설득하는 데 있어서 훨씬 편할 것이다. 지식이 쌓이면 다른 구성원들과 차별화되는 지혜를 발휘할 수 있는 기회가 생긴다. 지혜란 다른 사람들과 차별화되면서도 다른 사람들의 공감을 얻어 내는 지식을 말한다. 이러한 지혜를 발휘하는 구성원일수록 리더십을 인정받게 된다. 설령 나서기를 싫어하거나 수줍음을 많이 타는 사람이라 하더라도 다른 구성원들보다 지혜가 많다면 리더로서 인정받을 자격이 충분히 있다.

따라서 관련 체험 활동에 대한 풍부한 지식을 쌓는 것이 먼저 갖추어져야 한다. 예를 들어 미술에 관심이 있는 한 학생이 있다. 이 학생의 경우 성격적으로 조용하지만 미술, 특히 미술사에 있어서 또래 학생들에 비해 상당히 깊은 지식을 가지고 있다. 이 지식의 힘은 자신이 관심을 가지고 있는 분야의 화가들에 대한 꾸준한 공부 덕분이다. 즉, 그가 관심을 가진 화가의 모든 전시회와 관련 서적, 심지어는 미술 평론가들과의 편지 교류를 통해서 쌓여진 결과이다.

비록 그는 수줍음이 많은 학생이고 조용한 학생이지만 미술 동아리에서 그의 위상은 최고의 달인으로 통한다. 그가 던지는 말 한마디에 모든 동아리 회원들이 경외감을 갖고 경청함은 물론이다. 그의 리더십은 풍부한 지식에서부터 나오는 것이다. 이처럼 체험 활동은 리더로서 갖추어야 할 성격적인 강점을 보완하고, 역량을 높여 가는 데 있어서 훌륭한 토양을 제공한다.

체험 활동 면접 평가표 사례

수험 번호	성명	체험 활동 인정 여부	평가항목	확인 / 질문사항	인정 여부	평가 점수	합계 점수	비 고
		인정 활동명	①다양성					
			②지속성					
			③독창성					
			④학습 관련성					
			※ 평가 ※ 특기사항	교육기관, 공공 기관 또는 청소년 단체가 운영하는 합법적인 행사에 참여한 실적으로 평가함				

체험 활동에 관한 평가 기준 역시 학습 관련성과 지속성이 중요하다. 학습 관련성은 자신의 미래 진로나 관심 분야와 연결이 되어 있다면 좋은 점수를 받을 수 있을 것이다. 또한 지속성은 자신이 속한 동아리나 조직에서의 영향력을 평가하는 기준이 된다. 다음 사례는 학생들의 체험 활동 사례이다.

학생들의 체험 활동 사례

사례 1 ○○ 국제중 합격

첫 번째 체험 활동으로는 유엔 공식 홈페이지와 유엔과 국제활동정보센터 카페 둘러보기이다. 나의 꿈은 유엔에서 일하는 것이다. 이런 나의 꿈을 준비하기 위해 이 활동을 하게 되었다. 유엔 홈페이지에서 인권보호이사회의 회의와 사이버 스쿨버스를 통해 유엔의 주요 화제들에 대해 알게 되었고 카페를 통해 인턴과 국제 직원들의 활동도 볼 수 있었다. 자라서 언젠가는 나도 이런 일을 할 것이라고 생각하니 가슴이 벅차올랐다. 이 체험 활동을 통해서 유엔이라는 곳에서 하는 일에 대해 잘 알게 된 것 같다.

유엔 사이트를 둘러보다 반기문 사무총장님께 메일을 보내 보았다. 반기문 사무총장님은 여러 회의 등의 이유로 바쁘셔서 답장을 받기가 힘들었지만 여러 차례 시도해 본 결과 답장을 받을 수 있었다. 더욱 많은 정보를 얻기 위하여 더 많은 사이트에 들어가 봐야겠다는 생각이 들었다.

두 번째 체험 활동으로는 MDGS +10 정상회의에 대한 강연 참석이었다. 이 강연은 유엔에서 내가 일하고 싶은 사회 분야에 관한 것이었기 때문에 듣게 되었다. 강연의 내용은 국제 활동과 MDG, 그리고 G20에 대한 것이었다. 내가 잘 모르던 가난하고 약한 사람들의 삶을 사진전을 통해 보았다. 사진을 보니 그들의 힘든 삶이 느껴졌다. 이 강연으로 전 세계의 힘없는 사람들을 위해 살겠다는 나의 목표는 더욱 굳어졌다. 강연을 듣던 중에 어렵거나 모르는 내용도 있었다. 이 문제를 개선하기 위해 나는 집에 돌아온 후 MDG와 G20에 대해 좀 더 찾아보았다.

2학년 때부터 집 앞에 있는 문화센터에서 하모니카를 배우기 시작했다. 꾸준히 배워 아주 능숙하게 다룰 수 있게 되었고, 선생님의 제안으로 한 병원에 가서 하모니카 연주 봉사를 하기로 했다. 하모니카를 같이 배우던 다른 선배, 친구들과 함께 병원에 가서 밝고 활기찬 노래를 하모니카 연주로 들려 드렸다. 나이 드신 할아버지 할머니들께서는 함께 웃고 박수를 치며 좋아해 주셨다. 연주가 끝나자, 휠체어를 타신 한 할머니께서 내 손을 꼭 잡으며 말씀하셨다. "정말 고마워!" 그때 나는 봉사가 무엇인지 정확하게 알게 되었다.

봉사란, 도움을 받은 사람이 행복해하는 모습을 보며 진심으로 뿌듯함을 느끼는 것, 그것이 내가 생각하는 봉사이다. 그런데 하나 아쉬운 점이 있었다면, 큰 병원인데도 불구하고 연주를 보러 와 주신 분들은 몇 분 안 되었다. 가능하다면 직접 각 병실로 찾아가 봉사 활동을 해 더 많은 분들께 희망을 드리고 싶었다.

첫 번째 체험 활동은 '한국 교원대학교 견학'이었다. 1박 2일 일정으로 담당 선생님들과 함께 생명공학, 전자공학, 천문학 등 여러 분야의 과학에 관련된 실험을 하기 위하여 방문했다. 가장 인상 깊었던 것은 생명공학에 관련된 실험이었다. 실험 내용은 사람을 구성하고 있는 DNA 검출 및 분석으로 매우 흥미로웠다. 실험을 마친 후, 교수님의 '생명공학의 미래'에 대한 강의를 듣고, 생명공학에 대해서 깊은 관심을 갖게 되었고, 더 공부해 보고 싶다는 생각을 하게 되었다.

두 번째 활동은 '2010 대한민국 과학 축전 체험 프로그램'을 운영했던 것이다. 우리의 체험 부스에서는 cds 센서와 led를 이용하여 빛의 밝기를 조절하는 실험을 했다. 친구들이 실험을 하면 나는 그 원리를 설명해 주는 역할을 맡았다. 이때 사람들에게 과학의 원리에 대해 이해시키는 것에 대한 뿌듯함을 느꼈다. 3일 동안 부스를 운영하면서 효율적인 역할 분담과 사람들과의 대화 방법 등에 대해 많이 배울 수 있었다. 또한 행사를 잘 운영할 수 있었던 요인이 준비라는 과정에 있다는 것에 대해서 다시 한 번 생각하게 되었다.

○○ 외고 합격

올해 여름 방학 동안 YMCA 국토대장정에 참가하였다. 평소에 몸을 움직이기 싫어하는 내가 우리 국토를 직접 체험하는 시간이었다. 8월 초 유래가 없었던 불볕 더위 속에서 5일 동안 충주에서 안동까지 100km의 거리를 걸었다. 처음엔 완주할 수 있을까 하는 걱정도 많았지만, 건강하게 마칠 수 있었다. 이런 내 모습에 '내 체력이 내가 생각한 것보다 훨씬 강하구나' 하는 자신감과 '먼저 몸으로 부딪혀 보자'는 용기를 얻게 되었다. 이제는 어떤 일이든 자신있게 시작할 수 있을 것 같다.

○○ 외고 합격

3학년 때 학생회 학예부장을 맡았다. 학생회 담당 미술 선생님의 제안으로 학교 앞 초등학교의 시멘트 벽을 아름답게 변신시키는 봉사 활동을 하였다. 며칠 동안은 힘들었지만 다음날 동네 어른, 아이 모두 그림을 구경하며 환하게 웃는 모습을 보니 뿌듯했다. 학우를 위해 봉사한다는 학생회의 취지에 맞는 봉사를 하여 자부심을 느꼈다. 이제부터는 살아가면서 나의 재능과 능력으로 베풀고 나누며 기쁨을 줄 수 있는 시간을 많이 만들어 가기로 다짐하였다.

또한 신라, 백제, 고구려 유적지를 탐방하며 국립중앙박물관, 통일전망대, 수원 화성, 경주, 영월, 강화도 등 사회 교과서에 수록된 우리나라의 유적지를 여행하였다. 아쉬웠던 것은 미륵사지 석탑을 복원 작업 중이어서 실물을 보지 못한 때이다. 일제가 미륵사지 석탑을 보존한다는 명목으로 파손된 부분에 시멘트를 입혀 놓았다는 안내문을 읽는 순간, 석굴암이 떠오르며 분노를 느꼈다. 역사 여행은 식민지 시절의 한일 관계를 생각해 보는 기회였으며 이러한 경험으로 외교관이 되어 어두운 한일 관계를 개선하겠다는 목표를 세우게 되었다.

○○ 국제고 합격

미국 Irvine의 Rancho 중학교에서 summer school로 creative writing과 public speaking 코스를 들었다. 친구들 앞에서 내가 조사한 '거대 오징어'에 대한 설명과 나의 생각을 정리하여 영어로 발표도 했다. 그리고 팀별 토론도 하며 3주 동안의 과정을 수료했다. 한국에 돌아와서는 CA로 리더십 토론 스피치반을 들었다. 이 반에서는 발성부터 말하기의 기술까지 더욱 전문적으로 스피치에 대해 배웠다. 이 CA반에서 주최한 교내 토론 대회에 참가하였다. 살인범의 초상권 보호에 대한 문제와 랜덤 주제로도 진행되었던 토론 대회에서 내가 국제고에 진학하게 됐을 때와 국제변호사의 꿈을 실현하기 위해 필요한 리더십과 올바른 논리와 판단력을 기를 수 있었다.

봉사 활동으로는 의료원에서 환자 기록 정리, 소변과 혈액 샘플 운반 등의 일을 하였다. 그 시기에는 신종플루가 퍼지기 시작하던 때라서 병원에는 환자들이 많았다. 미국에서는 예약을 하고 시간을 정한 상태에서 환자가 자신의 상태에 대해서 자세한 설명을 들을 수 있다. 하지만 이곳 의료원에서는 의사들도 바쁘고 많은 환자들에 비해 시간은 부족하여 환자들이 자세한 설명을 듣기 어려워 보였다. 나는 이러한 우리나라의 의료 시스템에 문제가 있다는 생각이 들었다. 환자들의 권리를 충분히 보장해 줄 수 있도록 더 많은 의료기관들을 설립하고 제도를 만들어야 할 것이다. 앞으로 사회 봉사 동아리도 만들고 나중에 국제변호사가 되어서도 사회 문제 개선을 위해 앞장설 것이다.

리더십 표현법(글쓰기)

리더십에 관한 질문들을 살펴보면 리더십을 구체적으로 발휘한 사례를 묻는 질문이 대부분이다. 따라서 자신과 관련한 리더십을 이야기하기 위해서는 리더십을 발휘한 사례와 그 사례를 통해 느낀점 등을 자세히 글로 표현할 수 있어야 한다. 자신의 경험과 관련한 리더십을 정확하게 표현하기 위해서는 이슈와 주장 그리고 그 주장을 뒷받침할 수 있는 증거나 사실이 분명하게 나타나야 한다. 리더십 에세이 중 상당 부분이 자신의 자랑이나 증거가 없는 주장, 실적 나열만이 있다. 이러한 리더십 에세이는 좋은 글로 평가받지 못한다.

리더십의 평가 항목을 보면 리더로서의 스타일이 뚜렷하게 드러나는가? 리더십에서 가장 핵심적인 키워드가 무엇인가? 같은 나이의 또래에 비해 성숙된 모습을 보이고 있는가? 다른 사람에게 영향을 주는 구체적인 사례가 있는가? 그 사례가 자신의 주장을 뒷받침하는가? 등의 질문이 주어진다. 이러한 평가 항목에 답을 하기 위해서 리더십에 관한 글을 쓸 때는 먼저 글의 구조를 잘 잡아야 한다. 구조란 얼마나 설득력 있게 읽는 사람에게 보여지는

가의 문제이다. 이러한 글쓰기의 구조는 수사학에서 쓰여지는 글 중에서 논증법적 구조를 갖는 것이 좋다. 즉 먼저 본인의 주장을 쓴다. 그리고 그 주장에 대한 전제 조건이나 증거를 사실 위주로 쓴다. 그러나 이러한 증거는 나열 위주가 아니라 먼저 범주화를 해야 한다. 예를 들어 자신의 리더십 경험이 인간관계에 초점을 맞추고 있다면 주도성, 친화성 등 특정 인간관계의 기술에 대한 이야기를 구체적으로 해야 한다. 반면 관련 분야에 대한 세부 지식, 미래 예측 등 지식이나 역량의 범주로 구분하였다면 다른 활동이라 하더라도 같은 범주의 리더십이라면 한꺼번에 언급하는 것이 좋다. 이러한 문장의 구조는 읽는 사람에게 훨씬 설득력 있게 다가간다.

사례
탐구

질문1 고등학교 시절 경험했던 리더십과 구체적인 업적을 기술하시오.

축구팀의 주장으로서 그리고 수학 동아리의 대표로서 고등학교 시절 리더로서의 경험을 쌓았다. 축구 주장으로서 나는 육체적인 훈련이 때로는 강한 리더십을 키울 수 있다는 확신을 얻었고, 수학 동아리의 대표로서는 진정한 리더십이란 무엇인가를 체득할 수 있는 구체적인 기회를 가졌다.

처음 미국으로 건너가 학교에 갔을 때 미국의 학생들 대부분이 급우들과 수학에 대한 실력을 공유하지 않고 있었다. 나는 나의 수학에 대한 열정이나 지식을 다른 학생들에게 구체적으로 전달해 주고 싶다는 생각을 했지만 뚜렷한 방법이 떠오르지 않았다. 그래서 생각해 낸 것이 학교에서 수학에 관심이 많은 학생들과 Math Club을 만드는 것이었다. 팀원은 나를 포함해 4명. 모두 아시아계 학생들이었고 나는 자연스레 회장이 되었다. '우리 클럽의 수학 실력을 다른 학생들에게 전수하자'라는 모토를 세웠다. 모토는 거창했지만 무엇부터 해야 할지 몰라 고민해야 했다. 학교에서는 네 명의 학생으로 구성된 소규모 클럽에는 장소도 제공하지 않았고, 재정적인 지원도 없었다. 그래서 처음 모임은 집에서 시작했다. 자연스럽게 우리 집이 클럽의 사무실이 되었다.

나는 팀원들과 미국 학생들이 기본기와 반복 학습이 부족한 점을 알고 이를 가르치기 위한 가이드북을 만들기 시작했다. 방과 후 집에 모여 서로의 역할을 정했다. 한국에 있는 수많은 수학 가이드북이 이곳 학생들에게는 맞지 않는다는 것도 처음 알았다. 수학의 접근 방식이 한국과 미국이 달랐기 때문이다. 미국식 방식은 철저하게 기본기를 물어보고 이를 답하는 훈련 방식이었다. 기본기가 완전히 익숙해질 때 응용 문제를 풀어 가는 식이었다. 이러한 문제점을 발견하고 이를 쉽게 학생들의 입장에서 설명하는 가이드북을 만들었고, 3개월이 지나서 기본적인 방정식과 기하 문제에 관한 가이드북을 완성했다.

이렇게 만들어진 가이드북을 after school 학생들에게 적용하기 위해 수학 선생님을 찾아갔다. 처음에 수학 선생님은 이를 귀찮은 일로 생각했지만 우리의 진정성을 확인하고 기꺼이 기회를 주었다. 우리 MATH팀은 실력이 부족한 학생들을 대상으로 실시하는 after school의 공식 MATA TA(Teaching assistant)로서 활동을 하기 시작했다. 학생들은 좋아했고 쉽게 수학을 이해하기 시작했다. 우리팀이 가르친 학생들의 수학 실력이 놀라보게 향상되었다.

그러자 학교에서도 주목하기 시작했다. 나는 팀원들을 늘리고 학교로부터 재정적인 후원을 받는 공식클럽으로 등록을 하기로 마음 먹었다. 그래서 생각해 낸 아이디어가 근처의 초등학교 학생들을 대상으로 한 'Giving something back'이라는 활동을 하기로 한 것이었다. 자금을 모으기 위해 나와 팀원들은 세차를 시작했고 모은 돈을 가지고 교재를 만들고 초등학교 학생들을 위한 수학 봉사 활동을 시작했다. 그리고 이러한 노력의 결실이 맺어졌다. 내가 3학년이 되었을 때 학교는 Math club을 학교의 공식 동아리로 인정했고, 클럽 활동이 필요한 장소와 재정적인 지원 그리고 담당 선생님도 정해 주었다. 4명의 학생으로 시작한 math club은 이제 50명이상이 참여한 가장 활동적인 클럽이 되었다.

내 인생에서 가장 중요하면서도 의미 있는 경험은 농구 클럽에서의 활동이다. 이 활동을 통해 나는 인내력과 확신 그리고 가장 중요한 팀워크를 배웠다. 우리가 속한 농구 클럽은 지역 농구 팀 중에서 꼴찌 팀이었다. 내가 3학년이 되어 농구부의 주장을 맡았을 때도 마찬가지였다. 팀 원들의 대부분은 패배에 길들여져 있어서 시합에서 패한다는 것에 큰 가치를 두지 않았다. 그들에게 농구는 단지 취미 활동일뿐 승패는 의미가 없어 보였다. 하지만 나는 생각이 달랐다. 그들이 승패에 연연해 하지 않는 것은 이미 과거부터 패배에 익숙해져 있기 때문이었다. 승리를 해보았다면 느낄 수 있는 성취감을 느낀다면 그들도 변할 수 있을 것이라고 생각했다.

그래서 내가 시작한 일은 근처의 중학교팀과 시합을 하는 일이었다. 고등학생이 아무리 실력이 없다 하더라도 중학생과 시합을 한다는 것은 받아들이기 힘든 부분이었다. 팀원들의 반발은 거셌다. 하지만 나는 더욱 그들의 승부욕을 자극했다. 상대는 중학생 팀이지만 근처 리그에서 1등을 한 팀이기 때문에 이기기 쉽지 않을 것이라고 했다. 팀원들은 나를 비웃었고 그들이 틀리지 않았다는 것을 증명하기 위해 경기를 하는 데 찬성을 했다. 결과는 52:49의 참패. 팀원들도 놀랐다. 아무리 고등학교 리그에서 약팀이었다 하더라도 중학교팀에 진다는 생각은 해보지 않았기 때문이다. 평균 신장에서 10cm 이상 차이가 나는데도 불구하고 경기에 진다는 것은 해석하기 어려운 일이었다. 그날 이후 팀원들의 분위기가 달라졌다.

나는 이 기회를 백분 활용했다. 단지 승부욕을 자극하는 데 그치지 않고 구체적인 실행 방안을 내놓았다. 내가 선택한 방법은 분업제 훈련이었다. 약팀에게 중요한 것은 선택과 집중이었다. 강팀처럼 뛰어난 스타플레이어 시스템에 의해 움직이는 것이 아니기 때문이다. 팀을 포워드, 가드 그리고 슈터로 나누어 훈련 방식을 바꾸었다. 과거 전체 팀 훈련과 개인기에 의해 역할을 부여하던 훈련 방식을 탈피했다. 철저하게 분업화 된 훈련과 선수 교체를 자주 하더라도 대체 선수들의 평균 기량의 편차를 줄여서 토탈 농구를 구사하는 전략을 세웠다.

훈련 후 3개월이 지났을 때 시너지 효과가 나타나기 시작했다. 처음 단조로운 훈련에 불평이 많았던 선수들은 그들의 기량이 특화되어 가고 있다고 느끼기 시작할 때 또 다른 흥미를 느끼기 시작했다. 자신만의 기술이 생겼음을 확신하기 시작할 때 그들은 자신의 슛이나 수비 동작 하나 하나에 가치를 느끼기 시작했다. 여름 방학 후 또 다시 열린 중학교 학생들과의 리턴매치에서 우리는 승리할 수 있었다. 62:52, 상대방의 점수는 지난 번과 동일했지만 우리 팀의 점수가 13점 이상 높아졌던 것이다. 이때 패배에 익숙했던 팀원들이 느꼈던 것은 승리가 주는 기쁨이었다.

그들에게 이번 승리는 중학교 학생과의 경기에서 이겼던 승리 이상의 기쁨을 주었다. 그러자 목표 의식이 생겼고 리그가 끝나갈 무렵 승률이 40%에 육박할 정도의 성과를 달성했다. 내가 팀의 주장을 맡기 전 승률이 20%도 채 안 되었던 결과에서 보면 괄목할 만한 성장이었다. 그러나 나를 더욱 기쁘게 한 것은 팀원들의 팀워크와 개인기가 동시에 발전하면서 승리에 대한 확신이 높아졌다는 점이다. 이후 좋은 선수들이 팀에 지원하기 시작했다. 팀에 들어오길 꺼렸던 후배들이 농구팀을 지원했고, 그들의 실력이 합해지면서 우리팀의 실력은 더욱 좋아지기 시작했다. 내가 대학에 입학하고 다음해 학교를 방문할 무렵이면 우리팀은 지역의 다크호스팀으로 부상할 것을 확신한다.

질문 3 리더로서 자신을 평가하고 리더십의 성공 또는 실패 사례를 구체적으로 기술하고 느낀 점을 써 보시오.

리더로서 나는 참모형 리더십을 가지고 있다. 삼국지의 제갈량처럼 그리고 미국의 키신저 처럼 나는 나서기보다는 보좌하는 리더로서의 스타일을 가지고 있다. 초등학교 때 부모님의 권유로 전교 학생 회장 선거에 나가 운 좋게 당선이 되었다. 여느 학생들처럼 나는 많은 공약을 했고, 당선이 되었을 때 이 공약을 이행하기 위해 노력했다. 그러나 학생 회장으로서 나는 부족함을 많이 느꼈다. 특히 학생들 앞에서 단호한 의사 결정이나 밀고 나가는 추진력을 발휘해야 할 때 이를 머뭇거리거나 나만의 카리스마를 보여 주지 못해 낭패를 겪은 적이 많았다.

6학년 전국 초등학교 과학 체험전에 대표로 나갔을 때였다. 대회는 미리 준비하는 것이 아니라 주어진 상황에 따라 아이디어를 내고 이를 구체적인 방법으로 실행하는 대회였다. 팀원들은 나를 포함해 10명이었다. 학생 회장이었던 나는 자연스럽게 리더로 뽑혔다. 조선 시대 전통 화포를 만드는 프로젝트가 주어졌다. 몇 개의 재료들이 주어졌고 이를 실험할 수 있는 원리에 대한 가이드라인이 주어졌다. 시간은 3시간에 이내에 만들어서 이를 직접 실행하는 일이었다. 모형으로 화포를 만들고 이를 발사하는 것까지 실험해 보는 일이었다. 이론적으로 나는 과학에 자신이 있었기 때문에 누구보다도 이 프로젝트에 자신이 있었다. 그런데 막상 프로젝트에 들어가 보니 이론적인 지식보다는 주어진 시간 내에 10명의 참가자들이 가지고 있는 장점을 모아서 만들어 낼 수 있는 팀워크가 중요하다는 것을 깨달았다. 나뿐만 아니라 몇몇의 학생들은 나보다 훨씬 좋은 실력을 가지고 있었다. 처음 나는 그들의 실력을 과소평가했다. 대표니까 내 의견이 중요하다고 느꼈고 나는 프로젝트의 대부분의 시간을 혼자의 개인기에 의해 풀어 나갔다.

처음 프로젝트는 순조로워 보였다. 그러나 시간이 갈수록 노는 학생들의 숫자는 많아지고 마지막 완성이 되었을 때는 나를 포함하여 불과 3명만이 프로젝트에 참가를 하고 있다는 것을 발견할 수 있었다. 프로젝트가 끝나갈 즈음 그래도 나는 나름대로 상을 받을 수 있다는 생각을 했다. 그러나 결과는 철저하게 참패. 더욱 힘들었던 것은 심사위원의 평가였다. 심사위원의 평가는 냉혹했다. 우리 팀의 가장 큰 약점이 팀워크 부족이었고, 전체 전력의 20%도 쓰지 못한 유일한 팀이라는 것을 지적했다. 대표로서 나는 좌절했고 나머지 팀원들에게 미안함을 느꼈다. 그날 이후 나는 리더로서의 자격에 대한 고민을 했다.

'내가 리더로서 자격이 없는 것일까? 그렇다면 앞으로 나는 리더로 살 수 없을 것이다'라는 생각이 들었다. 선생님을 찾아가 이 문제를 논의했을 때 선생님은 리더가 가지고 있는 역할이 다양하다는 것을 설명해 주었다. 동양에서도 리더의 자격을 논할 때 지장, 용장, 덕장을 이야기하듯이 그리고 성경에서도 각자가 가지고 있는 달란트(탤런트)가 있듯이 사람들은 자신만의 리더로서의 스타일이 있다는 것이다. 그러면서 내게는 참모형 스타일이 어울릴 것 같다는 말씀도 해주셨다.

그렇게 해서 중학교 이후 반장이나 동아리의 장으로서의 나의 역할은 없었다. 그러나 학교나서 동아리에서 나의 역할이 축소된 것은 아니었다. 나는 누구보다도 적극적으로 참여했고 의견을 내놓았다. 가끔 채택되지 않는 의견도 있었지만 대체적으로 의견이 채택되어 실행으로 옮겨진 일이 많았다. 나는 가끔 Devil's Advocate의 역할도 마다하지 않는다. 비판적인 의견이 없으면 건설적인 실천 방법이 나오지 않기 때문이다. 많은 학생들이 소극적인 조직의 경우 대부분의 의견이 소수의 의견에 의해 좌지우지 되는 경우가 많다. 그들의 의견이 정답이 아닌데도 불구하고 말이다. 이때 나는 나머지 다른 사람들의 입장에서 나의 의견을 발제하는 경우를 기꺼이 선택한다. 가끔 친구들이 '너무 비판적이야'라는 이야기를 하지만 그래도 이 역할을 마다하지 않는 것은 결국 이러한 비판적인 의견이 학교나 동아리 활동에 긍정적인 영향을 끼친다는 사실을 알기 때문이다.

질문4 당신의 어릴 적 영웅은 누구인가요? 그 이유를 말해 보세요. 그리고 그는 현재도 영웅인가요? 그렇다면 그 이유는? 그렇지 않다면 그 이유는?

어릴 때나 지금이나 나의 영웅은 아버지이다. 아버지는 한국전쟁으로 부모님을 모두 잃으셨다. 장남이었던 아버지는 집안의 가장으로서 동생들 뒷바라지를 위해서 자신의 고향에서 낯선 도시인 전주로 나와 공사장의 막일과 온갖 잡일을 하며 26세가 되어서야 전주공업고등학교 건축과를 간신히 마칠 수 있었다. 고등학교를 졸업한 아버지는 공사 현장에서 십장으로 일하기도 하고, 건축 현장에 여러 가지 건축 자재를 납품하면서 번 돈을 모아 조그만 건축 자재상을 차릴 수 있었다.

내가 아버지를 지금까지 영웅으로 생각하는 가장 큰 이유는 아버지의 진실성 때문이다. 지금은 많이 달라졌지만, 1970년~1980년대 한국의 건축업은 다른 어떤 업종보다도 뒷거래가 많은 곳으로 유명했다. 작게는 공사 현장에서 일하거나 자재를 납품하는 것에서부터, 크게는 건설 계약을 따내기 위해서는 반드시 담당자에게 뇌물을 주어야 하는 뒷거래가 관행처럼 되어 있었다. 이런 환경에서 사업을 유지하고 사업을 키우기 위해서 뒷거래를 하는 것은 아주 당연하게 여겨졌다.

아버지가 자재상을 하신 지 10년쯤 되던 해에 친한 친구 분의 소개로 아파트 공사 현장에 자재를 납품할 기회를 얻게 되셨다. 그런데 아파트의 공사를 수주한 건설 회사의 구매과장이 아버지로부터 납품을 받는 대가로 자재 대금의 15%를 커미션으로 요구한 것이다. 아버지는 며칠 동안 고민을 하셨지만, 뒷거래를 통해 돈을 모으는 것은 정직하게 일을 해서 돈을 벌겠다는 자신의 신념인 진실성에 어긋난다고 하시면서 자재를 납품하지 않기로 결정하셨다. 당시에 나는 아버지의 결정이 얼마나 큰 결심이었는지를 몰랐다. 나중에 알게 된 사실이지만 그 한 번의 기회가 자재상을 6년 정도 해야 모을 수 있는 돈을 벌 수 있는 기회였다고 한다. 이 사실을 알고부터 아버지는 나의 진정한 영웅이 되었다.

나는 지난 6년의 직장 생활 동안 이온 교환 수지의 영업과 마케팅 활동을 통해 뒷돈을 요구하는 고객들을 대할 경우가 있었다. 비록 그들의 요구를 받아들이면 많은 제품을 팔 수도 있었지만 이런 상황에서 나는 아주 쉽게 그들의 요구를 거절할 수가 있었다. 그것은 자신의 신념인 진실성을 지켜 내신 아버지의 모습이 언제나 나의 가슴 속에 남아 세상을 살아가는 지침이 되고 있기 때문이다.

아버지는 1999년 3월, 내가 회사에 입사한 지 얼마 되지 않아 폐암으로 돌아가셨다. 아버지의 죽음은 지금까지의 인생에서 내가 경험한 가장 큰 슬픔으로 남아 있다. 하지만 아버지가 그의 인생을 통해 몸소 보여 주신 삶의 모습, 세상과 타협하지 않고 정직하게 진실성을 지켜 나가는 모습과 자신의 꿈을 향해 언제나 최선을 다하는 모습은 나의 인생을 통해 내가 닮고 싶은 모습이다. 아버지의 이런 삶에 대한 철학과 자세가 내가 아버지를 영웅으로 생각하는 이유이다.

질문 5 지금까지 당신의 인생에 가장 영향을 준 사람은 누구인가요? 그 사람은 어떤 역량을 가지고 있었고, 주위 사람들에게 어떤 영향을 주었습니까?

나의 인생 특히 professional life에 있어서 지금까지 가장 많은 영향을 받은 사람은 현재 OO전자 미국 산호세 연구소에 근무하는 OO님이다.

그 분은 승승장구하면서 직장 생활을 하다가 그룹 내 조직 갈등으로 인해 당시에는 가장 열악한 사업본부인 OO사업 부문의 인사 담당으로 좌천되어 왔던 상황이었다. 당시 OO사업부 인사 그룹은 단순한 행정 업무 정도에 그칠 정도로 중요성이 낮은 조직이었다.

그러나 그 분은 부임하자마자 OO사업부가 다른 사업부처럼 언젠가는 빛을 발할 것이라고 믿고 그때를 위해 무엇보다 인사 그룹이 주도적으로 업무할 수 있도록 조직을 개편했다. 도전과 혁신의 마인드를 가진 젊은 인사 담당자를 직접 내부에서 뽑았다. 당시 육군사관학교를 졸업하고 군에서 5년간 인사 장교 경력이 있던 나의 경력에 관심을 갖고 신입 사원인 나를 자신의 부서로 발령을 내었다.

신입 사원 연수를 마치고 사업부에 배치되었던 첫날을 나는 잊을 수 없다. 부임 첫날 나의 책상 위에는 Welcome flower와 PC, 필기구는 물론 명함까지 미리 준비되어 있었다. OO님의 세심한 배려로 자칫 적응하기 어려웠던 신입 사원의 첫날이 이렇게 시작되었던 것이다. 그 이후에도 신입 사원을 위한 welcome ceremony는 우리 사업부의 전통으로 자리잡았고 그 결과 신입 사원들의 적응도가 현저히 높아지는 계기도 되었다.

그 이후 OO님은 하루 1시간씩 보고서 기획 방법부터 시작해 인사 업무에 관련된 노하우를 하나하나 조목조목 가르쳐 주셨다. OO님께서는 "부하를 육성하지 못하는 간부는 간부 될 자격이 없다"며 부하 직원에 대한 육성과 인사 업무에 있어 Human Network가 가지는 중요성을 항상 강조하셨다.

또한 그는 핵심 인재 확보가 사업부 성장의 지름길임을 판단하고 HP, Intel 등 글로벌 기업에 근무하는 핵심 인재 채용을 위해 직접 나를 미국으로 데리고 다니면서 핵심 인력 확보에 대한 필요성을 강조하는 등 현장 중심의 채용 관행을 정립시켰다. 그 결과 OO전자에서는 최초로 사업부 단독으로 미국 채용 활동을 할 수 있게 되었다.

그와 함께한 많은 프로젝트 중 가장 기억에 남는 업적은 지난 200*년 5월 프린팅 사업부가 OO전자 미래 핵심 사업으로 선정되면서 수행했던 '핵심 인재 발굴 프로젝트'였다. 그는 3개월에 걸쳐 '인재 발굴 위원회'라는 새로운 기구를 설립하여 향후 프린팅 사업부에 필요한 인력풀을 기술별, 국가별로 나누고, 그에 맞는 채용 전략을 수립하여 단계적으로 시행했으며, 나는 OO

님을 도와 주도적으로 이 프로젝트를 진행했다. 그 결과 200*년도 '올해의 디지털 미디어총괄 인사 분야 우수 사원'으로 선발되었으며, 200*년 같이 입사한 동기들에 비해 2년 정도 빨리 발탁 승진이 되었다. 지금도 인재 발굴 위원회는 우수한 인력 채용을 위해 활동 중에 있고, 향후에도 그러할 것이다.

개인적으로 OO님은 나의 멘토이자 롤모델이다. 2년 전 회사 생활에서 잠시 방황을 하고 있을 때 따뜻하게 격려와 함께 "회사는 네가 봐달라고 아우성 치지 않아도 자신의 일에 묵묵히 최선을 다하면 언젠가는 반드시 네게 기회를 줄 거다"라고 강조하시며 회사 생활에 비전을 심어 주셨다. 이렇듯 OO님의 부하 직원 육성을 위한 정열과 과감한 업무 추진력, 그리고 직장 및 인생 선배로서의 많은 조언은 나에게 큰 가르침과 용기가 되었다.

그의 업무에 대한 확고한 신념, 대학에서 강의를 할 정도의 전문 지식, 그리고 따뜻한 인간미를 통해 나는 나의 롤모델을 직접 체험하고 있다.

질문6 당신이 은퇴할 시점에 《비즈니스 위크》라는 잡지의 기자가 당신을 인터뷰하기 위해 방문했다. 만약 커버스토리에 당신의 기사를 다룬다면 어떤 기사를 쓸 것인가? 직접 기사를 작성해 보시오.

"한국의 소비자 금융을 세계 최고의 수준으로 끌어올린 전 삼성종합금융회사의 CEO OOO"

그는 대학생이었던 1997년 IMF 원조를 받던 어려운 시기에 한국의 미래와 자신의 직업, 그리고 사회적 책임에 대해 많은 것을 생각했다고 한다. 은행을 다녔던 아버지의 영향도 있었지만, 이러한 한국의 경제 위기가 발생되지 않기 위해서는 한국이 자랑하는 반도체 등의 전자 산업이나 자동차 산업도 중요하지만 금융을 발전시키는 것이 사회 전반의 안정을 도모하고 국가의 경쟁력을 키우는 길이라는 신념을 가지고 있었다.

그의 신념이 구체화 된 때는 UIUC MBA를 마치고, 시카고의 Household International에 credit analyst로 입사하면서부터이다. MBA 이전 삼성capital, 삼성card, 삼성 insurance

등 한국의 소비자금융 부문에서 경력을 쌓았던 그는 HI에 입사 후 선진 금융 기관의 심사 기법을 체계적으로 배웠다. 특히 그가 가지고 있는 분석 능력과 수리적인 능력은 HI 내에서도 International로서 가장 빠른 fast track을 받게 하는 원동력이 되었다. 한국인 특유의 근면성으로 하루 12시간 이상을 일하는 워커홀릭으로서 그리고 끊임없이 배우고자 하는 자세로 그는 함께 입사한 동료들보다 5년 앞서 Executive director로 승진했다. 그리고 5년 후 한국의 Samsung Financial Holdings의 소매금융 담당 본부장으로 한국의 금융 시장에 화려하게 복귀했다.

Samsung Financial Holding은 15년 전 그가 근무했던 삼성카드, 삼성생명이 합쳐진 종합금융 회사였다. 거기서 그는 지금까지 개념에 없었던 원스탑 카드를 만들었다. 그는 모든 개인과 기업이 올바른 평가를 받기 위해서는 평가 체제가 공통되어야 한다고 생각한 것이다. 원스탑 (One-stop) 카드란 개인이 금융 거래를 하는 동안 실시간으로 신용 분석이 된 후 각각의 이자율이 결정되는 개인 신용 분석 카드인 것이다. 이것을 계기로 그간 한국에서는 소홀한 개념이었던 개인 신용에 대한 평가를 국민들에게 일깨워 줌으로써, 보다 정확한 평가를 받고 빠르게 금융 서비스를 받을 수 있는 계기를 마련해 주었다.

그것을 통해서 수많은 개인들은 올바른 평가를 받을 수 있게 되었고, 각 금융 기관은 그간 정확한 리스크 관리가 없어서 겪었던 수많은 피해와 자금을, 금융 서비스를 한 차원 높이는 데 사용할 수 있게 되었다. 이렇게 그의 신용 평가 카드가 일반화되면서 그것을 처음 만든 삼성종합금융 지주 회사는 명실상부한 한국의 대표 금융 회사로서 자리를 확실히 구축할 수 있었고 그는 최고 경영자의 자리에 오르게 되었다.

그가 최고 경영자로 있었던 기간 동안 회사는 엄청난 성장을 이루었고 세계 최고의 금융 회사로 변모했다. 현재 이 회사는 전 세계 130개 국에 지점을 가지고 있는 명실상부한 세계 최고의 금융 기관이다. 지금 이 회사가 계획하고 있는 것은 미국의 Fico score을 기반으로 전세계 모든 사람들의 신용을 평가할 수 있는 원스탑 카드를 세계에 보급하는 것이다. 만약 그렇게 된다면 세계 어디에서 어떠한 기업이나 개인들도 빠르고 정확한 평가로 그들이 원하는 금융 서비스를 받을 수 있게 될 것이다.

현재 그는 은퇴한 후, 고등학교와 대학교를 돌아다니면서 학생들에게 꿈과 희망, 미래의 비젼을 심어 주는 일과 장학재단을 운영하고 있다. 그의 이러한 열정은 좀 더 나은 세상을 만들기 위해 젊은 사람들의 올바른 가치관 정립이 필요하다는 가치관과, 돈이 없다는 이유로 제대로 된 교육을 받지 못하는 잠재적 능력이 풍부한 인재를 구원해야 한다는 사명감에서 비롯된 것이다. 그는 지금은 금융인이 아닌 미래 교육자로서 세상을 더욱 밝게 하려고 노력하고 있다.

Theme 32
리더십 표현법(발표하기)

자신이 가지고 있는 리더십을 보여 주는 대표적인 방법이 발표이다. 발표에는 여러 가지 종류가 있지만 대표적인 발표법에는 개인 면접법, 집단 토론, 프리젠테이션이 있다.

개인 면접은 가장 흔한 면접 형태 중의 하나

면접관의 입장에서 보면 시간이 많이 걸리는 단점이 있지만 한 사람을 조목조목 알아내는 데는 가장 좋은 방법이다. 일대일 면접은 면접관에게 자신을 가장 잘 어필할 수 있는 방법이다. 여기서 자신의 리더십을 가장 잘 나타내기 위한 방법은 입학하고자 하는 학교나 조직 등에 대한 개인의 열정을 보여 주는 것이다. 열정이란 지식에 기반하는 것이며 태도로서 종결된다. 다시 말해 열정을 보여 주기 위해서는 자신이 지원하고자 하는 학교에 대한 꼼꼼한 조사가 선행되어야 한다. 그리고 면접관을 향해 적극적인 태도를 보여 주어야 한다. 지식이 없는 상태에서의 열정적인 태도는 과장되어 보여지며 진실성이 결여되어 보일 가능성이 많다.

현재 우리나라 입학사정관제나 자기주도학습 전형 등 입학 시험에서 가장 많이 채택하고 있는 면접이 개별 면접법이다. 특히 개별 면접은 1:1 면접보다는 다대일 면접법이 특징이다. 따라서 한 명의 지원자를 여러 명의 면접관이 보기 때문에 질문의 유형이 다양하다. 특히 지원자에 대한 여러 가지 이력, 즉 학교 생활기록부에서 나오는 학업 성취도뿐만 아니라 진로 활동, 봉사 활동, 체험 활동 등에 대한 사실 확인에 대한 질문이 많다. 대학의 한 입학사정관은 우리나라 입학사정관제 면접의 특징을 한마디로 '캐묻기식 면접'이라고 정의한다. 그만큼 제출한 서류에 대한 사실 확인이 면접의 주를 이룬다는 것이다.

연세대학교 입학사정관 면접 방식

- 전임 사정관 1명, 교수 사정관 1명 등 총 2명이 면접
- 면접은 확인 면접과 인성 면접으로 구성
- 확인 면접: 사전 서류 검토 후 질문지 작성(개인별로 필요한 경우만 작성)
- 인성 면접: 사전에 준비된 공통된 질문이 주어짐
- 7단계로 평가함(A+, A0, A-, B+, B0, B-, C)
- ※ 항목별 평가가 아니라 종합적 평가임

그렇다면 이러한 1:1 면접에서 효과적으로 답변하기 위해서는 어떤 준비가 필요할까? 해야 할 것(Do)과 하지 말아야 할 것(Don't)이 있다.

1. 꼭 해야 할 것(Do list)

- 사전에 학교와 지원 모집 단위에 대한 리서치를 꼼꼼히 하라.
- 단답형 대신 의견을 표출하라.

- 용모를 단정히 하라.

- 면접이 끝기기 전에 면접관에게 물어볼 질문을 준비하라.

- 예상치 못한 질문에 대비하라.

- 면접관의 몸짓 언어에도 주의를 기울여라.

- 악수할 때 손에 힘을 주고 자주 미소를 지어라.

- 면접관과 눈을 마주쳐라, 째려보는 것과 밑을 쳐다보는 것은 금물.

- 답변의 진정성을 보여 주어라.

2. 하지 말아야 할 것(Don't)

- 면접이 단지 형식에 불과하다는 생각은 금물이다.

- 지나친 겸손은 악이다.

- 관심 없다는 표정, 몸짓을 보이지 말아라.

- 머리카락, 옷, 펜을 만지작 거리거나 다리를 떨지 마라.

- 말을 외워서 하지 말라.

- 면접관에게 감사 인사 하는 것을 잊어서는 안 된다.

이러한 면접 준비는 면접의 기본이다. 또한 면접에 임하기 전에 전략적으로 준비해야 하는 것이 있다. 특히 면접에서는 자신의 인적 사항, 그동안의 활동 사례, 그리고 민감한 사안에 대한 의견을 묻는 질문 등 다양한 질문이 주어질 가능성이 있다. 따라서 면접을 가기 전에 자신이 가지고 있는 정보와 이력을 바탕으로 전략적인 프레임워크 시트를 만들 필요가 있다.

면접 준비에서 자기 소개를 위한 self-survey sheet 사례

구분	예상 질문
나의 특징	형용사로 자신을 표현하는 5가지 단어는? 자신의 리더십 스타일은? 성격적인 장점은?
다른 지원자들과의 차별화 요소	상대방이 평가할 때 자신의 가장 큰 장점? 차별화 할 수 있는 특기, 역량?
내가 극복해야 할 부정적인 특징이나 편견	자신의 가장 큰 단점과 이를 극복하기 위한 노력의 정도? 단점 때문에 어려움을 겪었던 경험은?
이룩한 업적이나 실적	가장 큰 업적 3가지? 업적에서 가장 본인의 특징이 잘 발휘된 사례? 연대기순으로 자신의 성장 과정 기술?

두 번째 발표법은 집단 토론

집단 토론에서는 개인 면접과 달리 상대방이 함께 참여한다는 특징이 있다. 따라서 상대방과의 교류와 역동성이 중요하다. 혼자 있을 때는 말을 잘하다가 토론만 들어가면 버벅거리는 학생들이 많다. 자신이 발표를 못해서라기보다는 상대방과의 역동성에서 적응을 못하는 경우가 대부분이다. 특히 상대방의 지적이나 인신 공격에 당황해서 자신의 페이스를 잃거나 자신도 함께 인신 공격을 함으로써 말려드는 경우는 주의할 필요가 있다.

그런 의미에서 토론 면접에서는 논리력, 경청력 그리고 감정 조절 능력이 함께 갖추어져야 한다. 토론에서는 예상치 못한 주제보다는 이미 정해진 주제이거나 주제가 미리 정해져서 미리 검토를 한 후에 토론을 하는 경우가 많다. 따라서 토론에서 당황하지 않기 위해서는 미리 자료를 준비하는 것이 중요하다.

토론에서 평가하는 부분은 의사소통력, 문제 해결력, 그리고 창의력이다. 의사소통력은 다른 사람의 의견을 경청하고 효과적으로 설득하는 역량을 의미한다. 가끔 토론을 할 때 상대방의 지식이나 의견에 기대는 편승 효과를 노리는 토론자들을 볼 수 있다. 얼핏보면 말을 잘 하는 것 같지만 이들이 말하는 지식은 상대방 토론자의 말에서부터 출발하는 것임을 알 수 있다. 토론이 길어질수록 이들의 지식은 밑바닥을 보인다. 따라서 상대방의 지식에 편승하는 토론 방식은 하지 않는 것이 좋다.

토론 면접에서 지원자들의 유형과 올바른 토론법에 대해 알아보자.

첫째, '그 주장에 대해 반대합니다'라고 반대부터 하고 들어가는 Devil's Advocate 유형

좋은 의미에서는 비판적 사고력이 뛰어난 유형이지만 자칫 잘못하면 부정적 사고를 하는 유형으로 분류될 수 있다. 특히 반대를 위한 반대를 하면 안 된다. 비판적 사고, 부정적 사고는 구분할 필요가 있다. 비판적인 사고란 상대방의 주장과 증거에 대한 오류를 찾아서 조목조목 따지는 것을 말한다. 예를 들어 상대방이 인용한 자료가 사실과 맞지 않다든가, 통계 자료가 이미 실효 기간이 지났다든가, 비교 대상이 서로 맞지 않는다든가를 지적하는 것을 말한다. 따라서 비판적인 사고란 개방적인 태도가 중요하며, 지적하는 사람 스스로가 지식과 논리력을 함께 갖추어야 한다.

둘째, '이쪽도 맞고, 저쪽도 맞습니다'는 우유부단형

토론에서 가장 중요한 것은 자신의 의견을 분명히 표시하는 것이다. 사형제는 폐지되어야 하는가? 무상 급식은 실현되어야 하는가? 4대강 사업은 진행이 되어야 하는가? 등의 토론 주제는 민감한 주제이면서도 답이 없는 주제들이다. 이러한 주제를 흔히 규범적인 이슈라고 한다. 예를 들어 당뇨병의 원인은 무엇인가? 한국에서 가장 많이 발생하는 암의 종류는 무엇인가? 등의 주제는 답이 있는 기술적인 이슈들이다. 반면 규범적인 이슈들은 사회적으로 도덕적으로 개인의 가치관이나 신념 그리고 개인의 경험에 따라 의견이 달라지는 소재들이다. 따라서 100% 의견 일치란 없으며, 다수 의견과 소수의견만 있을 뿐이다. 이러한 관점에서 볼 때 토론에서 주어지는 이슈들이 규범적 이슈라고 한다면 자신의 의견을 확실하게 표명하는 것이 좋다. '이것도 옳고 저것도 일리가 있다'라고 이야기를 하는 것이 관대한 사람이라는 이미지를 심어 주어서 토론에서 좋은 평가를 받을 수 있다는 생각은 잘못이다.

토론에서는 자신의 의견을 분명하게 피력하는 것이 좋다. 따라서 정답이 없는 주제라도 확실하게 한 쪽을 선택해서 그에 맞는 주장을 펼치는 것이 토론을 잘 해나가는 방법이다. 그렇지 않으면 우유부단해 보인다. 토론이 시작되면 제일 먼저 어느 편으로 의견을 밝힐 것인지 정하는 것이 좋다.

셋째, '그런 것 같습니다'는 묵시적 동의형

착한 학생들이 많이 보여 주는 토론의 유형이다. 이러한 경우 상대방의 의견을 경청하는 능력은 평가받을 수 있으나, 토론에서 가장 요구되는 능력인 문제 해결력과 창의력에 있어서는 가장 낮은 평가를 받을 수 있은 유형이다. 이러한 유형의 경우 자칫 토론에서 소극적인 참여자로 분류될 뿐만 아니라 전체 토론의 상승 효과(시너지)를 무너뜨릴 수 있는 단점이 있다. 특히 복수의 토론자가 이 유형에 속할 경우 진행하는 사회자나 다른 참여자가 토론의 역동성을 전혀 경험하지 못한 채 실속 없는 토론으로 끝날 수 있는 확률이 많다.

만약 내가 이러한 토론 유형이라면 어떻게 극복할 것인가? 이러한 유형에 속한다면 평소에 말을 잘 하는 연습을 하기보다는 토론에서 주어지는 주제들에 대한 쟁점을 찾는 연습을 하면 도움이 된다. 만약 사형제 폐지가 주제라고 한다면 사형제 찬반론의 쟁점이 어디서부터 출발하는지를 살펴보아야 한다. 사형제의 쟁점에는 국가의 문화적인 차이에 따른 사형 제도의 차이점, 사형제의 다양한 이해 관계자들(사형자 가족, 피해자 가족, 사형 집행인 등) 사이에서의 인식의 차이점, 그리고 본인의 간접 경험 등이 쟁점이 될 수 있다. 이러한 다양한 쟁점들 사이에서 내가 가장 자신있게 토론할 수 있는 분야가 있다면 전체적인 토론 참여보다는 하나에 집중하는 선택과 집중 전략을 구사하는 것이 좋다. 이렇게 선택과 집중을 통해 자신이 설정한 쟁점에 대한 분명한 의견을 표시할 경우 의외로 토론에서 좋은 피드백을 받을 가능성이 많다.

쟁점이 있는 토론의 주제(규범적 이슈)

인권	1. 동성 결혼은 인정해야 하는가?
	2. 범죄자의 초상권은 보호되어야 하는가?
환경	1. 축성산 도롱뇽은 보호되어야 하는가?
	2. 무인도에 핵 폐기 시설을 설치해야 하는가?
교육	1. 소득의 격차 구분 없이 무차별 무상 급식은 필요한가?
	2. 사회적 기회 균등 차원에서 대학을 가는 데 가점을 부여하는 것이 옳은 일인가?
경제	1. 소득이 높은 사람들에게 별도의 부가세를 과세하는 것은 바람직한 일인가?
	2. 무역자유화를 통해 선진국이 후진국의 소비 부가 가치를 빼앗는 것은 정당한가?

세 번째 발표법은 프리젠테이션 기법

최근 많은 대학들이 입학사정관제 면접에서 개인별 프리젠테이션 면접법을 도입하고 있다. 기존의 토론 면접을 줄이면서 프리젠테이션 면접을 채택하고 있는 이유는 무엇일까? 그 이유는 토론 면접이 편승 효과를 이용하는 지원자들 때문에 진정으로 발표력이 뛰어난 학생을 뽑을 수 없다는 이유 때문이다. 또한 주어진 자료를 얼마나 잘 정리하고 이를 논리적으로 발표를 잘 하는지를 보기 위함이다. 특히 프리젠테이션 면접은 개인의 화술, 태도, 청중들에 대한 설득력, 논리적인 전개 구조 등 다양한 각도로 개인을 평가할 수 있기 때문에 시간과 비용이 많이 들지만 채택하고 있는 것이다. 발표법의 종합 예술이라 할 수 있다. 이러한 프리젠테이션 발표법에 강해지기 위해서는 어떤 준비를 해야 할 것인가?

많은 학생들이 프리젠테이션 발표를 포장하는 예술, 즉 데코레이션 예술이라고 생각한다. 필자가 대학에서 학생들의 케이스 스터디를 지도할 때 보면 많은 학생들이 내용보다는 프리젠테이션 포장에 신경을 쓰고 있는 것을 본다. 이러한 포장 기술이 뛰어난 프리젠테이션은 눈길을 끄는 장점이 있지만 내용이 부실할 때는 더욱 불리할 가능성이 있다. 따라서 좋은 프리젠테이션이란 간결하고, 명확한 메시지 전달이 생명이다. 내용이 가장 중요하다는 의미이다. 프리젠테이션을 간결하고 명확하게 전달하기 위해서는 가장 우선되어야 할 부분이 논리적인 프레임워크이다. 흔히 민토 피라미드라고 하는 논리 피라미드 구조를 이해해야 한다. 논리 피라미드 구조는 프리젠터가 주장하고자 하는 바를 효율적으로 가장 설득력 있게 포장하는 기술을 말한다.

논리 피라미드 구조를 만드는 것은 프리젠테이션의 첫 번째 준비 작업이다.

두뇌는 이해력을 높일 수 있도록 자동적으로 정보를 몇 개의 피라미드 그룹으로 분류한다. 따라서 사전에 전달하고자 하는 생각이 피라미드 형태로 배열되어 있으면 훨씬 이해하기 쉽다. 또한 두뇌는 일정한 규칙에 따라 자동적으로 정보를 정리한다. 관련성을 가진 사물을 그룹으로 묶어서 인식한다는 것이다. 즉, 공통적인 성격을 가진 일련의 대상을 그룹으로 묶어서 인식한다는 것을 의미하며, 피라미드 구조를 취한다는 의미이다. 피라미드 구조는 '두뇌의 요구'를 충족하기 때문이다. 그렇다면 기억할 수 있는 그룹은 몇 가지 정도일까? 여기에 마법의 숫자 7이 등장한다. 조지 밀러 (George A. Miller)는 그의 논문《마법의 숫자 7, +/-(The Psychology of Communication: Seven Essays)》에서 두뇌는 짧은 시간 동안 한 번에 일곱 개 이상의 항목을 기억할 수 없다고 했다. 가장 일반적인 기억 항목 수는 3개이고 항목의 수가 4~5개 이상일 때 두뇌는 그것들을 어떤 논리적 범주에 따라 분류하여 기억하려 한다는 것이다. 여기에 등장하는 개념이 범주로 묶는다의 의미인 Grouping이다. 그리고 기억하는 과정을 논리적으로 분류하여 피라미드로 만드는 것이다. 이것이 바로 논리 피라미드의 개념이다.

논리 피라미드의 배열 방법

구분	방법
위에서 아래로 배열하기	① '주장-근거 제시'의 순으로 전개 ② '결론-전제 조건'의 순으로 전개 ③ 두괄식 전개로 가장 핵심적인 키워드를 전달한 후 이를 논리적으로 입증
아래에서 위로 생각하기	① 어떤 계층에 있는 메시지이든 하위 그룹의 메시지를 요약해야 한다. ② 그룹 내의 메시지는 항상 동일한 종류여야 한다. ③ 그룹 내의 메시지는 항상 논리적 순서로 배열되어야 한다. ● Grouping의 종류 - 연역적 순서 (대전제, 소전제, 결론) - 시간적 순서 (과거, 현재, 미래) - 구조적 순서 (미국, 중국, 이집트 등) - 비교적 순서 (첫 번째 중요점…)

두 번째, 프리젠테이션을 잘 하기 위해서는 발표 자료를 잘 만들어야 한다.

바로 글쓰기에서 구조와 표현을 잘 잡아야 한다는 것이다. 최근 멀티미디어의 발달로 인해 프리젠테이션은 더 이상 평면적인 의사 전달 방법이 아니다. 입체적인 의사 전달 방법이 필요하다. 발표 자료를 잘 만들기 위해서는 멀티미디어와 전달을 명확히 할 수 있는 디자인 도구를 잘 활용해야 한다. 애플의 CEO 스티브잡스의 프리젠테이션 기법을 잠시 벤치마킹해 보자.

스티브잡스의 프리젠테이션은 세계에서 가장 유명한 프리젠테이션이다. 그의 기법은 극적이면서도 사실적이고 명쾌하다. 그리고 멀티미디어와 단순한 숫자 등의 강력한 대비를 통한 극적 효과를 나타낸다. 한마디로 청중을 좌지우지하는 강력한 카리스마를 갖는다는 것이다. 그의 프리젠테이션 준비의 숨겨진 스토리는 더욱 재미있다. 프리젠테이션을 하기 위해서 무대의 조명에서부터 음향 효과, 자리의 배치 그리고 옷차림에 이르기까지 모든 것이 우연인 듯 준비되어진다. 그의 캐주얼한 옷차림은 청중들의 긴장을 해제하는 역할을 하지만 단순명료한 메시지는 강력한 임팩트를 준다. 군더더기 없는 내용은 그의 프리젠테이션의 백미이다. 스티브 잡스의 프리젠테이션을 다루는 책이 출간될 정도이다. 종종 스티브잡스와 빌게이츠의 프리젠이션을 비교한다. 빌게이츠는 청중을 설득하기 위한 프리젠테이션을 만들고 스티브잡스는 청중이 설득되게끔 만드는 카리스마를 프리젠테이션에 담는다. 두 사람 모두 이 시대의 위대한 CEO임과 동시에 프리젠테이션의 최고 수들이라는 공통점을 가지고 있다.

마지막으로 프리젠테이션을 잘 하기 위해서는 프르젠테이션 현장에서 고객을 설득하는 능력이 있어야 한다.

프리젠테이션의 내용과 형식이 아무리 훌륭하다 하더라도 프리젠터의 설득력이 떨어진다면 프리젠테이션의 흥미와 전달력은 반감될 수밖에 없다. 따라서 프리젠테이션을 잘 하기 위해서는 평소에 연습이 필요하다. 아무리 수줍음을 많이 타고 말주변이 없는 사람일지라도 연습을 통해서 충분히 극복할 수 있다. 훌륭한 프리젠터는 타고나는 것이 아니라 만들어진다는 의미이다. 다음은 프리젠터의 평가 방법이다. 프리젠테이션 내용과 형식이라기보다는 프리젠터의 태도에 초점을 맞춘 것이다.

프리젠테이션 평가 방법

장점	평가(∨표시)				단점
1. 자신감 있는 발표 자세					불안한 발표 자세
2. 청중과 자연스러운 눈 맞춤					청중과 눈 맞춤 회피
3. 유연한 제스처					제스처 거의 없음
4. 분명하고 큰 목소리					떨리고 작은 목소리
5. 음성 장단, 고저 있음					음성 변화가 없음

종합 의견:

이러한 평가 방식은 형식에 초점을 맞추고 있다. 물론 내용이 얼마나 훌륭하게 담겨 있느냐가 더 중요하지만 형식적인 부분도 중요하다. 가끔 학생들을 평가하다 보면 내용을 충분히 전달하지 못하는 학생들이 많다. 가장 대표적인 경우는 세 가지 정도를 들 수 있다.

첫 번째는 내용을 소화하지 못하고 그대로 읽은 경우이다. 이런 경우 본인이 프리젠테이션을 직접 만들었다고 볼 수 없다. 아니면 충분한 연습이 부족하다고 여긴다. 어느 경우든 좋은 평가를 받을 수 없다.

두 번째는 듣는 사람들과 눈을 마주치지 않는 유형이다. 면접에서도 그렇지만 프리젠테이션에서도 듣는 사람과 눈을 마주치는 아이 컨텍트(eye contact)는 발표하는 사람의 자신감과 설득력을 가장 효과적으로 표현할 수 있기 때문에 중요하다. 이는 한국 학생들이 가장 힘들어 하는 부분이다. 평소에 거울을 보면서 연습을 하는 것도 하나의 방법이다. 꾸준히 연습하면 다른 사람들과 눈을 마주치는 것이 자연스럽게 된다. 이러한 연습은 단지 프리젠테이션뿐만 아니라 다양한 면접에서도 필요한 기술이니 반드시 연습할 필요가 있다.

마지막으로, 발표하는 사람의 음성이다. 밝고 활기찬 음성은 전달의 기본이다. 그러나 많은 학생들이 이러한 음성의 색깔을 살려서 자신의 뜻을 전달하는 데 익숙하지 못한 게 사실이다. 음성의 톤이 낮고 활기가 없으면, 적극성이나 주도성이 없어 보인다. 따라서 프리젠테이션을 하기 전에 미리 자신의 음성 톤을 녹음해서 확인해 보는 연습이 필요하다. 목소리가 크다고 해서 좋은 것은 아니다. 목소리는 강약 조절을 잘 해야 한다. 강조할 때는 확신에 찬 목소리로 크게 이야기를 해야 하면서도 전체적으로 균형감을 갖도록 노력해야 한다.

입학사정관제 G-SAP 프로그램

입학사정관제 · 자기주도학습 전형과 서술형으로 전환하는
초 · 중 · 고교 내신 시험에 대비하기 위한 '新입시 · 新내신' 대비
창의 사고력 포트폴리오 실전 프로그램
G-SAP : Global Standard Admission Portfolio

G-SAP 프로그램은 인성 함양 훈련(Character Building), 진로 동기 발견(Career Motivation), 자주 학업 능력 배양(Academic Excellence)을 위한 3가지 영역에서의 skill-set 훈련 프로그램입니다. 이러한 3가지 영역은 대학의 입학사정관제와 국제중, 특목고, 자율고에서 실시하고 있는 자기주도학습 전형에서 요구하는 자기소개서, 학업 계획서, 독서 이력, 봉사 활동에 관한 근본적인 접근을 다루고 있습니다.

따라서 G-SAP은 입학사정관제와 자기주도학습 전형을 준비하는 과정뿐만 아니라 궁극적으로는 학생의 주도적 역량 강화를 위한 프로그램이라 할 수 있습니다.

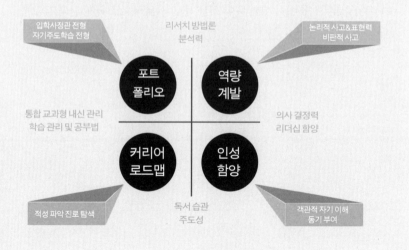

입학사정관 전형
자기주도학습 전형

리서치 방법론
분석력

논리적 사고&표현력
비판적 사고

포트
폴리오

역량
계발

통합 교과형 내신 관리
학습 관리 및 공부법

의사 결정력
리더십 함양

커리어
로드맵

인성
함양

적성 파악 진로 탐색

독서 습관
주도성

객관적 자기 이해
동기 부여

 메디치 연구소

메디치연구소는 청소년을 위한 학습형 지식 콘텐츠를 개발하고, 프로그램 운영을 목적으로 설립된 연구소입니다. www.medicilab.com | 02-3460-2010